Chiang Kai-shek Diaries, 1960

◆ 民國四十九年 ◆

民國歷史文化學社

國史館
Academia Historica

感謝

蔣經國國際學術交流基金會
世界大同文創股份有限公司

贊助出版

總顧問（按姓氏筆畫為序）

林孝庭	美國史丹福大學胡佛研究所研究員兼 檔案館東亞館藏部主任
金耀基	中央研究院院士
張玉法	中央研究院院士
陳三井	中央研究院近代史研究所退休研究員
陳儀深	國史館館長
楊天石	中國社會科學院文史哲學部榮譽學部委員
錢　復	蔣經國國際學術交流基金會董事長

編審委員（按姓氏筆畫為序）

王良卿	國立暨南國際大學歷史學系副教授
何智霖	國史館前副館長
任育德	國防大學通識教育中心副教授
李君山	國立中興大學歷史學系教授
林桶法	輔仁大學歷史學系名譽教授
葉惠芬	國史館前纂修
劉維開	國立政治大學歷史學系退休教授

編輯凡例

一、本書為蔣中正民國四十九年 (1960) 日記，係根據日記原件打字排版。

二、本書卷首列有總序，旨在說明蔣日記之整體歷史意義與價值。

三、本書各年各冊均精選國史館授權使用照片若干幀，與日記內容呼應，不無左圖右史之義。後附索引，意在讀者易於檢索、利用。

四、日記內容本分「雪恥」、「注意」、「預定」等欄目者，本書均依照原有欄目處理。日記原件每月起始有「本月大事預定表」；每週附有「上星期反省錄」、「本星期預定工作課目」；每月月底附「上月反省錄」，全年日記之末並以「雜錄」、「姓名錄」殿之。本書悉依原有形式出版。

五、同日日記遇有草稿、抄稿、秘書抄稿並存時，則以最完整稿置前，其餘附後。

六、日記內文提及之相關人物與重要事件，編輯整理時酌加頁註。相關人物第一次出現時，當頁註釋其全名及當年或前後之職銜，以利查考。外國人名第一次出現時，當頁註釋其拉丁化全名，以資識別。

七、本書用字尊重現今常用字，俗字、簡字、古字等異體字改為正體字。惟遇通同正體字時，為因應讀者閱讀習慣及通俗用法，採用現今通用正體字，如「并」改為「並」，「証」改為「證」，「甯」改為「寧」等。

八、日記用詞保留當時用法，不以錯字視之。若與現今用詞有差異處，遵照蔣中正個人習慣用法，如：舊歷、古鄉、托管、烏乎、處治、火食、琉璜；及部分地名如：大坂、蒔林、角畈山。

九、日記中遇明顯錯別字詞，在該字後以〔 〕符號將正確字詞標出。遇明顯漏字，則以〔 __ 〕符號將闕漏字詞補入。無法判明者，則加註「原文如此」。本書收錄日記中所附帶之信函、手令、批示等稿件，非蔣原筆跡手稿者，以楷體字體表示。

十、日記中遇損壞、破損而無法辨識字跡者，以■表示。

十一、日記中提及人名偶有筆誤，以錯字訂正形式處理；外國人名譯音有前後不一致情況時，但見索引，不另做處理。書中出現編目「一、一、一、一、」者，為遵照原稿設計，不予修改。

十二、標點符號除原稿上所加之問號、驚嘆號、引號等外，僅以「，」「、」「。」「：」標之。

十三、本書涉及人物、事件複雜，議題涵蓋廣泛，編者思慮難免不周，如有錯誤疏漏，尚請讀者不吝指正，以便日後修整。

序　一

蔣中正，學界通稱為蔣介石，是國家級和世界級的領袖人物，早為史家研究的對象。日本學界有蔣介石研究會，臺灣中央研究院近代史研究所有蔣介石研究群，浙江大學有蔣介石研究中心，而學者個人研究蔣介石者，如楊天石、山田辰雄、黃自進等皆為名家。近年臺海兩岸各大學和研究機構，以蔣介石為主題所開的研討會，如「蔣介石與抗日戰爭」、「蔣介石與抗戰時期的中國」、「蔣介石與世界」、「日記中的蔣介石」、「蔣中正日記與民國史研究」等，亦結集了許多研究蔣介石的成果。

史學界之所以熱衷於蔣介石研究，除蔣之歷史地位重要外，蔣介石日記開放給史學界使用亦為重要因素。蔣日記初由自己保管，1975 年蔣介石死後由其子蔣經國保管，1988 年蔣經國死後由其子蔣孝勇保管，蔣孝勇死後由其妻蔣方智怡保管。蔣介石原望其日記存於臺灣，於其逝世五十一年後（2026）開放，後因蔣孝勇夫婦移居加拿大，日記乃被帶到該處。2005 年蔣方智怡將日記移存美國史丹佛大學胡佛研究所，並授權該所保管，2006 年起分批開放蔣日記給學者作為研究之用。蔣介石日記開放給學者作為研究之用後，各國學者紛紛前往史丹佛大學閱讀，學者並開始以蔣日記為主要資料寫論文或專書，使蔣介石的研究成果更為深入與豐富。

蔣介石日記，從 1917 年起記到 1972 年 7 月止，凡五十五年，四百五十萬字。其中 1924 年日記失落，1917 年的日記為回憶幼時至 1917 年之重要記事，僅約萬餘字。這五十五年，蔣追隨孫中山，並以繼承孫中山的革命志業自居，日記中所記，為民國史留下重要史料。日記史料往往反映一個人的性格，蔣為軍人出身，做了國家領袖以後，對友邦，只望協助，不喜干涉；對部屬，只望服從，不喜爭權奪利。譬如抗戰勝利後，國家進入憲政時期，蔣的權力受約束，不能全力應付危局，乃制定動員戡亂時期臨時條款，使權力超出憲法以外；又如 1949 年 1 月，國民黨對共產黨有主戰主和之分，蔣主戰，副總統李宗仁主和，蔣辭職下野，另成立總裁辦公室，以黨領政領軍。及李宗仁避往美國，蔣復行視事，始得統一國家事權。

由蔣之日記，可略窺蔣之終生志業。但將蔣日記作為史料，像許多其他日記一樣，有不易了解處。譬如記朋友不稱名而稱號，記親戚和家人不稱名而稱親屬的稱謂或暱稱；對不便明說的事吞吞吐吐，語焉不詳；記事突兀，背景不明。在這種情形下，如能對日記作箋注，即可增加對日記內容的了解，由國史館授權，民國歷史文化學社所出版的《蔣中正日記》，即為箋注本，當能應合讀者需要。是為序。

中央研究院院士　張玉法

於翠湖畔寓所

2023 年 5 月 20 日

序　二

一部罕見的國家領導人日記

2006 年，「蔣中正日記」的開放，是民國史研究重要的里程碑；2023 年，《蔣中正日記》的正式出版，更是推展民國史研究令人矚目的一頁。

和蔣中正同時的美國總統羅斯福（Franklin D. Roosevelt,1882-1945）、英國首相邱吉爾（Winston Churchill,1874-1965）、蘇聯共黨中央總書記史大林（Joseph Stalin,1878-1953）、德國納粹頭子希特勒（Adolf Hitler,1889-1945），都稱得上是當年掀動國際風雲的「大人物」。羅斯福不寫日記，史大林沒有日記，邱吉爾的《第二次世界大戰回憶錄》，於 1953 年得過諾貝爾文學獎，具有的是文學創作之美的價值，畢竟不屬於歷史，也不是日記；1983 年號稱「新發現」的六十卷「希特勒日記」，轟動一時，僅僅十天之後，即被證明是舊貨商牟利的贋品。蔣中正（介石，1887-1975）應該是同一時代世界重量級人物中，唯一真正留有五十五年個人日記的領導人。

蔣日記不是中國傳統史官代撰的起居注，也非皇朝實錄，這部當代政治領袖用毛筆楷書親自書寫超過半世紀的日記，記錄一位曾是滬濱浪蕩子走向全國性政治人物的發跡過程，又提供一個「大」又「弱」的古老國家政治領導者，如何想方設法謀求一統天下，並期盼與國際接軌的一段艱難歷程的重要見證，是十分罕見的歷史素材。

有些審慎的歷史學者提醒道：「日記」作為史料，要分辨「真實的蔣」（person），與蔣「要我們知道的蔣」（persona），日記中能讀出真實的蔣，才是本事。蔣中正的日記複印本開放已逾十年以上，閱者、使用過的學者上千，沒有人懷疑它的真實性，沒有人說它是為別人寫的。作為民國歷史研究的第一手資料，作為民國史最珍貴史料，蔣中正日記的重要不可忽視，相當值得出版。

日記的本質與運用

日記本屬個人生活方式的記錄，是「我之歷史」，但不能沒有社會性——涉及他人、他事的記載，日記歷史文獻價值因此存在。故就歷史研究言之，史家早就視日記為史料之一種重要形式。清季以降，士紳大夫、知識分子寫日記者頗不乏人，日記創作風氣鼎盛。日記固屬私人，但頗多日記出諸官紳，所記內容，自不僅止於私密之內心世界，實多有涉軍國大事要聞者，於是日記又成為認識公眾歷史的重要憑藉。日記既有公、私之記載，也因此能打破正史之文獻表述與壟斷。所以「日記學」在近代史學研究中，不能不為史學界所看重。文化史家柳詒徵謂：「國史有日歷，私家有日記，一也。日歷詳一國之事，舉其大而略其細；日記則洪纖畢包，無定格，而一身一家一地一國之真史具焉，讀之視日歷有味，且有補於史學。」正因日記內容「洪纖畢包」，材料廣泛，如記載時間拉長，固為多元歷史留下大量線索，提供歷史研究絕佳素材，同時是執筆者記錄當下作為自行修身、事後檢討反思的依據，此即宋明理學家「自勘」、「回勘」的工夫，曾國藩的日記、蔣中正寫日記，多寓此意。蔣中正記日記，在生前即囑秘書作分類工夫，「九記」、「五記」及「事略稿本」均有自省及建立形象作用。以日記為主體，衍生出不同類型的版本，內容不免有取捨不同，品人論事可能輕重不一，而這正是「日記學」有趣的課題。多年以來，靠蔣日記撰寫出來的傳記，不在少數，論者已多，不待贅述。

1961 年 12 月，中央研究院院長胡適談到「近史所為什麼不研究民國史」，表示「民國以來的主要兩個人，一位是孫中山先生，他的史料都在國史館裡；還有一位是蔣介石先生，他的史料誰能看得到？」這樣的情況，終於在 1980 年代以後出現了變化。1987 年 7 月 15 日，蔣經國總統宣告臺灣「解嚴」。對中國近代史的研究而言，實亦一嶄新局面的出現。新時期尤其受歷史學者歡迎的是，史政機構史料的空前開放。1990 年國民黨黨史會率先把重要史料一口氣開放到 1980 年代；國史館於 1995 年奉命接管近三十萬件的《蔣中正總統文物》（即「大溪檔案」），兩年後全部正式開放，對民國史學者而言，好比是近代史學界的一顆震撼彈。可以說，胡適眼中視若「禁區」的蔣中正時代史料，在蔣逝世三十年後，基本上已全數向學界開放了。這批史料的的確確是研治國民政府軍事史、政治史的稀世之寶，如今能全部亮相，是十幾二十年前歷史學者不敢想像的事，而這些正是能和「蔣中正日記」相互對應參證不可或缺的重要史料。

史家陳寅恪曾說：一個時代之學術，必有其新材料與新問題；取用新材料以研究新問題，則為此時代學術之新潮流。1960 年代兩岸對峙局面初成，修纂民國史之議，浮上檯面，民國史料的整理、開放，實極迫切。1990 年代以降，在臺北的國史館對蔣中正總統文物的整理、開放，甚至是出版工作，無疑具相當關鍵作用。1975 年，蔣中正總統過世後，「蔣中正日記」和後來的經國先生日記，從臺北移到加拿大，2004 年暫時落腳美國史丹佛大學胡佛研究所檔案館（Hoover Institution Archives, Stanford University），2023 年回歸臺北，這一段兩蔣日記「出走」「回來」的過程和故事，已為眾人所熟知。2006 年，存放在胡佛研究所的「蔣中正日記」決定率先向學界公開，這無疑的更進一步帶動了學界「蔣中正研究」與民國史研究的熱潮與興趣。蔣日記又促成了民國研究熱，其內容包含日記所涉新資料的挖掘、運用，研究範圍與議題的提出、研究途徑與方法的更新，以及如何重新看待「民國」等，這些討論與探索，使蔣中正研究、民國史研究更為紮實，也綻放出新的面貌。

日記外型

蔣中正自始所使用之「日記本」是有固定格式，早期使用商務印書館印製的「國民日記」，爾後自行印製固定格式，除每日記事外，每年有該年大事表，每月有本月大事預定表、本月反省錄（後改為「上月反省錄」），每週有本週反省錄（後改為「上星期反省錄」）、下週預定表（後改為「本星期預定工作課目」）。蔣氏日記持續以毛筆書寫，除每日記事外，每週、每月、每年開始必定按照上述表、錄，檢討上週、上月之施政或個人行事，思考本週、本月、本年之預定工作，每年年終會對全年之政治、外交、黨務、軍事等工作進行分項檢討。1925 年 6 月沙基慘案之後，蔣痛恨英帝國主義者慘殺無辜中國軍民，日記稱英國為「陰番」以洩憤，並每日立下格言、標語誓滅「英夷」，時間長達一年又兩個半月。1928 年「五三慘案」發生後，有感於國難深重，自身責任重大，「國亡身辱」，集國恥、軍恥、民恥「三恥」於一身，於是年 5 月 10 日記道：「以後每日看書十頁，每日六時起床，紀念國恥。」此後，每天的日記前必記「雪恥」一項，以誌不忘國恥。抗戰勝利後，蔣氏 1945 年 9 月 2 日自記：「舊恥雖雪，而新恥又染，此恥又不知何日可以湔雪矣！勉乎哉！今後之雪恥，乃雪新恥也，特誌之。」1949 年來到臺灣，日記中雪恥一欄仍不間斷，因為「新恥」未止。

蔣中正日記的內涵

平心而言，從蔣的日記中的確可以看出作為一個從「平凡人」到「領導者」的心路歷程，無需刻意神聖化，也不必妖魔化。

許多人都知道蔣是用度非常節儉的一個人，他補破衣、不挑食，一口假牙，吃東西十分簡單。蔣不喝酒、不吸煙，只喝白開水，其實生活很是平淡。從他的日記中可以體會到，他是很容易結盟，又是容易結仇的人。結盟或許與上海的生活經驗有關，結仇就可能涉及他的個性。他的日記中看出他對人物批評十分苛刻，有軍人作風，黃埔軍校畢業生拿到校長所贈的寶劍上都刻有「不成功便成仁」的字眼，既現代又傳統。但因為他喜歡讀書，所以跟一般純粹的武人仍有不同，能趕上時代，展現一些文人氣息。他自承脾氣暴躁，對文官雷霆責罵，對武人甚至拳打腳踢，日記中常為自己的錯誤「記大過」，也常懺悔，雖然一直想克制自己，但是個性似乎不易改變。1960 年 11 月，蔣對第九十九師師長鄧親民所製小冊內容不當，大動肝火，聲嘶力竭叱責，以致喉裂聲啞，半年之久，元氣才告恢復。蔣勤於任事，甚至過火，越級指揮壞了戰局，修整文稿苦了文字秘書。大小事情都會過問，碰到交通阻梗，親出指揮，看到街道周邊髒亂，就會破口大罵指斥官員。這些個性的表現，在日記中都可覆按。這正是親近幕僚楊永泰所講的，他「事事躬行」，常致「輕重不均、顧此失彼」。盟兄黃郛則批評他有「毅力」而欠「恢弘」之氣象， 均屬中肯之語。

一般人展讀別人日記，除了「偷窺」心理外，多半對主人公不免有先入為主的印象。蔣中正從一介平民到作為一個國家領導人，他奮鬥的歷程，後人難免加油添醋、說三道四。如果平實的對蔣中正日記進行觀察，會覺得他是一個民族主義者，是孫中山的信徒，是一位虔誠的基督徒，他不喜歡英國，嫉俄、日如仇讎；日記中顯示他知道自己學養不足，常師法先賢、勤讀宋明理學。1930 年代當了中央領袖，還特別禮邀學者進行「講課」，甚至不斷向「敵人」學習，有他堅持與成功的一面。但長時期以來，尤其是部分西方媒體和他的政敵，一直視他扮演的是一個「失敗者」的角色，因此多從負面來理解。

蔣中正當過軍校校長、軍隊總司令、軍事委員會委員長、黨的總裁、國家主席、總統，一生的作為不能樣樣令人滿意，當然有多方面的因素，例如說在大時代裡頭要重建一個近代國家的制度與規模，當時確實缺少一個可以運作的規則；在兵馬倥傯中還要對付內外的腐敗與變亂，何況想迅速建立「近代國家」本來就是一種苛求，幾近不可能的任務。外交是內政的延長，蔣大半輩子與美國人打交道，他的「美國經驗」，酸甜苦辣備嘗，因國力弱，政治不上軌道，一路走來需要美利堅的扶持，根本上又難符美國「要一個強大而親美的中國」的期盼。在 1930 年代之後，美國由扶蔣、輕蔣、辱蔣，甚至倒蔣的戲碼，輪番上演，是有原因的。蔣一生對日本、美國愛恨交加，日記中透露了諸多內心穩忍的秘辛與苦楚。其次，蔣當時確實不夠重視黨組織，大部分的心力不是放在軍事，就是放在對付敵人。從某個角度看，1920 年代孫中山依違於英美政黨政治與列寧式政黨之間，所幸蔣沒進一步學取極端嚴格的動員性政黨組織模式，保有了憲政理想。但底層力量的薄弱，派系對權力的競逐，則加深他的黨組危機。1940 年 11 月，在日記中他自承「一生之苦厄，全在於黨務也」。從另一角度看，孫中山西方民主政治的理想，他遵循，也心嚮往之，但最終做到的只是徒有其名而無其實。另外，他在群雄中要衝出頭是有很多困難的，他的輩分比較低，多半的成功是靠謀略與機運。1920 年代的北伐及其後，急功近利，對各地軍閥採取收編、妥協政策，結果形成一個諸多山頭的統一，他似乎只成無奈的「盟主」。同時當他有權力之後又甚為自負，不太接受挑戰，一方面是尊嚴的問題，一方面是權力意識，一方面是支撐他地位的架構，一方面是財政來源的困難，最後可能涉及到家族的網絡問題。他身處在農業社會傳統未褪盡，資本主義浪潮下「現代國家」制度尚待建立的威權時代，他的作為與形象很難符合後人的要求與期待，他做事的動機和過程，大多可以在他的日記中捕捉、體會。

蔣中正日記的重要性已如上述，讀者讀過之後更大的感受：這是一套有血、有肉、有靈魂的資料。1920 年代之後，日記中許多蔣、宋、孔有關國家大事、家中生活細節的諸多紀錄，正顯現他們平實居家生活的寫照。他除了讀書外，喜歡旅遊，對奉化「古鄉」，頗有依戀之情。平日生活不失赤子之心，1933 年 10 月 4 日，中央忙於應付日本侵略，又忙於對付中共問題時，他「與妻觀月，獨唱岳飛滿江紅詞」，這與蔣平日予人嚴肅刻板印象，頗有落差。可見這日記提供的不只是歷史的發展線索，更重要的是人性的揭露。歷史的研究本來就應該以人性作基礎，作有「人味」的研究，這套日記正好提供了一份珍貴的原料。

蔣中正日記的公開，迄今已十數年，對海峽兩岸、英日美近代史學界，究竟造成多大的影響？「蔣中正日記」自 2006 年開放以來，引來各地史學家競相閱覽、關注與利用，是不爭的事實。除海峽兩岸學者有大量論著，忙著開會、籌組成立研究中心、讀書會之外，西方學界也開過幾次以蔣日記為主體的學術會議。不同國家的學者如陶涵（Jay Taylor）、米德（Rana Mitter）、方德萬（Hans van de Ven）、戴安娜．拉里（Diana

Lary）、潘佐夫（Alexander V. Pantsov）等，近年均從不同角度切入，注意到日記的利用，其重要研究成果，有目共睹。即以潘佐夫的《蔣介石：失敗的勝利者》一書言，大量利用蔣的日記，又用俄羅斯的俄文檔案比證，娓娓道來，讓人覺得他真是講故事的高手。齊錫生的中文近著《分崩離析的陣營：抗戰中的國民政府，1937-1945》，其取蔣日記加之中西方檔案作精準比較，史事正負面並陳，同時賦予客觀詮釋，令人耳目一新。這說明研究者、讀者對日記有重大依賴，均能從中直接得到啓發，也就是說，對民國史研究，「蔣日記」之為用，是有相當積極而重要意義。

根據手稿本出版

蔣中正之日記，特別值得一談的是蔣記日記的時間長達半個世紀以上（共五十五年六十六冊），絕對難得。現存的日記 ，1915 年只有山東討袁一星期的記事，其他都在 1918 年冬永泰之役中喪失。1916 到 1917 年的日記也可能因為 1918 年在廣東戰役中遺失。1924 年正當孫中山致力改善中蘇關係、積極推動國共合作之際，蔣這一年日記則遍尋不著，誠為全套日記出版的最大遺憾。對 1918 年以前的行事，蔣曾經幾度補述，有一部份詳細敘述了他幼年的回憶，附在日記手稿之前；有一部分放在 1929 年 7 月的雜記及 1931 年 2 月的回憶中，嚴格說來不算是日記。1918 年以後雖有部分潮濕霉爛、水漬污染（尤其 1935-1936 年），所幸修補之後，大體完整。

從外型上看，蔣中正日記分為四種形態：蔣中正日記原本、蔣中正日記手抄本、蔣中正日記複印本及蔣中正日記微卷；放在胡佛研究所的蔣中正日記複印本是提供學者閱讀者。事實上，日記的版本應該只有一種，即是目前暫存美國史丹佛大學胡佛研究所之日記原本的「手稿本」，其他所有與日記相關的「版本」，都是由「手稿本」發展出來的。這套《蔣中正日記》是依據原件一個字一個字「刻」（Key）出來的，絕對真實，可靠性無庸置疑。附加的註腳，力求周延，同時方便讀者的索解。

這是學術界、出版界的盛事

日記不可能是個人全部生活的百科書全書，不能求全。日記記載的主觀性與選擇性也顯然的，故而日記史料的利用，更需要其他材料的對應和比較，是而斷章取義、各取所需、過度詮釋，都非所宜。歷史家有好的材料，更應具有好的歷史研究素養和技藝，這是學者可以同意的共識。

過去幾年，能親自參閱蔣中正日記者，畢竟有限，於是許多抄錄者形成的《蔣中正日記》地下版充斥，揭密居奇者正不在少，故而學界及社會各界要求正式出版蔣日記的呼聲極高。最近，日記出版的時機已告成熟，我們的出版立場是學術的、嚴謹的，我們的要求是明確的，這一定會是學界、社會各界期望的出版方向！

我們感謝蔣家家人的同意、國史館陳儀深館長的出版授權、蔣經國國際學術交流基金會錢復董事長、朱雲漢前執行長及今執行長陳純一先生對本案的贊助、世界大同文創公司的支持，使日記順利出版。當然，史學界的朋友，我們曾為蔣中正的善政、失政與作為爭得面紅耳赤，也曾為日記中一個字、詞的辨識吵得翻天覆地，我們的真情是為學術，最大「野心」是努力以嚴謹、負責態度維護出版品水平。這一方面，我們學社同仁自董事長至編輯同仁的付出與辛勞，全在不言中。

我們自信這會是一套擁有「精準」、「正確」特質，具權威性版本的《蔣中正日記》。相信這絕對是民國史、近代中國出版史的一樁盛事。

民國歷史文化學社社長　呂芳上

2023 年 8 月 10 日

序　三

蔣中正，字介石，浙江奉化人。早年在中國率軍東征、北伐、領導對日八年抗戰，到戰後由訓政走向憲政，於 1948 年當選行憲後第一任總統。1949 年中央政府遷臺後，蔣氏於 1950 年宣布復職為總統並得到美國的支持，迄 1975 年過世為止，是近半個世紀以來統治臺灣最久的領導人，對近代東亞歷史的發展影響深遠；而蔣中正在臺灣，人們對他的評價卻褒貶不一，可說是毀譽參半。

中日戰爭的勝利是蔣中正政治生涯的最高峰，獲譽為世界四強的「偉大領袖」，但短短不到四年時間，就從高峰跌到谷底，變成中共口中的「人民公敵」。另一方面，在威權統治時期的臺灣，他被黨國體制宣傳為「民族的救星」、「世界的偉人」，迄 1987 年解嚴之後，臺灣社會與學界才逐漸擺脫言論自由、思想自由的限制，重新審視蔣中正的歷史定位。直至今日，不論是海峽對岸，或是臺灣社會內部的不同群體，都對蔣中正的功過得失，存在著相當對立與矛盾的詮釋，離所謂的「蓋棺論定」，可能還有一段遙遠的距離。

關於蔣中正的學術研究，其契機始於 1995 年總統府分批將「大溪檔案」（即「蔣中正總統檔案」）從陽明山中興賓館移轉至國史館庋藏。該批檔案，是蔣中正統軍領政期間之親筆手稿、文件、電令、諭告，也有經過幕僚統整之檔案彙編、事略稿本，並有蔣氏之相關文物照片等，時間涵蓋 1924 年至 1975 年，為研究蔣中正生平及國民政府、國共內戰、1949 年至 1975 年間中華民國在臺灣之歷史的珍貴重要史料。經過本館初步編目整理，兩年後即全部正式對外公開，是當年學術界的一大盛事。其後，本館更在「蔣中正總統檔案」的開放基礎上，為開拓研究視野並嘉惠學界，從中披沙揀金，先後出版《蔣中正總統事略稿本》82 冊、《蔣中正總統五記》、《蔣中正先生年譜長編》12 冊，後續並將觸角拓展至戰後臺灣史，先後出版《中華民國政府遷臺初期重要史料彙編－中美協防、臺海危機》5 冊及《二二八事件檔案彙編（17）－大溪檔案》等，這些都是完整取材自「蔣中正總統檔案」的原始文獻，從以上出版主題的多元性來看，不難一窺近 30 萬件的「蔣中正總統檔案」，絕對是中華民國史研究者必須參考的材料。

1988 年蔣經國總統逝世後，蔣家家人將兩蔣日記攜至海外，最終寄存於美國史丹佛大學胡佛研究所檔案館。2006 年史丹佛大學胡佛研究所檔案館正式對外開放《蔣中正日記》的閱覽服務，以致以《蔣中正日記》為文本的歷史書寫，方興未艾。本人為了研究二二八事件、1949 大變局、兩次臺海危機以及 1971 年失去聯合國席位的經過等大問題，亦屢次飛去史丹佛大學抄錄蔣日記。隨著日記內容的不斷披露，海峽兩岸與國際漢學界都有研究蔣中正的學界團體與國際會議，出版的研究論著更是隨著時間累積而呈倍數成長。然而受限於時間與成本，絡繹不絕前去史丹佛大學抄錄的學者，往往只能選擇自己最需要參考的部分，而難窺其全貌，這也使得至今《蔣中正日記》雖有多種版本在坊間流傳，但終究都不是正確而完整的內容。

《蔣中正日記》起自 1917 年，迄至 1972 年 7 月止，除了 1924 年份佚失外，大致完整地保存了蔣中正一生橫跨 55 年的日記，其內容不僅是私人之內心世界，更多涉及軍國大事要聞者，對於歷史研究之重要意義，實不言可喻。本館掌理纂修國史及總統副總統文物之典藏管理及研究，長期致力爭取兩蔣日記返國典藏，歷經 10 年纏訟，終於在 2023 年臺灣及美國法院都將兩蔣父子「任職總統期間的」文物所有權判給國史館；加上從 2014 年呂芳上前館長開始、歷經吳密察前館長以及本人任內的溝通努力，陸續得到蔣家後人的捐贈，今日國史館遂擁有這批兩蔣文物的完整所有權。有鑑於社會各界對於開放日記之殷切期盼，本館立即著手規畫《蔣中正日記》的出版工作，惟考量日記內容卷帙浩繁，決定先從蔣中正就任中華民國行憲後第一任總統任期（1948-1954）的日記開始出版，後續再根據任期及年度依序出版。

這次《蔣中正日記》之所以能夠快速而順利出版，要感謝呂芳上前館長所主持的民國歷史文化學社，因學社內的編輯同仁早已著手校正日記內容的正確性，也為日記中提到的人物及事件作註解，使得日記的深度、廣度大為提升。相信藉由《蔣中正日記》的出版，必定有助於呈現一個有血有肉、在感情上常常天人交戰、在理性上屢屢自我挑戰、在政治上功過參半的政治人物，也就是更真實的蔣中正。

國史館館長 陳儀深

2023 年 8 月 31 日

蔣中正日記
Chiang Kai-shek Diaries

圖像集珍

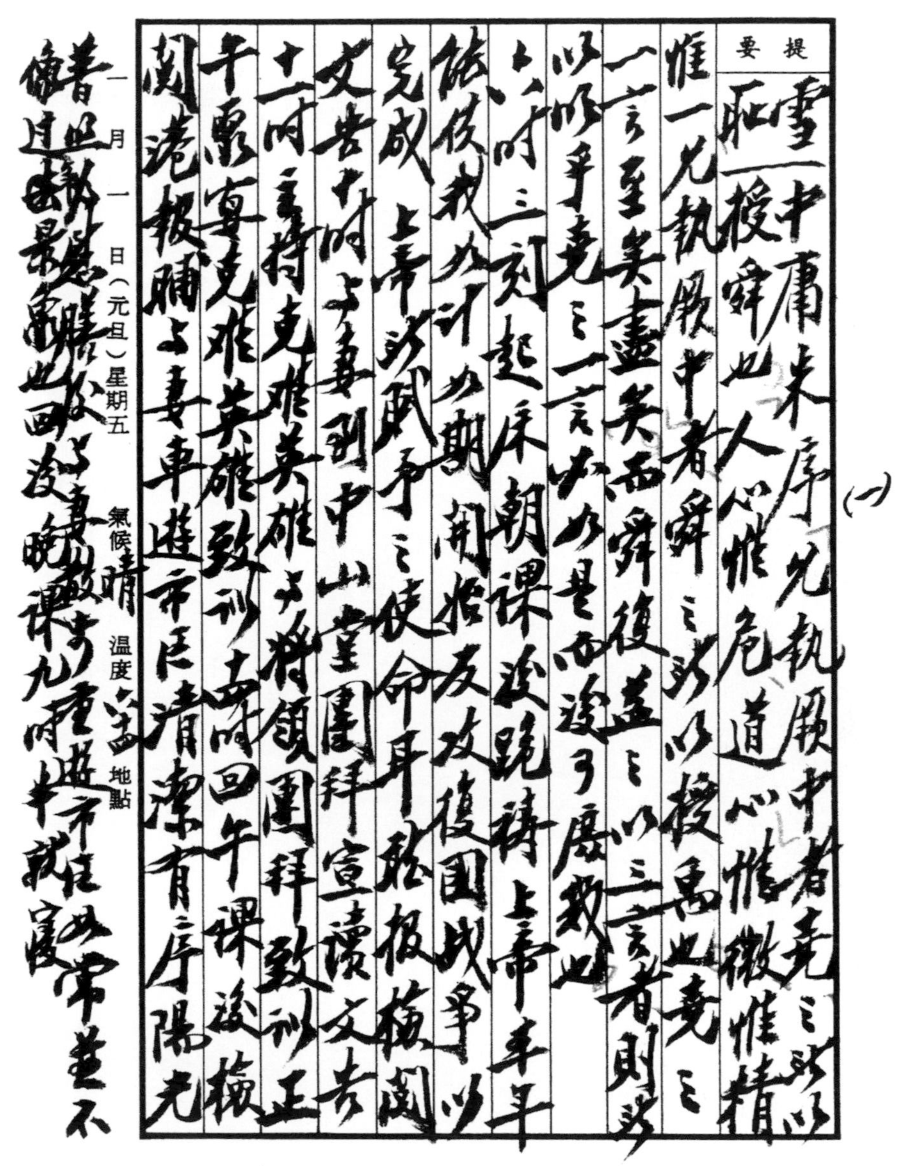

提要

雪恥

中庸朱序允執厥中者堯之所以授舜也人心惟危道心惟微惟精惟一允執厥中者舜之所以授禹也堯之一言至矣盡矣而舜復益之以三言者則所以明乎堯之一言必如是而後可庶幾也

六時三刻起床朝課後跪禱上帝早年祈佑我今年為期開始反攻復國戰爭必完成上帝所賦予之使命耳默禱後檢閱文告十時主持中山堂團拜宣讀文告十一時主持克難英雄與將領團拜致訓正午歡宴克難英雄致詞一時回午課後檢閱港報晡與妻車遊市區清潔有序陽光普照[illegible]市民如常並不[illegible]晚課九時半就寢

一月一日（元旦）星期五　氣候 晴　溫度 [illegible]　地點

日記原件。1960 年 1 月 1 日。

「十時與妻到中山堂團拜，宣讀文告。」（1 月 1 日）

「昨午課後，與吳總統彼此答訪與互相贈勳時各談一小時。」（1 月 16 日）

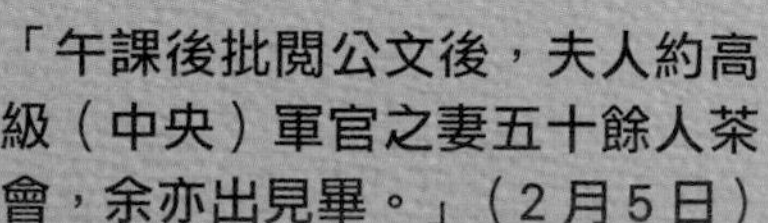

「午課後批閱公文後，夫人約高級（中央）軍官之妻五十餘人茶會，余亦出見畢。」（2 月 5 日）

「正午與妻帶兩孫、友冰在海灘觀捕魚約一小時後，午膳。」（2月12日）

「晡到大貝湖招待所為孫輩補度元宵節，觀月，以本夕為正月（舊曆）十六也。膳後在湖濱散步觀月為樂，八時後回澄清樓。」（2月12日）

「正午帶兩孫、友冰在旗山野餐，授孝儀開會詞要旨畢，乃帶武孫經旗津、紅毛、大林鄉村路而回，約行一小時也。」（2月13日）

「本日為第三次國民大會開會之日，心神沉重不知所解，然滿懷希望，自信益堅。」（2 月 20 日）

「上午入府約見澳洲鋼鐵業家蕭特，對反共甚熱情可愛。」（2 月 23 日）

「午課後記事，約巴拿馬外長等茶會，接受巴勳章。」（2 月 25 日）

「昨（四）日午課後，即上國防研究院，主持國代六十歲以下之代表一千一百餘人茶話，對會場各座位慰視一匝，惟見各代表歡欣親熱相迎的至誠之狀，令余感動萬狀，更不能不對大會眾代表負責領導矣。」（3月5日）

「八時半出發，到基隆登美原子潛艇劍魚號，第七艦隊新司令葛利芬特於今晨由日飛來陪同出航，潛至水下四百尺處親自駕駛，其實與飛機昇降進退原理一也。」（3月8日）

「途中見學生成隊夾道歡呼，為余連任當選慶祝，惟此乃激動余心，含淚感慰，悲歡不能自制。」（3月21日）

「午課後，五時半到美艦聖保羅號迎接如儀，出港後晚宴畢，聽取演習計畫簡報，晚課如常。」
（3 月 21 日）

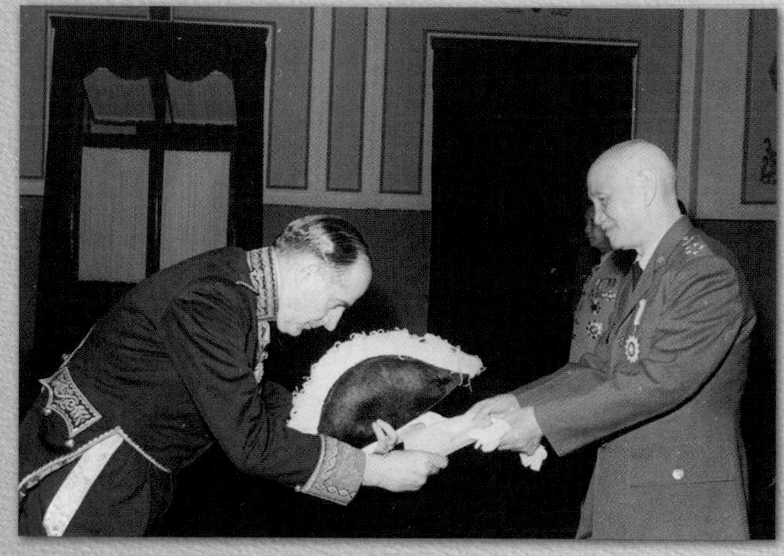

「入府接受西班牙大使到任國書。」
（3 月 26 日）

「上午到孔孟學會成立會致詞，甚覺詞意有力，不惟對共匪，而亦對政客、學人之一大打擊，可謂予以當頭一棒乎。」
（4 月 10 日）

「上午見甘地之孫，乃一精神活潑之青年，亦有正義感，不像冷酷無情之印度人也，其對道德重整會亦甚熱心也。」（4月12日）

「下午三時半聽取金防部簡報後，與劉司令壽如先視察金西歐厝山下新坑道據點後，順道巡視金門城圖書館、警察局，皆新興建設，該城氣象一新改觀為慰。」（4月26日）

「（昨）朝餐後先視察料羅漁港碼頭工程與工事後，乃至溪邊沙灘視察防務工事，再與兩棲偵察隊成功隊訓練班訓話。」（4 月 28 日）

「巡視北澳及其陣地工事。」（5 月 11 日）

「（昨）沿途人民男女老幼親摯倍至，夾道歡送，至為動人，亦苦中之一樂也。」（5 月 11 日）

「下午接見西班牙慕義師將軍，相談甚洽。」（5 月 15 日）

「本日十時在中山堂舉行第三任總統就職典禮。」（5 月 20 日）

「十時到松山機場迎接愛可如儀。」（6 月 18 日）

「昨（十八）日歡迎愛克之群眾行列及其沿途與樓頂上之人海情形，有秩序、有組織又熱烈，得未曾有，估計總在十五萬以上之人民，作最熱忱與自然之歡迎。」（6月19日）

「（昨）五時前介紹愛克在府前廣場卅萬群眾講演畢，即分別而回。」（6月19日）

「為日本朝日新聞請求重播抗戰勝利的廣播全文，甚有所感。」（7月9日）

「約見洛奇大使，暢談一小時辭去。」（8 月 12 日）

「上午召見柳元麟等緬北將領，指示與照相紀念。」（8 月 27 日）

「（昨）下午三時後先巡視東北二坑道利用情形後，乃上太武山巔，視察聲光測照隊、僧寺（海印寺即海山第一）、士兵俱樂部、浴室與雷達站等，皆已新築完成為慰，由此循東路經屏東區轉北麓軍工路而回。」（10 月 29 日）

「下午與壽如司令先至沙美轉洋宅師文康中心，再至瓊林村各村視察社會改良的實施情形後，五時半回寓。」（10 月 29 日）

「上午與妻帶兩孫先至心戰中心所參觀心戰資料，並放汽球（宣傳）向大陸飄揚也。」（10 月 31 日）

「本（二）日上午先為稚暉先生紀念亭及擎天石室題字。」（11 月 2 日）

「本日十時在壽山海濱公路上柴山，參觀陸戰隊第四團登陸與爬山演習，實為此次特技演習中最精彩之一課，甚覺自滿。」（11 月 21 日）

「正午宴檀香山州長奎恩夫婦等至十五時後完。」（12 月 1 日）

「上午八時與馬加伯高聚餐談話一小時，彼甚以非洲新國中立傾向、明年聯合國代表權為俄共所謀為慮，此為其對我國之好意也。」（12 月 5 日）

「繼至峭壁之碧綠視察，經兒報告此即公路中最困難實施之處也。」（12 月 7 日）

「六時到華興育幼院，見兒童天真誠摯，歡呼響聲震耳欲聾，感動萬分。」（12 月 23 日）

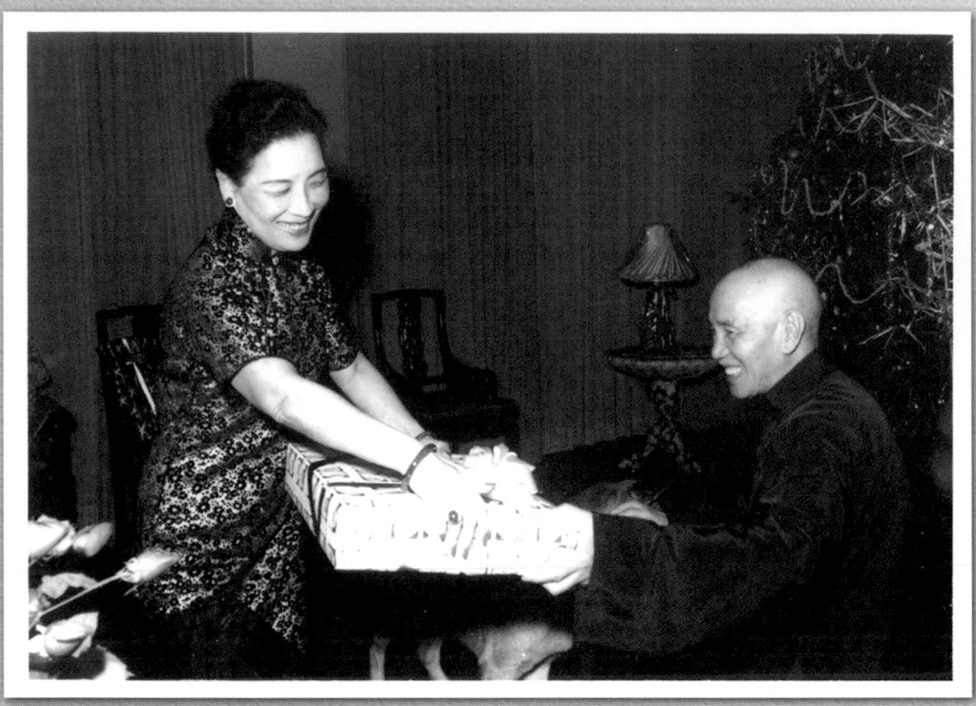

「晚全家子孫、親友二十餘人在寓度聖誕節，祖母對武、勇二孫戲弄為樂，餐後禮拜，十一時就寢。」（12 月 24 日）

「下午批閱後，約見赫爾談其金門之感想，歎為奇蹟也。」（12 月 29 日）

目錄

民國四十九年大事表[1]

「自由生存必須要流血拚命，纔能從共匪手中奪回來的。」

熱情篤愛，奮發堅定，決心澈底，希望樂觀，自信與服務，
為民族精神教育之要目。

急迫浮露，寬厚深沉。
難得糊塗，學成渾厚。

反共革命，需要流血與暴力。

忍慎順仁，溫慈和樂。
不爭不求，不妄不怒。
不愧不怍，不憂不懼。
忍辱負重，逆來順受。
寓理帥氣，樂道順天。
積極主動，創造時勢。
警覺防奸，保密備戰。

1 「蔣中正日記」在一月份起頭之前「大事表」內，先附載不同時間之劄記，出版時即依日記原標排印。

（一）俄共以警察極權國家被稱為「人民共和國」，對自由人民的武力征服被叫作「解放」。

「這種狡詐的口號，使傳布真實信念、事實和信仰的問題益加困難。」愛克[1]語。

「我們是生活在一團語義混亂之中，舊的名稱已不復能確切的表達。」

生活的目的在增進
人類全體之生活
生命的意義在創造
宇宙繼起之生命
蔣中正

本年乃為反攻復國計畫與準備完成及其開始實施之年，在此一年中，切勿自犯其「小不慎而亂大謀」之過錯，必須以人心、道心、危微精一之訓，更應以允執厥中自勉，以期毋忝所生則幸矣。三月十一晨。

一、高階會五月開會，或將阻制我武漢計畫[2]之空投乎，抑或在其閉會後實施為宜乎？在此期間共匪或將先我發動攻勢，以擾亂高會乎。

二、國際裁軍會議其將允許共匪參加乎：甲、共匪如果參加國際會議，俄果有利乎。乙、果爾，則俄將對裁軍再無推辭餘地矣，勢非實施裁軍不可乎。丙、只有以共匪不願參加，為其破壞裁軍的最後所留餘地耳。

三、武漢計畫發動有效以後，全國民眾大舉革命，則共匪決無再在我領土內

1　艾森豪（Dwight D. Eisenhower），又譯艾生豪、愛生豪、艾克、愛克，曾任盟軍歐洲戰區最高指揮官、駐德美軍佔領區司令官、美國陸軍參謀長、哥倫比亞大學校長、歐洲盟軍司令部司令，1953 年 1 月至 1961 年 1 月兩任美國總統。

2　1949 年中華民國政府遷臺，在蔣中正領導下，國軍的目標是反攻大陸。1959、1960 年後，蔣投入研擬特種部隊之作戰計畫，定名「武漢計畫」，藉以引發大陸反共抗暴運動。

立足之餘地，至於俄共是否敢加直接干涉，則在所不計，此乃全由上帝與天命所決定，但余仍確信其不敢直接干涉耳。

四、美國大選如何能協助尼克生[1]之當選，應加切實籌畫。

五、反攻指揮對國民大會特權之建議，是比之連任更為重要也。（以上一月四日記。）

六、六月九日–九月一日–十月十日為爆發時期。

七、國際截〔裁〕軍會議的蘇俄破壞之陰謀，要求共匪參會與共匪參會後之破壞，再令匪破壞截〔裁〕軍歸咎於匪而不在俄。

註：共匪參會於俄無益，如匪參加國際大會，則俄共將更無法控制中共，故俄實不願共匪參會，有之亦只是利用來破壞截〔裁〕軍而已。以上一月七日記。

八、大陸情報組訓之特別加緊。

九、黨務工作與人事之加強。

十、全黨代表九屆大會與黨員登記。

十一、國民代表三屆大會與選舉與特權授予問題。

十二、雙十計畫（遠程空投）與空運能力之籌備。

十三、軍官團與士官團之加強。

十四、各省主持人選之速定（一月七日記）。

十五、政治作戰參謀部之設置。

十六、各省市黨政人選之速定。

十七、本年美國大選之關係，俄共可能乘此弱點而實施突襲，發動大戰？

十八、大陸青年再教育實施計畫（三月）。

十九、特種部隊對大量難民與降匪之收容，及組訓方法之研討最重要。七月十二日。

1　尼克森（Richard M. Nixon），又譯尼克生，美國共和黨人，曾任眾議院、參議員，1953 年 1 月至 1961 年 1 月為副總統。

二十、共匪利用唯心的心理來實現其唯物思想，故吾人應對人民反共的心理特加研究與運用。

廿一、公社組織到鄉村自治組織之過渡期間之具體制度、方法與紀律之研究與確定（七月十七日）。

一、巴黎高階會議失敗以後之國際局勢如何。

二、民意機構（中央、立、監、國代）的情勢之總檢討與如何領導之方針（應先從國大組織着手）。

三、中央黨務與臺省組織及領導如何加強。七月十三日。
（應重整國防與實踐研究學員組織入手。）

一、擬急閱書藉〔籍〕：子、法國革命史。丑、美國通史與華盛頓[1]傳。寅、十字軍東征史。卯、俾斯麥[2]傳。辰、腓德立大王[3]傳。己〔巳〕、毛奇[4]傳。戊[5]、俄國史。己、成吉思汗[6]傳。庚、拿破崙[7]傳。

---

1 華盛頓（George Washington, 1732-1799），1775 年至 1783 年美國獨立戰爭時的殖民地軍總司令。1789 年成為美國第一任總統（同時成為全世界第一位以「總統」為稱號的國家元首），連任一次至 1797 年即卸任，奠立民主典範。被尊稱為美國國父。

2 俾斯麥（Otto von Bismarck, 1815-1898），又譯俾士麥、畢士麥，普魯士人，1867 年至 1871 年出任北德意志邦聯宰相。1871 年德意志帝國成立時成為帝國宰相，直至 1890 年辭職告終。為新生的德意志帝國制定「鐵血政策」，被稱作「鐵血宰相」（Eiserner Kanzler）。

3 腓特烈二世（Friedrich II, 1712-1786），又譯菲烈德、菲德列，1740 年任普魯士國王兼布蘭登堡選帝侯，被後世稱為腓特烈大王。

4 毛奇（Helmuth Karl Bernhard Graf von Moltke, 1800-1891），普魯士將領、德國將領，1871 年至 1888 年任普魯士參謀本部總長、德國參謀本部總長。

5 原文如此。

6 成吉思汗（1162-1227），為蒙古帝國的奠基人、政治家、軍事家。

7 拿破崙（Napoléon Bonaparte, 1769-1821），法國陸軍將領，法國大革命時崛起，1804 年至 1815 年為法蘭西皇帝。

春季課程表

時 \ 星	日	1	2	3	4	5	6
六—	起	床	盥	洗	體	操	—
七—	朝	課	記	事	聽	讀	—
九—	反省錄						
十—		紀念	會客	常會	巡視	會談	軍會
十—	禮拜	周	會談		會客	情報 財經	
十三—	遊憩	—	—	—	—	—	—
一五—	午	課	靜	默	讀	經	—
十七—	遊憩	修稿	或	批	示	—	—
十九—	遊	約	或	聽	讀	晚	課
二十—	憩	宴					
廿一	晚課	讀 —	經 —	看 —	書 —	—	—

本年看書預定表

一、德國參謀本部之研究。

二、大軍之統帥與「戰爭指導」的理論研究。

三、讀史兵略。

四、科學作戰研究。

五、腓特烈大王之研究。

六、拿破崙之研究。

七、俾士麥之研究。

八、華盛頓之研究與林肯[1]。

九、德國康德[2]哲學之研究。

十、英國衛林登[3]與納爾生[4]之研究。

十一、俄、英、法、美各國歷史之研究。

十二、三十年戰爭史。

---

1 林肯（Abraham Lincoln, 1809-1865），第十六任美國總統，1861 年 3 月就任，直至 1865 年 4 月遇刺身亡。領導美國經歷南北戰爭，得以維護聯邦的完整，廢除奴隸制，增強聯邦政府的權力，並推動經濟現代化。美國學界和公眾時常將其稱作是美國歷史上最偉大的總統之一。

2 康德（Immanuel Kant, 1724-1804），為啟蒙時代著名德意志哲學家，德國古典哲學創始人。他調和笛卡兒的理性主義與培根的經驗主義，開啟德國唯心主義等諸多流派。被認為是繼蘇格拉底、柏拉圖和亞里士多德後，西方最具影響力的思想家之一。

3 威靈頓（Arthur Wellesley, 1st Duke of Wellington, 1769-1852），又譯衛林登，英國軍事家、政治家。政治上曾兩次出任首相（1828-1830、1834），為上議院的領導人物之一。軍事上在 1815 年的滑鐵盧戰役中，擊敗拿破崙，終生擔任英國陸軍總司令。

4 納爾生（Horatio Nelson, 1758-1805），英國海軍中將。1797 年 10 月 21 日在特拉法爾加海戰打敗法國、西班牙聯合艦隊，最後為國殉職。

一月

蔣中正日記
Chiang Kai-shek Diaries

民國四十九年一月

本月大事預定表

1. 凱旋計畫[1]報告。

2. 空軍攻勢作戰報告。

3. 各省區軍政領導人選。

4. 減少公事手續與整理檔案、文書、手冊。

5. 陳大慶[2]、黃杰[3]升級？

6. 愛克來臺之準備事宜。

7. 東引司令升級。

---

1 凱旋計畫為蔣中正於 1959 年 3 月命彭孟緝籌組凱旋司令部，進攻廈門之反攻計畫，至 1960 年 4 月 2 日蔣於軍事會談，聽取凱旋計畫登陸報告。

2 陳大慶，字養浩，江西崇義人。1954 年出任國家安全局副局長，1959 年 12 月升任國家安全局局長，1960 年 7 月晉任陸軍二級上將。

3 黃杰，字達雲，湖南長沙人。1958 年 8 月調任臺灣警備總司令部總司令。1962 年 12 月調任臺灣省政府主席。

8. 張國英[1]、王多年[2]、華心權[3]、侯程達[4]等調防大。

9. 新任軍長發表。

10. 北港尾匪登陸演習情報之研究。

11. 召見高級（三軍）部隊長與各校長。

12. 召見各部會首次長。

一月一日（元旦）　星期五　氣候：晴　溫度：六十四

雪恥：中庸朱[5]序：（一）「允執厥中」者，堯之所以授舜也。「人心惟危，道心惟微，惟精惟一，允執厥中」者，舜之所以授禹也。堯之一言至矣、盡矣，而舜復益之以三言者，則所以明乎堯之一言，必如是而後可庶幾也。

六時三刻起床，朝課後跪禱上帝，本年能使我如計如期開始反攻復國戰爭，以完成上帝所賦予之使命耳。聽報，檢閱文告，十時與妻[6]到中山堂團拜，

1　張國英，字俊華，安徽阜陽人。1957 年 4 月調任第十軍軍長，1960 年 2 月調任國防部聯合作戰研究督察委員會委員，在國防研究院第二期受訓。1961 年 9 月調任第二軍團司令。

2　王多年，遼寧鳳城人。1957 年 1 月調任第八軍軍長兼金門防衛司令部副司令官。1960 年 2 月調國防研究院第二期受訓，1961 年 1 月調任第二軍團司令，9 月任金門防衛司令部司令兼戰地政務主任委員。

3　華心權，字家駿，陝西商縣人。1957 年 3 月升任第二軍軍長。時任國防部聯合作戰研究督察委員會委員，2 月調國防研究院第二期受訓。1961 年 1 月調任第二軍團副司令。

4　侯程達，字公美，遼寧遼陽人。1957 年 4 月升任第三軍軍長。時任國防部聯合作戰研究督察委員會委員，2 月調國防研究院第二期受訓。1962 年調任預備幹部訓練司令部副司令。

5　朱熹（1130-1200），字元晦，一字仲晦，齋號晦庵，晚稱晦翁，又稱紫陽先生。南宋理學家，程朱理學集大成者，學者尊稱朱子。輯定《大學》、《中庸》、《論語》、《孟子》為四書作為教本，成為後代科舉應試的科目。

6　宋美齡，原籍廣東文昌，生於上海。蔣中正夫人。1950 年 1 月自美國返臺，支持「反共復國」，並創辦中華婦女反共聯合會、華興育幼院等。1953 年 10 月受任為中國國民黨中央婦女工作會指導長。

宣讀文告。十一時主持克難英雄[1]與將領團拜致訓，正午聚宴克難英雄，致訓，十四時回。午課後，檢閱港報。晡與妻車遊市區，清潔有序，陽光普照為慰。膳後與妻散步，重遊市區如常，並不像過年景象也。回後晚課，九時半就寢。

一月二日　星期六　氣候：晴　溫度：六十二

雪恥：續前朱[2]序：（二）心之虛靈知覺，一而已矣，而以為有人心、道心之異者，則以其或生於形氣之私，或原於性命之正，而所以為知覺者不同，是以或危殆而不安，或微妙而難見耳。

六時半起床朝課後，聽報一小時餘。上午記事後，遊覽庭園，巡視侍從住所，登右前山頭眺望環境，意頗自得，氣候亦佳也。獨坐新廳，考慮去年內外大事以及今年主要工作，對由南韓空投魯東計畫為心靈知覺之第一事也，頗覺有所得，乃名為雙十計畫，以期與武漢計畫東西、前後互相策應也。午課後記上周自反錄，約見美開發銀行長[3]茶點。晡車遊市區，膳後散步，晚課，九時半就寢。

本日體重已增至一百二十八磅。

1　1960 年陸軍四六一七部隊發起「克難運動」，旨在鼓舞士氣、發揮雙手萬能精神，不久發展為國軍的熱烈運動，推舉克難英雄是其中的一項活動。

2　朱即朱熹。

3　卜蘭德（Joseph L. Brent），又譯白倫特、勃蘭特、白蘭達，美國外交官。1953 年至 1957 年任美國經濟合作總署駐華分署署長。1958 年任摩洛哥分署署長，時任開發貸款基金總經理，1962 年任越南分署署長。

上星期反省錄

一、聞俄黑[1]同意於五月十六日在巴黎舉行東西高會，並先議截〔裁〕軍，應加注意，而其用意：甲、為阻止西德建軍。乙、為將引共匪參加截〔裁〕軍會議，為其協議之條件？

二、上年杪吉田茂[2]來訪，詳論中、日共同之國際計畫，以協助我在外交上收復大陸，消除東亞赤禍為基本政策，彼竟接受，頗感自慰，未知其果能實踐否。

三、對山東之雙十計畫之擬訂為新年第一之靈感也。

四、寮國總理薩那尼康[3]辭職，陸軍接管政權，此乃南亞局勢又一新的動盪也。

五、新正氣象特佳，心神愉悅為慰。

本星期預定工作課目

1. 上月與上年總反省錄之研考。
2. 本（四十九）年度之反攻爆發之行動。
3. 本年度工作與看書計畫。
4. 本年度反共革命之總方略。
5. 對東西高會與截〔裁〕軍要匪參會之對策。
6. 美國大選與左派民主黨容共之對策。

---

1 俄黑即赫魯雪夫（Nikita Khrushchev），曾任蘇聯最高領導人、蘇聯共產黨中央委員會第一書記及蘇聯部長會議主席（政府首腦）等重要職務。

2 吉田茂，日本東京人。1947 年 4 月 26 日至 1963 年 10 月 23 日為日本眾議院議員，期間 1948 年 10 月至 1954 年 12 月，出任日本第四十八至五十一任首相。

3 薩那尼康（Phoui Sananikone），又譯塞乃尼康、薩納尼空，寮國中立主義者陣線。曾兩次出任寮國政府總理（1950 年 2 月 24 日至 1951 年 10 月 15 日、1958 年 8 月 17 日至 1959 年 12 月 31 日），多次擔任寮國外交部部長。

7. 武漢計畫與高層會日期前後之關係。
8. 國民代表大會與大選之研究。
9. 黨務加強與九全大會及總登記計畫。
10. 軍官團加強之督導與將領教育。
11. 各省軍政領導人之選定。
12. 軍事會談第一次之指示要旨。

一月三日　星期日　氣候：晴　溫度：四二

雪恥：續前朱子序：（三）然人莫不有是形，故雖上智不能無人心，亦莫不有是性，故雖下愚不能無道心。二者雜於方寸之間，而不知所以治之，則危者愈危，微者愈微，而天理之公卒無以勝夫人欲之私矣。

朝課後記事，聽報。上午遊覽庭園，獨坐靜觀室，瞭望對山消遣，武、勇[1]二孫來，同往禮拜回，觀兩孫釣魚。午課後與妻帶兩孫車遊山上一匝回，入浴，靜坐，晚課。膳後散步觀月，九時就寢。近日夫妻年老，皆眠聲大作，有時各因眠吼聲相互不能熟睡，故移於間壁，仍相通也。

一月四日　星期一　氣候：晴

雪恥：一、讀書計畫之目錄次序。二、閱介民[2]遺著。三、召見人選之名單。

朝課後記事，聽報，膳後遊覽。上午研究本年度工作綱要，並重閱去年工作

1　蔣孝武，字愛理，為蔣經國和蔣方良次子，生於重慶；蔣孝勇，為蔣經國和蔣方良三子，生於上海。兩人皆於 1949 年隨家庭來臺。

2　鄭介民（1897-1959），原名庭炳，字耀全，廣東文昌人。1952 年 10 月出任中國國民黨中央委員會第二組主任。1954 年 8 月出任國家安全局局長。1959 年 12 月 11 日去世，追晉一級上將。

計畫與政策方針，甚為重要，記上周反省錄與本周工作表。午課後手訂春季課程表完，與妻遊覽後公園，商討對尼[1]協助方法回，入浴，剪甲，膳後與妻散步觀月，晚課，十時前寢。

一月五日　星期二　氣候：陰

雪恥：續（三日）朱子序：（四）精則察夫二者之間而不雜也，一則守其本心之正而不離也。從事於斯，無少間斷，必使道心常為一身之主，而人心每聽命焉，則危者安，微者著，而動靜云為自無過不及之差矣。

朝課後記事，聽報。入府召見王季徵[2]等，談近東外交頗有見地。主持一般會談，因電力加價案立院彭某[3]搗亂，辭修[4]動氣，乃代加處理慰之。午課後批閱，見日矢次夫一[5]與田中[6]、大久保[7]等，暢談一小時餘。膳後聽讀介民遺著，甚有所感，介民不可再得矣。晚課，十時前就寢。

一月六日　星期三　氣候：晴

雪恥：續前朱傳：夫堯、舜、禹天下之大聖也。以天下相傳，天下之大事也。以天下之大聖，行天下之大事，而其授受之際，丁寧告戒，不過如此。則天

1　尼即尼克森（Richard M. Nixon）。
2　王季徵，福建閩侯人。1957 年 10 月至 1962 年 2 月任駐黎巴嫩大使。
3　彭爾康，湖南攸縣人。1948 年在礦業工會及鹽業工會當選第一屆立法委員。來臺後，曾任立法院經濟委員會召集人，並在臺北執業律師。
4　陳誠，字辭修，號石叟，浙江青田人。1954 年 5 月，就任第二任副總統。1957 年 10 月，當選中國國民黨副總裁。1958 年 7 月，再度出任行政院院長。
5　矢次夫一，中日合作策進會常務委員。
6　田中龍夫，日本政治家，前首相田中義一長男。時為日本眾議院議員。
7　大久保武雄，日本政治家。時為日本眾議院議員。

下之理，豈有以加於此哉。

朝課後記事，聽讀介民遺著–「蘇俄國際政策」完，實為對美、日之基本資料也，甚得我心。上午主持中央常會，午課後批閱公文，清理積案。晡遊覽庭園後，入浴，聽報，膳後與妻散步觀月為樂，晚課，九時半寢。

一月七日　星期四　氣候：晴

雪恥：一、大陸爆發運動以六月至九月杪為標準，一以待其東西高會之結束，不使其會中對我提議干涉之顧慮，一以在聯合國大會之前與美國大選接近之期為於我有利也。二、義大利政府對承認共匪問題實已成熟，應屬美國設法挽回，可乎？

朝課後記事，膳後遊覽庭園。在靜觀室思考本年主要工作，對國際截〔裁〕軍共匪參會之顧慮與宣傳要旨已有所得，對此事可在介民遺著增補蘇俄截〔裁〕軍陰謀一段也。補記上月反省錄與本年大事表數則。午課後聽取嚴[1]、尹[2]等加速發展經濟計畫之報告，對美之答案甚妥，已令如計進行。晡見加拿大記者[3]，膳後散步觀月，晚課。

1　嚴家淦，字靜波，江蘇吳縣人。1954 年 6 月出任臺灣省政府主席，並兼任美援運用委員會副主任委員（至 1963 年）。1958 年 3 月二度出任財政部部長。

2　尹仲容，本名國鏞，湖南邵陽人。1955 年 7 月因「揚子木材公司貸款案」被起訴，10 月 30 日獲判無罪，宣布辭去經濟部部長與中央信託局局長。1957 年 8 月出任行政院經濟安定委員會秘書長。

3　威辛頓（Peter John Vickers Worthington），1956 年起任加拿大《多倫多電訊報》駐外記者，大多在中東地區採訪，曾在寮國採訪。

一月八日　星期五　氣候：晴　溫度：七十

雪恥：續前朱傳：其日「天命」率性，則道心之謂也。其日擇善固執，則精一之謂也。其日君子時中，則執中之謂也。世之相傳千有餘年，而其言之不異，如合符節。歷選前聖之書，所以提挈綱維，開示蘊奧，未有若是之明且盡者也。自是而又再傳以得孟氏，為能推明是書，以承先聖之統，及其沒而遂失其傳焉。

朝課後記事，聽報，入府召見六員，金戈[1]、林國人[2]等後，主持情報會談，對情報局長[3]虛浮不實亦無成績，甚為失望。午課後批閱要公，約美七十二機動艦隊司令甘農[4]夫婦茶會。晡車遊，膳後與妻月下散步為樂，晚課，九時半寢。

一月九日　星期六　氣候：晴　溫度：七五

雪恥：一、分權指揮的典型人物：納爾生是其中之一，但仔細研究他的作風，就知道對計畫的細微末節的地方一點也不放過，所以他的部下對他的意圖都能澈底了解而毫無疑問，又他為了要確實掌握其部下，他乃「規定信號」，可是他的部下並沒有因此而受到拘束，仍然享有其充分發揮創意的最大自由。

朝課後記事，入府召見魏大銘[5]等十餘人畢，主持軍事會談，聽取三軍去年考

1　金戈，號尚誠，四川廣元人。時為國防部第二廳技術研究室副主任。1963 年 3 月 1 日技術研究室改組為「國防部電訊發展室」，升任主任。

2　林國人，號廻，浙江象山人。曾任國防部第二廳技術研究室副主任，後任國家安全局技術研究室副主任。

3　張炎元，字炳華，廣東梅縣人。1956 年 12 月繼毛人鳳之後任國防部情報局局長。1960 年 8 月調任中國國民黨中央委員會第二組主任，其情報局局長職務由葉翔之接任。

4　甘農（J. W. Gannon），美國海軍將領，1958 年 7 月任海軍軍令部助理部長，1959 年 8 月調任第七十二機動艦隊司令。

5　魏大銘，江蘇金山人。1948 年 7 月以對電訊技術、情報業務督導有功，升任國防部第二廳副廳長，兼技術研究室主任。

績之報告約二小時餘，並加指示。午課後，與妻視察木柵革命實踐院新址頗慰回，晚課，入浴，膳後散步，讀唐詩，禱告，九時半就寢。

上星期反省錄

一、義國總統[1]臨時中止訪俄，此或受美國壓力之故。果爾，則義承認共匪之危機亦將緩和乎。

二、俄宣布在中太平洋「馬下兒」島[2]附近為目標試放飛彈，此種對美之挑釁行動果能忍受幾時，特應注意。

三、日本對我政策最近表現，似已由吉田來訪後之諒解而改變乎。

四、本周工作：甲、審研去年度工作計畫與政策綱要，以定本年度政策與計畫之考案，甚覺有益。乙、審核介民遺書有益。丙、對共匪參加截〔裁〕軍會議之阻止方針及宣傳計畫之研究有得。

本星期預定工作課目

1. 芮正臯[3]升調禮賓司。

2. 人事政策與培植各項人才計畫。

3. 軍長調補案。

4. 對介民遺書之研究小組。

---

1 喬瓦尼・格隆基（Giovanni Gronchi），義大利基督教民主黨政治家，1955 年至 1962 年擔任義大利共和國總統。

2 馬紹爾群島（Marshall Islands），位於北太平洋。

3 芮正臯，號器先，浙江吳興人。原任外交部專門委員兼禮賓司幫辦，1959 年 10 月派任駐教廷大使館參事，未到職。1960 年 2 月調任駐土耳其大使館參事。1962 年 7 月調任駐上伏塔大使館參事，代辦館務。

一月十日　星期日　氣候：陰晴

雪恥：一、召見人事次長毛[1]等指示方針。二、禮賓司速調換。

朝課後聽報，上午遊覽庭園後記事，禮拜。正午帶妻巡視匪情資料室與沿海地型圖一小時餘，有益。午課後美陸長布魯克[2]來住，談話半小時後，與妻車遊山上一匝回，入浴，晚課。膳後散步，看論語新編（張文學編），讀唐詩，九時半寢。

一月十一日　星期一　氣候：晴

雪恥：一、劉朝槐[3]應即調職。二、馬公亮[4]調侍衛長或劉鼎漢[5]？三、特戰對共青團員與大、中學生之收容與組訓，及號召管制等方法之研究組織。四、陸軍現役三年制之必要。五、軍官與士官俱樂部。

五時三刻起床，朝課後記事，聽報。上午入府召見袁樸[6]等十員，各別詢問其去年工作與人事等情，十三時半方完。午課後讀論語新編第二章完，與布魯克談話一小時半，彼實誠摯之友也。晚宴布君夫婦[7]，十時半方散，晚課。

---

1 毛景彪，號嘯峰，浙江奉化人。1949 年來臺後，任國防部第一廳（人事）廳長，時任國防部人事參謀次長。

2 布拉克（Wilber M. Brucker），又譯布魯克，美國陸軍部部長，1955 年 7 月 21 日到任，1961 年 1 月 19 日離任。

3 劉朝槐，號翹楚，四川富順人。1954 年 9 月任第三十三師副師長，1959 年 3 月升任師長，駐防列嶼。7 月調任第五十七師師長。1960 年 2 月調職。

4 馬公亮，字月浪，浙江嵊縣人。歷任第九軍第四十一師師長、第九軍副軍長。1959 年 3 月調任臺北師管區司令部司令兼臺灣北部地區警備司令部司令，1961 年 4 月調任陸軍總司令部作戰研究督察委員會委員。

5 劉鼎漢，字若我，湖南酃縣人。歷任第七軍軍長、第一軍軍長。1958 年 4 月調任陸軍預備部隊訓練司令部副司令，1959 年 1 月調任第二軍團副司令。

6 袁樸，字茂松，湖南新化人。1958 年 7 月任第一軍團司令，1961 年 1 月調任陸軍總司令部副總司令。

7 布君夫婦即美國陸軍部部長布拉克（Wilber M. Brucker）及其夫人克拉拉．漢特爾（Clara Hantel）。

一月十二日　星期二　氣候：晴

雪恥：一、共匪米克十七機「〇六五一」號本日飛投來臺，迫降於宜蘭海濱亂石草灘上，機身焚燬，飛行員[1]死難，僅其頭部略可辯〔辨〕認而已，此為美中不幸之大事，惟由此匪軍心理之打擊及其對空軍之疑忌更甚，如我一旦反攻開始，匪軍皆將自動歸誠之證驗更足相信，而對於我軍必勝之信念自亦大增為慰。

朝課後記事，布魯克來辭行，談卅分時，皆開誠之談。上午入府召見海軍各司令等八員後，主持宣傳會談，外交部之無能無知殊足深歎。午課後約見于斌[2]主教與嘉尚[3]、少谷[4]後，入浴，晚課。晚應外交團之宴，十時回。

一月十三日　星期三　氣候：晴

雪恥：一、空軍人員不能保密，行動輕浮，尤其對外員不能省度輕重，應予切戒。二、陳嘉尚不重數字、不重時間與不察輕重、不講要領，應加警戒。

朝課後記事，批閱公文。上午主持中央常會，研討越吳總統[5]訪華目的與越南、韓國歷史，彼等今日雖皆不承認，如我能自強不息，則其仍必自認中華為祖國，故其固有歷史我須保存與擴印也。午課後批閱公文後，遊覽庭園，

---

1 楊德才，中共海軍航空兵第二師第五團第二大隊飛行員，駕駛 MiG-15 自浙江路橋起飛，迫降宜蘭南澳，失事死亡。飛機機體於 1 月 23 日起在臺北新公園向民眾公開展示。

2 于斌，字野聲，黑龍江海倫人。1946 年為南京總主教，創辦《益世報》，當選行憲國民大會代表。1949 年遵照教廷命令，離開南京前往美國，在紐約成立中美聯誼會。1954 年到臺灣出席國民大會。1956 年受教廷任命籌備輔仁大學在臺復校，向各國募籌建校基金，並聯合中國聖職單位、耶穌會、聖言會等教會團體，改造輔大為國際大學。1960 年受教宗若望二十三世任命為輔大校長。

3 陳嘉尚，字永祥，浙江杭縣人。1955 年 3 月任空軍總司令部副總司令。1957 年 7 月升任空軍總司令部總司令，1963 年 6 月調任國防部參謀本部副參謀總長。

4 黃少谷，湖南南縣人。1958 年 7 月任行政院政務委員兼外交部部長，1960 年 7 月調任駐西班牙大使。

5 吳廷琰，越南共和國（南越）第一任總統（1955 年至 1963 年）。

經兒[1]來談其今夜往東引、烏丘、馬祖視察，晚課。膳後散步觀月，默禱後觀經兒去年日記，九時半寢。

一月十四日　星期四　氣候：晴

雪恥：一、張道藩[2]等以為我對果夫[3]、立夫[4]皆可隨時放棄，而獨對經國培植成功為目的之說，是乃神經病話，不足為意。彼等所謂黨部派在大陸二十年之黨務，余可說對之信任過篤，毫不予以干與，竟使本黨整個失敗，不自知其責任重大，而反在失敗遷臺以後，彼等借黨自傲，搗亂黨政，違抗命令之流氓、卑劣行動不僅累及黨國，而且累及果夫兄弟，此乃立夫應負其組織最大之責任，不料道藩以余放棄立夫為罪，是太不自反與自知也，不過此等皆成過去之人，惟有置之一笑，何足介意。

六時前起床，天未明，乃先靜坐畢，再舉行其他朝課項目。聽報，入府會客，召見八員後主持作戰會談。

1　蔣經國，字建豐，浙江奉化人。蔣中正長子。曾任中國國民黨中央改造委員、總統府資料室主任、國防部總政治部主任等職。時任中國青年反共救國團主任、國防會議副秘書長、行政院國軍退除役官兵就業輔導委員會主任委員、行政院政務委員。

2　張道藩，原名道隆，字衛之，貴州盤縣人。時任立法院院長、中華日報及中國廣播公司董事長。

3　陳果夫（1892-1951），名祖燾，字果夫，以字行，浙江吳興人。1948 年 12 月因病遷居臺中休養，並任中國國民黨中央評議委員。1951 年 8 月去世。

4　陳立夫，名祖燕，字立夫，以字行，浙江吳興人。1949 年 6 月至 1950 年 3 月任行政院政務委員，1950 年 8 月任中國國民黨中央評議委員。同時，以參加道德重整會議名義，帶全家離開臺灣，定居美國。1961 年曾獲准回臺探望父親，未作久留。

一月十五日　星期五　氣候：晴

雪恥：昨午課後批閱公文，並審閱論語新編後，車遊山上一匝。浴後晚課，膳後散步，九時半寢。

本（十五）日朝課後記事，聽報。入府見胡適[1]，其態度神氣似已大有改變為怪。見紐絲倫議員雷伊[2]與奧洲高達[3]後，召見年度工作人員段允麟[4]等四人畢，批閱公文。十四時在機場迎接越南吳[5]總統，在車中吳說：你們中國祖先在越南等地皆有適應環境本能，表示欽佩之意，又說越南要保存中國文化傳統，使華僑能與越南人民打成一片，不分界域。對於華僑教育的漢文課，彼乃支吾其辭，不願明說，我乃明告以華僑應以越南文字為第一，而以漢文為第二文字，方能你符合保存中國文化之方針，彼似點頭，不表反對之意乎。

一月十六日　星期六　氣候：陰（北）晴（南）

雪恥：昨午課後，與吳總統彼此答訪與互相贈勳時各談一小時，余先告以除軍事同盟不提（此時）以外，其他凡所要問要談各事，請其不保留的提出，余必盡力協助，以達到我們合作目的，彼聞此表示欣快，以彼恐余如李

1　胡適，字適之，安徽績溪人。歷任駐美大使、北京大學校長、中央研究院院士、第一屆國民大會代表。1950 年 9 月至 1952 年 6 月任美國普林斯頓大學葛思德東方圖書館館長。1957 年 11 月任中央研究院院長，1958 年 4 月返臺就職。

2　雷伊（John Rae），紐西蘭國家黨國會議員，1949 年至 1957 年代表洛斯克爾區獲選國會議員，同年並任房屋部部長。1960 年復任伊登區國會議員。於 1953 年 3 月、1956 年 9 月數度來華，其著作亦支持中華民國。

3　高達（William G. Goddard），澳大利亞廣播評論家。

4　段允麟（1911-1960），號夢平，江西南昌人。曾任太倉艦艦長、1957 年 10 月任海軍艦隊指揮部參謀長，1959 年 5 月調任海軍艦隊訓練司令部司令。1960 年 7 月 7 日不堪病擾自殺。

5　吳即吳廷琰。

承晚[1]一樣，要求其軍事同盟，使之為難耳。晚國宴後歡敘而散，迎送如禮。回後默禱，晚課，十二時就寢。

本（十六）日朝課後記事，入府會韓、越各訪問團後，主持軍事會談二小時，對匪機來降時，嘉尚處理因興奮而失當，亦可知我高級將領之不沈着，須加修養，予以訓示。十五時起飛來高雄，與妻巡視大埤湖招待所，頗幽雅適意。入浴，膳後散步回，晚課，九時寢。

上星期反省錄

一、共匪米格機來降，不幸機毀人死，然匪軍之必然內潰乃無疑問。

二、愛克對其國會新年咨文，明言「以臺灣國軍為亞洲防衛力量的中心」。此乃四年前我對杜勒斯[2]忠告其美對亞政策並無中心與重點為危，而今果實現矣。

三、越南吳總統來訪。

四、道藩等神經質怨謗，只求我心之所安，實不足介意，但亦可測驗舊幹部對我之心理矣。

1 李承晚，字承龍，號雩南，韓國黃海道人。長年推動韓國獨立運動。1948 年至 1960 年任大韓民國大統領。

2 杜勒斯（John F. Dulles, 1888-1959），又譯陶勒斯、陶拉士、杜拉斯，美國政治家，曾短暫為參議員，1950 至 1952 年為杜魯門總統外交顧問。1953 年 1 月至 1959 年 4 月任國務卿，1959 年 5 月逝世。

本星期預定工作課目

1. 馬祖之山隴港修建工程。
2. 陸志家[1]派東引指揮官？
3. 特戰部隊退卻時必分幾個方向，特別要在主力退卻方向之相反一面派定有力一部退卻，以備抄襲敵人追擊部隊之側背，預定相定地點協同我主力反擊時，使能前後夾擊為最基本之戰術。
4. 廈門為中心之地型圖調製（五千分一）。
5. 發孫某[2]補助家用年款？

一月十七日　星期日　氣候：晴

雪恥：一、特戰宣傳重點之（一）共匪搜括糧食輸俄備戰，迫使我同胞餓死於不顧的罪惡。二、我如能在年內發動大陸革命運動有效，則美國左派與美共的承認共匪的宣傳陰謀自可在事實上消除於無形，而且惟有此一法方能奠定其對華反共政策，解決其大選問題。

朝課後在海灘散步回，聽報，記事。巡視高雄市容，並轉鳳山與大埤湖招待所內視察後回，已十二時半矣，讀論語新編至論言章。午課後與妻重遊大埤湖，茶點，巡視後回，入浴。晚課畢，約吳廷琰便餐，談國際問題，特稱道其在國際各種會議對我協助之功效，而以要求我對越南無私之援助也。十一時辭去，默禱後寢。

1　陸志家，號愷琛，浙江富陽人。原任第九師增設副師長兼大膽島守備區指揮官，1958 年 12 月調任第二十七師副師長兼代理師長。1960 年 3 月任陸軍作戰計畫委員會委員，10 月調任預備第四師師長。

2　孫科，字哲生，廣東香山人，孫中山哲嗣。1948 年 11 月，任行政院院長。1949 年 3 月離職，移居香港。1950 年遊歷巴黎、西班牙等地，1952 年定居美國洛杉磯。1964 年到臺灣，任總統府資政。

一月十八日　星期一　氣候：晴

雪恥：朝課後，修正越南所提兩國公報稿件，予以從頭改正該稿。並不敢提及反共字樣，可知其畏共心理，彼且努力向亞非集團聯繫，對中立傾向頗堪注意。吳[1]與李承晚二人之性質不盡相同，各有其精明強幹、非余所及之優點，而其狹隘自大之性情則完全相同，特別是有我無人之自私觀念為然也。上午在海灘獨自散步逍遙，意頗自得，半小時後回，記事。正午由岡山起飛回臺北，午課後親往觀音山龍形村，為介民安葬致祭，以慰忠魂，此為來臺後第一次也，順道參觀外獅頭之新軍路碼頭回，至臺北孔廟與明倫堂視察一匝回，入浴後晚課。八時半應吳還宴如儀，十一時辭回，就寢。

一月十九日　星期二　氣候：晴

雪恥：朝課後修正中越公報稿，約一小時。召見少谷，稱此稿已於昨夜與越方磋商定稿，其吳總統定於今晨八時向記者談話時宣布云，因之改正稿作罷，惟徒費一小時之苦心而已。十時往吳行館作送別談話一小時餘，彼專談南洋華僑資金如何吸收到越南，與亞洲中立國家友好聯系問題，余順其意而不予辯正，惟望其能對南洋各國說明，我政府對華僑政策一向不主張其在駐在國作政治活動，並力勸僑胞遵守當地法令，協助其建設而已，但望越南不崎〔歧〕視華僑之文化與經濟，成為對華僑寬大政策，使南洋華僑對越南向往與投資，則中、越兩國皆有裨益也。最後在車上，彼特提「我們所說的要在實行」一語，不知其何所指耳。

1　吳即吳廷琰。

一月二十日　星期三　氣候：晴

雪恥：昨十一時半送吳[1]，在機場上如儀道別回，記事。午課後，與妻往山洞慈湖遊覽，以資休息，回寓已七時矣。膳後散步，晚課。

本（二十）日朝課後記事，聽報，上午主持常會，討論臺省縣市長候選人名冊，周[2]主席只憑主觀而不明賢否與當否，令人又發怒動氣，此實自我修養不足之過，何必為此忿怒以致失態，戒之。午課後批示公文，召見孟緝[3]，指示其訪泰要旨。晡獨自遊覽庭園，入浴，聽讀介民遺稿，膳後散步，晚課。

俄試射遠程飛彈在中太平洋的日子。

一月二十一日　星期四　氣候：晴

雪恥：一、張雅山[4]、陸志家為東引指揮官？二、馬公亮為侍衛長或胡炘[5]？三、退役軍人強制儲蓄。四、退役軍人之失業及賭輸自殺之現況。五、發憲兵司令[6]與警務處長[7]年金。六、警務長人選。

1　吳即吳廷琰。

2　周至柔，原名百福，字至柔，以字行，浙江臨海人。1957 年 8 月任第六任臺灣省政府主席，兼臺灣省保安司令部司令。1962 年 12 月調任總統府參軍長。

3　彭孟緝，字明熙，湖北武昌人。1954 年 8 月擢升為副參謀總長，兼代參謀總長，旋真除。1957 年 7 月調任陸軍總司令部總司令並兼臺灣防衛總司令。1959 年晉升陸軍一級上將，再任參謀總長。1963 年 5 月連任參謀總長。

4　張雅山，浙江溫嶺人。1959 年 7 月任第二軍副軍長，12 月調任第一軍副軍長。1960 年 3 月調任反共救國軍第二總隊總隊長兼東引守備區指揮官。1962 年 12 月調任第十軍軍長。

5　胡炘，字炘之，浙江永嘉人。1958 年奉調為國防部參謀本部第三參謀（作戰）次長室助理次長（執行官）。1960 年 11 月任總統府侍衛長。

6　尹俊，字杰夫，湖南邵陽人。1950 年 9 月調升第十八軍副軍長。1951 年春代理軍長職務。1955 年升任第二軍團副司令。1957 年 5 月任憲兵司令部司令。1963 年 8 月調任澎湖防衛司令部司令。

7　郭永，號頤卿，又名濟中，湖南醴陵人。1957 年 5 月，任臺灣省警務處處長，6 月兼任臺灣省民防司令部副司令。1962 年 9 月，調任第二軍團副司令。

朝課後整理介民遺著，及其報告之文字與增補其缺點，約二小時未完。十一時入府召見調節年例召詢人員十二名後，聞愛克東來只訪日本，而不至其他各國，余引以為快，可以減少許多煩忙。彼或接見其陸長[1]回美報告後，獲悉我六、七月之間正將發動大陸革命之季節，故其避免嫌疑乎。

一月二十二日　星期五　氣候：陰沉

雪恥：昨午課後續整介民遺著二小時，尚未完成。晡與妻車遊山上一匝回，聽讀介民遺著，膳後散步，晚課。

本（廿二）日朝課後，續整介民遺著未完。上午入府召見澳洲高達與荷蘭記者朱克爾[2]與基隆蔡炳煌[3]等，主持財經會談。午課後續整介民遺著後，召見袁子健[4]，指示其越南工作方針。與妻車遊回，聽讀介民遺稿，膳後散步，晚課。

一月二十三日　星期六　氣候：陰　溫度：六十五

雪恥。

朝課後手擬空投第二批傘兵地區：（一）畢節。（二）騰衝。（三）宜賓。此為武漢計畫之重點，自信其畢節乃為成功之樞機。此一地區屢思屢忘，昨、今二日忽在無意中得之，不敢再忘耳。記事，上午入府召見十人，主持軍事

1　即美國陸軍部部長布拉克（Wilber M. Brucker）。

2　朱克爾（Richard Jokel），荷蘭《自由人報》駐倫敦記者。

3　蔡炳煌，臺灣基隆人。1951 年 3 月任資源委員會中國石油公司監察人，1954 年 8 月任臺灣省政府參議。時為中國國民黨基隆市黨部委員。1960 年 7 月出任臺灣省政府委員。

4　袁子健，浙江慈谿人。1956 年 12 月調任駐越南公使館公使，1958 年 7 月升格，改任駐越南大使館大使。

會談。午課後整理介民遺稿第一次完，交孝儀[1]再加編修。晡與妻車遊回，入浴，晚課，讀論語，膳後散步，默禱。

上星期反省錄

一、法國中立、戴高樂[2]左傾，殊為自由世界最大之殷憂，此一趨勢對於高階會議更顯危機矣。

二、美、日同盟協定十九日在華府簽訂，自為自由世界對共產集團在東方之重大打擊，其結果如何，尚待事實證明，惟岸信介[3]在美表示對共匪不承認態度比前堅定則為事實，此乃對美、對加最近承認共匪之趨勢殊有阻止之影響，乃於我有利，故吉田[4]上月杪來訪之會談已發生其相當效用矣。

三、俄對（二十日）中太平洋試射其遠程飛彈，已對其目標命中甚近，此對美國最大之威脅，或於我武漢計畫之進行反有助益乎。

四、吳廷琰來訪，其器量不大，識見有限，但不能以此鄙之，須知韓、越皆為我之屬國，無論歷史、文化與地理皆有所限，故不能望之過大，認為李承晚與吳廷琰之才之識，治理韓、越實非易得，而且其此行必將於中、越情義之增進有其重大影響乎。

五、整理介民遺稿頗費心力，或藉此對美宣傳，以提醒美國對共之政策，不無作用耳。

---

1 秦孝儀，字心波，湖南衡山人。長任總統府侍從秘書，1954 年 8 月至 1958 年 9 月兼任中國國民黨中央委員會第四組副主任。1961 年 4 月兼任中國國民黨中央委員會副秘書長。

2 戴高樂（Charles de Gaulle），二次大戰期間領導自由法國運動，戰後短暫出任臨時總統。1958 年成立法蘭西第五共和，並出任第一任總統兼安道爾大公。

3 岸信介，1956 年 12 月 23 日任日本外務大臣，1957 年 2 月 25 日任內閣總理大臣。

4 吉田即吉田茂。

本星期預定工作課目

1. 繼續選訓傘兵一萬人。

2. 西南鐵路、公路的主要橋梁之破壞計畫。

3. 特種部隊名稱之確定。

一月二十四日　星期日　氣候：陰雨

雪恥：一、特種部隊定名反共光復軍。二、發俞[1]款。三、破壞西南各橋梁計畫。

朝課後記事，記上周反省錄，聽報。十時診耳，以耳污積塊，故時發癢為患也，今始用藥，約三日後可痊云。禮拜後批閱公文，午課後清理積案。晡召見司馬德[2]，以其由美回臺作報告也。與妻車遊回，入浴，晚課後辭修夫妻[3]來聚餐，膳後散步，默禱。讀唐詩、論語新編，十時寢。

一月二十五日　星期一　氣候：微雨

雪恥：一、羅恕人[4]派西南光復軍司令？二、警務處長人選。三、約卜克[5]茶話。

1　俞國華，浙江奉化人。1958 年初派兼中華開發公司籌備處主任委員。1961 年轉任中國銀行董事長並兼任中國產物保險公司董事長。

2　史慕德（Roland N. Smoot），又譯司馬德、史馬德，美國海軍將領，美軍協防臺灣司令部（USTDC）司令，1958 年 7 月到任，1962 年 5 月離任。

3　辭修夫妻即陳誠及其夫人譚祥。譚祥，字曼意，譚延闓三女，湖南茶陵人。來臺後協助宋美齡管理婦聯會，致力於婦女運動與救濟事業，並籌辦辭修高級中學。

4　羅恕人，湖南益陽人。1955 年 3 月任第九軍軍長，1957 年 4 月調任第二軍團副司令，5 月兼任高雄區戒嚴司令。

5　卜克（Lester S. Bork），又譯包凱，美國陸軍將領，駐華軍事援助顧問團（MAAG）陸軍組組長。

朝課後記事，聽報。上午整理介民遺著，午課後續整介民遺著，頗費心力。晡召集空軍遺族母妻子女四十餘人茶話，照相，夫人慇懃懇切使遺族欣慰，實為余最快樂之一事，可使陣亡將士之靈得慰也。車遊，視察市況，膳後散步，晚課，九時半就寢。

一月二十六日　星期二　氣候：微雨

雪恥：一、大陸青年再教育之設計。二、發兵棋室員節金。三、對大陸大、中學校教育之設計。四、不用武力的保證與間接侵略的武力之關係。

朝課後記事，續整介民遺稿。上午入府會客，召見新年例會官長八員，主持一般會談畢，批閱，續整介民遺稿第二篇完。午課後批閱，讀論語，與妻車遊市區，視察市況回，入浴，晚課，膳後散步，聽讀，默禱。

一月二十七日　星期三　氣候：陰

雪恥：一、部隊教育（士兵）以倫理教育為第一，其次為軍紀教育，凡犯上暴行案應准直接主官負責處理。二、第二軍團新射擊訓練與旗山突擊訓練之普施。三、各軍各師（同軍團與同軍）之月報與互相觀摩。四、營房熱水澡之煤斤。五、老兵學術數理化普通常識之課程擬訂。

朝課後重校介民遺著第二次後，聽報。上午主持常會，聽取中央電影公司整理案報告與新加坡馬來辦報事，皆加指示，健中[1]報告其赴港與投機政客組織

1　胡健中，原名經亞，又名震歐，字絜若，筆名蘅子，原籍安徽和縣，寄籍浙江餘杭。1952 年 12 月至 1953 年 4 月出任中央日報社董事長，1956 年 5 月至 1961 年 6 月再任中央日報社社長。

接洽經過情形，對張發奎[1]、黃宇人[2]叛逆之醜態，皆有後悔莫及之表現，但又要轉灣〔彎〕，面子也。午課後記事，晡帶武、勇二孫巡視市區回，入浴。晚課後親友二十人聚餐，觀影片甚佳，十二時半寢。

一月二十八日　星期四　氣候：雨　溫度：六十

雪恥：一、美國對於遭受蘇俄飛彈突襲之可能性與或然性之警覺，以及其美國軍方所陶醉的「在核子武器強烈毀滅性情勢下，蘇俄不敢發動戰爭」之謬說亦漸有人駁斥，此乃近來一個較有希望之消息。

昨夜為舊歷大除夕，觀影劇（所羅門與示巴女王）後，夫妻共同跪禱畢，就寢，已十二時半。本晨以夜間熟睡五小時餘，乃於六時後起床，先行跪禱默念先慈[3]不已，復行朝課畢，經兒帶武、勇二孫來拜年，余帶二孫乘車巡遊市區，今年爆竹之聲更多，此乃好景象也。芝珊[4]帶友冰[5]亦來賀新年，隨後各親戚都來賀年，並留吃元宵，正午十二時後即午寢，至二時後起來。

本日舊歷元旦，即春節。

1　張發奎，字向華，廣東始興人。1949 年 9 月舉家定居香港。1950 年與左舜生等組織「第三勢力」，成立民主戰鬥同盟，任召集人。始終拒絕到臺北任職，直至 1972 年始到臺灣參加雙十節，與蔣氏父子會面。

2　黃宇人，貴州黔西人。1948 年在貴州省第二選區當選第一屆立法委員，1949 年 6 月移居澳門。1951 年 4 月任《獨立論壇》督印人，5 月任反共抗俄聯合陣線二十五人核心之一，6 月因不出席會議被立法院取消立委資格，旋加入第三勢力之自由民主大同盟。

3　王采玉（1864-1921），為蔣中正之母親。十八歲前夫故去，二十歲再嫁蔣肇聰為繼配。1887 年生蔣肇聰次子蔣中正，後又生一男兩女：蔣瑞蓮、蔣瑞菊、蔣瑞青。

4　竺芝珊，蔣中正胞妹瑞蓮之夫婿。1945 年代理農民銀行董事長，1954 年真除。

5　竺友冰，蔣中正胞妹瑞蓮之孫女，其父竺培風為空軍飛行員，1948 年 1 月執行空運任務，因飛機機械故障墜毀殉職。

一月二十九日　星期五　氣候：雨

雪恥：昨午課後記事，續修俄共對全面裁軍會議之陰謀報告稿完，與妻巡視市區一匝回。入浴後，讀唐詩與論語新編政治篇有得。晚課後，與妻所約邀其女友來寓聚餐畢，桌上跑馬為戲頗鬧熱。九時半夫妻默禱後就寢。

昨夜連續熟睡八小時之久，今晨七時半起床，朝課，聽報，並聽讀美三軍參長在其國會證詞未完，記事，又記全年反省錄第一則，以毀〔悔〕恨在大陸執政二十餘不能自主之過愆也。午課後召見孟緝，聽取其訪泰情形之報告後，與妻往辭修、右任[1]、岳軍[2]各家賀春節回，入浴，晚課，晚膳如昨，以桌上跑馬作戲為樂。禱告後，九時半寢。

一月三十日　星期六　氣候：雨

雪恥：一、見李文彬[3]與張雅山。二、賀衷寒[4]入國防研究院？

昨夜亦甚熟睡，今晨六時半起床，朝課，聽報。上午重核介民兩遺著，一為蘇俄與共匪關係，二為蘇俄唱議全面裁軍之陰謀，直至夜間完成。午課後召見曾力民[5]後，召見卜克（美陸軍組長），詳詢國軍現況及其觀感後，入浴。膳後散步，晚課，讀論語。

1　于右任，原名伯循，字誘人，爾後以諧音「右任」為名，陝西三原人。時任監察院院長。

2　張羣，字岳軍，四川華陽人。1952 年 10 月任中國國民黨第七屆中央評議委員。1954 年 5 月任總統府秘書長。

3　李文彬，字質卿，雲南鹽興人。1949 年率第十三兵團殘部撤至越南富國島。1951 年 1 月為雲南人民反共救國軍總指揮李彌之副手，任副總指揮兼滇西軍區司令。1954 年 6 月調任總統府參軍。時任總統府參議。

4　賀衷寒，號君山，湖南岳陽人。1950 年 3 月出任交通部部長。1954 年 5 月任總統府國策顧問。1961 年任中國國民黨中央設計考核委員會主任委員。

5　曾力民，號立中，福建平和人。1955 年 3 月，任第九師師長，1957 年 9 月，任第一軍副軍長。時任陸軍特種部隊司令部副司令。

上星期反省錄

一、緬尼溫[1]訪匪區，訂立劃界協定，以照緬方主張也，此後匪、緬妥協，緬或對我緬北之柳[2]部全力進攻，應加注意，但因此緬亦不能允許匪共與其協力攻柳，則單獨對緬不致有大難乎。

二、共匪對國際裁軍會議，聲明其對未簽字之協定概不負有責任，而俄塔斯社則稱共匪因美軍在臺、韓駐軍及美、日新約之對匪威脅，故拒絕參加裁軍而不能受蘇俄之領導云，應加注意。

三、本周全為對國際裁軍與共匪參加其協定如何防止一點研究最切，以此在整理介民遺著，作為宣傳之張本也。

本星期預定工作課目

1. 國大代會的方針與目的。
2. 大會講詞要旨：甲、憲法與復國需要之性質。乙、保衛臺灣，鞏固基地。丙、反攻復國、拯救同胞為大會兩大任務。丁、自私為個人或為局部團體皆應澈底排除，應以純潔神聖、專為救國救民的公義，來解決與處理一切問題。
3. 決以至公無私，不求不爭，依照憲法不得連任總統之態度，表明個人立場。
4. 應乎反攻復國需要，必須賦予繼任總統者以改革政府之全權。

1　尼溫（Ne Win），小名秀貌（Shu Maung），緬甸軍政府領導人。1958 年至 1960 年及 1962 年至 1988 年間實際控制緬甸政權。

2　柳元麟，字天風，浙江慈谿人。曾任第八軍副軍長等職。1951 年 1 月起任雲南人民反共救國軍副總指揮及參謀長。1953 年部隊撤回後，餘部組織雲南人民反共志願軍，擔任總指揮，至 1961 年 4 月底止。

一月三十一日　星期日　氣候：半晴　陰

雪恥：一、朱敬民[1]、楊學房[2]、項克恭[3]、沈莊宇[4]、應鞏華[5]、何竹本[6]、周力行[7]等召見。

朝課後聽報，膳後散步。經兒來談其與克來因[8]談話經過情形，武漢計畫在美情報局又發生障礙，其中有多不贊成者，此乃當然之事，不足為奇，更覺此等要事非全靠自己不行也。為緬北柳[9]部整理人事，甚費心力，禮拜，記事。午課後，重校誓雪（民十七年）五三之恥講稿未完。與妻帶勇孫車遊市區，膳後看武、勇放花筒後，散步回，晚課，九時半寢。

1　朱敬民，貴州平壩人。曾任第九十四軍軍長，1955 年 12 月調任國防部聯合作戰計劃委員會委員，1958 年 12 月調任國防部聯合作戰研究督察委員會委員。

2　楊學房，字留軒，山東樂陵人。歷任駐美國大使館副武官、駐韓國大使館武官、總統府第三局高級參謀兼辦公室主任，1956 年 7 月調任國防部聯合作戰委員會委員。

3　項克恭，號伯康，雲南彌渡人。1958 年 12 月調任臺灣警備總部幹訓班副主任，1959 年 3 月派任三軍聯合參謀大學第八期學員，1960 年 1 月調任陸軍總司令部陸軍作戰計劃委員會委員。

4　沈莊宇，號靜，四川蓬安人。歷任第五十六師師長、臺北師管區司令。1957 年任第十軍副軍長。

5　應鞏華，號固安，浙江蘭谿人。1955 年 7 月任預備第三師師長，1957 年 4 月調任預備第一師師長。

6　何竹本，湖南醴陵人，1958 年 2 月任第八軍副軍長，11 月調任陸軍總司令部陸軍作戰計劃委員會委員。

7　周力行，原名旋，湖北沔陽人。歷任陸軍總司令部第四署署長、臺灣南部防守區參謀長、第三軍增設副軍長，1958 年 3 月調任陸軍總司令部陸軍作戰計劃委員會委員。

8　克來因（Ray S. Cline），又譯克萊恩、克蘭英、克萊因、克乃因，1958 年出任美國中央情報局（CIA）駐華情報站站長，正式頭銜為美國海軍輔助通信中心主任。1962 年回華盛頓，任中央情報局副局長。

9　柳即柳元麟。

上月反省錄

一、美日新約成立後，日政界對共匪政策更為龐雜，加之國際裁軍會議，美朝野幾乎非有共匪參加不可之形勢，而我國又有選舉問題，美、日輿論之乖張無知，令人不堪聞問，其實此種問題皆是不成問題者，任其狂吠，聽其自然，此時惟有求之在我，盡其在我而已。

二、法國阿爾及爾亞的移民右派分子反對戴高樂由回民自決政策，發動叛亂，法陸軍最初不願干涉，不聽命令平亂，於是發生法國重大危機，最後叛民終於降伏，乃得轉危為安，此乃戴氏堅強之效果，然非堅強亦無其他道路可循耳。

三、國際：甲、俄黑[1]在其蘇維埃大會中宣布自動裁軍一百廿萬人，其大會宣言勸告各國議會亦同樣裁軍。乙、共匪宣布其無代表參加之會議與非其簽字之協定，決不負裁軍之義務。丙、寮國「塞乃尼康」內閣推倒，繼任者仍為中立而非反共者，可危。丁、緬甸尼溫竟於月杪飛平，與匪訂立劃界協定，此皆東南亞反共不利之形勢。戊、吳廷琰來訪結果尚佳，但其並無反共堅定之信心，不無中立之頃〔傾〕向耳。

四、俄共對中太平洋發射飛彈頗近目標，且其後又發射一次，乃宣布其提早解除警區以示其成功，此實予美國最大之刺激也。

五、共匪米格機來降，雖其人員死亡，減弱我宣傳資料，但匪軍內部情勢之分崩在即乃可斷言，更對我士氣與信心之鼓勵實又重大作用也。

六、愛克對其新年國會諮文，認我軍為亞洲防衛力量之重心一點，此乃十年恥辱中所得之慰藉乎。

七、本月全力防止匪共參加裁軍協定之宣傳計畫不遺餘力，故對介民遺著中另增裁軍一節，殊費心力非尟也。

---

1 俄黑即赫魯雪夫（Nikita Khrushchev）。

八、對本年度軍事會議之準備，比之於國民代表大會為更注重，特別是對於緬北柳[1]部之加強空投設計尤為重視，美國協助我武漢計畫之完成殊不可期也。

九、俄共最近供給埃及納塞[2]之米格十九型機與新潛艇，而納塞仍接受俄共之軍經援助，是其對「以色列」國必將戰爭也。

---

1 柳即柳元麟。

2 納瑟（Gamal Abdel Nasser），又譯納撒、納塞、納賽，1956 年 6 月至 1970 年 9 月為埃及總統。

二月

民國四十九年二月

本月大事預定表

1. 陸軍兵役三年制案之立法。
2. 各師設立士官分校制。
3. 以軍作家，以師的康樂中心為基礎。熱水澡。
4. 同軍團與同軍之各軍師月會與觀摩。
5. 倫理教育第一（免除犯上暴行案）。
6. 新射擊訓練之普施及夜間射擊。
7. 老兵教育加數理常識之課程。
8. 去年赴美考察軍事各單位之報告。
9. 軍士教育中科學常識（教育）課目之增加。

二月一日　星期一　氣候：雨

雪恥：一、五十八軍歷史與軍長[1]查報。二、新兵體力檢查之不嚴應切實糾正，對於單子與家貧之壯丁或定為最後服役之辦法。三、戰地青年之檢查處理選訓及再教育辦法，應防假充反共分子之附和與信任的檢別方法。四、官

1　魯道源，字子泉，雲南昌寧人。第一屆國民大會代表。1949 年任第十一兵團司令兼第五十八軍軍長，12 月 18 日率殘部五百餘人撤入越南。

兵服務中心。

朝課後記事，聽報。入府召見例見人員十餘名畢，與岳軍、孟緝分別指示政治與緬北柳[1]部整理要旨。午課後批閱公文，修正前講稿後，約雷德福[2]茶會畢，散步，入浴。晚課，膳後散步回，默禱，為國大代表無理無知之言行又起煩惱矣。

二月二日　星期二　氣候：晴　空氣最佳　溫度：五十

雪恥：一、五十七師一七一團營長被刺案的軍法審判，與政工及其當時主官不聯系的關係，以致演成此案之特別研究。王兆芬[3]可用。二、一七一團長應調職，不可再令帶兵。孫積廉[4]。三、一六九團劉雲卿[5]亦應切實考核是否適任。四、士官學科應分初中、高中二級為其必修課程。

朝課後記事，聽報。入府召見吳相湘[6]、查良釗[7]以及周中峯[8]等十員後，主持一般會談，對國大代表之無理要脅令人氣憤，故又生惱怒，宣布決不承受第三任總統之選舉，並指示對大會之方針，約談二小時方完。午課後約見美眾

1　柳即柳元麟。

2　雷德福（Arthur W. Radford），美國海軍將領，曾任太平洋艦隊總司令，1953 年至 1957 年間任參謀首長聯席會議主席。

3　王兆芬，河北遵化人。時任第五十七師政治部主任。

4　孫積廉，號希明，湖南耒陽人。曾任東南軍政長官公署參謀，臺灣中部防守司令部科長、國防大學校教三組教官。時任第五十七師第一七一團團長。

5　劉雲卿，號卿雲，廣東台山人。1955 年 10 月任預備第五師第十四團團長，時任第五十七師第一六九團團長。

6　吳相湘，號良善，湖南常德人。歷任蘭州大學副教授、河南大學副教授。政府遷臺後，任教屏東中學，短期擔任孫立人秘書。1952 年 8 月後轉任臺灣大學歷史系教授、正中書局總編輯、新加坡南洋大學歷史系主任、中國文化學院史學研究所教授等職。

7　查良釗，字勉仲，浙江海寧人。1954 年任臺灣大學心理系教授兼訓導長，1954 年 8 月起任考試院第二至四屆考試委員。

8　周中峯，字秀三，河北慶雲人。1958 年 5 月任第一軍軍長，1960 年 5 月調任政工幹部學校校長，1964 年 8 月調任臺灣省警務處處長。

議員柏斯曼[1]，其態度轉佳，此來有修好之意也。晡車遊山上一匝，膳後與妻散步觀月，晚課。

二月三日　星期三　氣候：晴

雪恥：一、施〔中〕誠[2]之履歷查報。二、考察報告各項之措施，應令下次動員會報時具體進行情形作詳報。三、緬北整軍之具體計畫及其名稱之決定。

朝課後記事，手擬國大會議之方針五條。上午主持動員會報二小時餘，自覺有益。午課後修正誓雪五三國恥講稿未完，晡與武、勇二孫散步，玩耍，晚課。膳後帶武、勇步遊士林市上，參觀廟貌後，車遊臺北市區回。入浴，禱告，九時後寢。

二月四日　星期四　氣候：晴

雪恥：一、周昆田[3]、何聯奎[4]、郭驥[5]副秘長之召見。二、項克恭、李文彬可派緬北。三、考察報告各項問題皆限期詳報實施辦法。四、見正綱[6]與

1　柏斯曼（Otto E. Passman），又譯派斯曼、巴斯曼，美國民主黨人，1949 年 1 月至 1977 年 1 月為眾議員（路易斯安那州選出），主持眾議院援外撥款小組委員會。

2　施中誠，字樸如，安徽桐城人。1950 年 7 月任臺灣中部防守區副司令，1953 年退役。

3　周昆田，號彥龍，安徽合肥人。1949 年 11 月至 1950 年 3 月任蒙藏委員會委員長。後任行政院顧問，1961 年 1 月任中國國民黨中央紀律委員會副主任委員。

4　何聯奎，字子星，浙江麗水人。第一屆國民大會代表。1955 年起歷任國立中央博物圖書院館聯合管理處副主任、主任，1964 年 5 月任主任委員，1965 年 9 月改任故宮博物院副院長。

5　郭驥，字外川，浙江龍泉人。第一屆國民大會代表。1952 年 11 月任中國國民黨中央委員會第一組副主任，1958 年 5 月任中國國民黨中央委員會副秘書長。

6　谷正綱，字叔常，貴州安順人。1954 年 8 月任亞洲自由國家聯合反共聯盟中國總會理事長。1959 年 10 月任國民大會秘書長兼憲政研討委員會秘書長。

唐縱[1]、謝[2]院長。五、國代名數之大法官解釋應在十八日決議，十九日公布。六、老士官學課應以中學程度（多初中、高中）為主。

朝課後記事，聽報。入府見莊乃德[3]大使，談其回美期間工作與觀察所得情形，對我武漢計畫與降落傘問題，我認為其政府太苛刻與嚴格之意答之。召見九員後批閱公文。午課後修正誓雪「五三」國恥講稿完，晡夫人約美重要眷屬茶會後，車遊回。晚課，膳後與妻散步觀月，禱告，讀詩。

二月五日　星期五　氣候：晴

雪恥：一、基地訓練以反攻作戰要領為實施教範（專精）。二、預備軍官的思想教育與候補軍官的養成（中學）教育。三、每日二小時正步訓練何為。四、副職五年以上者必須調動。五、減少特殊案之要領：甲、管教得法。乙、對男女交際與搢〔婚〕事之處理。

朝課後記事，續校講稿。上午入府召見軍師長、政工人員八名，主持情報會談。午課後批閱公文後，夫人約高級（中央）軍官之妻五十餘人茶會，余亦出見畢，散步回，入浴，膳後散步，晚課。

1　唐縱，字乃建，湖南酃縣人。1957 年 1 月任臺灣省政府委員兼秘書長，1959 年 5 月出任中國國民黨中央委員會秘書長。

2　謝冠生，本名壽昌，字冠生，浙江嵊縣人。1948 年 12 月任公務員懲戒委員會委員長兼司法院秘書長，1950 年 5 月任司法院副院長，1958 年 6 月升任院長。

3　莊萊德（Everett Drumright），又譯莊乃德，1958 年 2 月 17 日受任美國駐華大使，3 月 3 日到任，3 月 8 日呈遞到任國書，1962 年 3 月 8 日離任。

二月六日　星期六　氣候：晴

雪恥：一、美對我武漢計畫之實施仍不敢完全同意，此乃意中之事，應再研究對其不發生關係，在無形中資助我經費，由我自主採搆遠程運輸之道亦不致有望，但姑試之。

朝課後記事，聽報。入府召見第三軍侯程達等九員，吳嘉葉[1]無望為憾。主持軍事會談，聽取去年木蘭計畫[2]完成之報告為慰。正午與辭修、岳軍商討國民大會總人數解釋案，午課後批閱公文。晚在中山堂約宴各大專校教授同志，歡度春節，晚課，入浴。

上星期反省錄

一、為國大代表藉故要脅勒索事，在一般會談前自覺恐將發怒傷神之言行，力自強制，但終於發作，事後甚感此怒雖無大錯，但言行激動失態，仍應戒懼。此後凡遇有發怒之險時，必須緘口不言，應以書面代之最為合宜，望實踐勿悔。

二、本周國際要事：甲、俄召集東歐各附庸黨政傀儡的所謂社會主義國家的最高協商會議，發表宣言，解決西柏林與西德問題為主，國際裁軍附之，而以承認東德政權，訂立和平條約為對西方恫嚇。此可注意者，共匪與外蒙、北韓皆有觀察員，而北越則無之，可知北越共黨之地位已成共匪之附庸矣。乙、愛克對古巴排美親俄表示不耐，主張西半球各國重訂門

1　吳嘉葉，號其蓁，浙江浦江人。1959 年 3 月任第十師師長，1962 年 3 月調任第十軍副軍長。

2　木蘭計畫乃國防部為確保戰力，擬定志願士官士兵留營服役計畫，代名木蘭，於 1949 年 3 月起開始實施。

羅主義[1]。丙、俄米高揚[2]到古巴參加俄展覽會時，發生青年反俄與武裝暴動。丁、敘利亞與以色列邊境又起武裝衝突。戊、法國與阿爾及爾亞反叛案已平息安定？己、共匪參加裁軍協議故示恫嚇。庚、匪緬畫界已由尼溫訪匪成立協定。

三、本周工作：甲、召見軍師長有益，發見師長中多有不適任者。乙、修正「五三」國恥講詞。丙、整理緬北柳[3]部計畫已核定。

二月七日　星期日　氣候：晴

雪恥：天之機緘不測，抑而伸，伸而抑，皆是播弄英雄，顛倒豪傑處，君子只是逆來順受，居安思危，天亦無所用其伎倆矣。

朝課後記事，聽報。上午約見唐乃建後禮拜。正午希聖[4]來談與程〔陳〕啟天[5]交涉青年黨合作問題。午睡之初，頭腦暈眩，幾乎翻天覆地，旋轉不息者約十分時。睡後一小時起床，仍暈眩疲弱，四時起仍勉強見客，美奧唐納[6]與丁

1　門羅主義（Monroe Doctrine），美國第五任總統門羅（James Monroe, 1758-1831）的思想觀點，是一項關於美洲大陸控制權的美國外交政策。表明美國政府認為歐洲列強不應再殖民美洲，或涉足美國與墨西哥等美洲國家之主權相關事務。而對於歐洲各國之間的爭端，或各國與其美洲殖民地之間的戰事，美國保持中立。相關戰事若發生於美洲，美國將視為具敵意之行為。這是美國涉外事務之轉捩點，直到世界大戰的爆發才有所改變。直到 19 世紀末，門羅的聲明被視為定義美國基本外交政策的起始點，也是持續時間最長的意識形態之一。

2　米高揚（Anastas Mikoyan），時任蘇聯部長會議第一副主席。

3　柳即柳元麟。

4　陶希聖，名匯曾，字希聖，以字行，湖北黃岡人。第一屆立法委員。1950 年 10 月任中國國民黨中央改造委員會第四組主任，1951 年 7 月改任《中央日報》總主筆、革命實踐研究院總講座。1952 年 10 月當選中國國民黨中央常務委員會委員。1955 年冬受命撰寫《蘇俄在中國》，1956 年 12 月出版。

5　陳啟天，字修平，號寄園，湖北黃陂人。1950 年 1 月任中國青年黨秘書長，旋代理主席。10 月創辦《新中國評論》月刊。時為總統府國策顧問。

6　奧唐納（Emmett O' Donnell Jr.），又譯歐唐納，美國空軍將領，1959 年 8 月至 1963 年 7 月任太平洋空軍總司令。

恩[1]等人談一小時餘，尚能支持也。武、勇二孫自正午至晚膳散步後方回去，武孫以祖母准其同勇孫往高雄作伴，忽然轉悲為樂矣。晚課。

二月八日　星期一　氣候：晴

雪恥：一、召見陳啟川[2]與現在陳[3]市長。二、召見南部各軍師長。

昨夜睡眠尚佳，但仍有腦暈翻覆之象，故本晨起床免除體操，其餘朝課各項目如常。聽報後，請內科、腦科醫生三人來診斷，認為是老年應有的徵象，並無其病狀，但精神終覺衰弱異常。十時見辭修、冠生，商討國代總人數名額解釋之發表時間問題。另見曾力民，以其即回緬北工作也，記事。午膳後與妻帶友冰、武、勇起飛往高雄休息，晡散步於海灘，膳後散步，晚課。

二月九日　星期二　氣候：晴

雪恥：近來夜睡時屢夢麥克阿瑟[4]將軍，該位良友八十生辰後即病，余電問其病況，彼答接電時即增強其無限力量，病體已在恢復中，可知彼此心交相應之切也。余甚祝其長壽，至我光復大陸以後，請其來華重敘，並望能於該時

1　丁恩（Arthur H. Dean），美國參加聯合國第二屆海洋法會議首席代表。

2　陳啟川，臺灣高雄人。其父陳中和創業有成，名列日治時代臺灣五大家族之一。1954年8月任臺灣省政府顧問，1960年6月至1968年6月當選連任第四、五屆高雄市市長。

3　陳武璋，臺灣高雄人。曾擔任高雄市議員、副議長、議長。1957年6月至1960年6月擔任第三屆高雄市市長，為高雄政治派系「臺南派」領導人物之一。

4　麥克阿瑟（Douglas MacArthur），又譯麥克阿薩、麥克阿塞、麥克合瑟、麥克約瑟，美國著名軍事將領。1945年至1951年間擔任聯合國軍隊最高司令官，負責盟軍佔領下的日本的重建工作。1952年參與美國共和黨總統初選，但未勝出。

陪其重遊臺灣，使其十來來[1]援華之苦心與高見能在美國有權表白耳。

本日精神仍感疲乏，四肢無力，如傷寒症初癒時相同為困。朝課，膳後帶兩孫海灘散步回，記事，記上月反省錄。午課後讀論語，晡與妻帶兩孫與友冰乘車，沿海邊公路經左營圓山分館回。入浴後晚課，膳後獨自散步，以家人皆觀影劇也，八時半寢。

二月十日　星期三　氣候：晴

雪恥：今晚為了黃仁霖[2]又來越級請求，對其與美國購訂二艘舊登陸艇交涉之全權，又因美參院定在十六日要其到該院商務委會作證，而行政院與交通部袁守謙[3]皆不負責行文，請示於余，因之又起惱怒，幾乎今夜失眠。黃員之卑鄙形態與袁員之愚拙性行，皆使人擔負此不應負之責任而動氣憤惡，更使日前腦暈病症加劇為苦。

朝課後聽報，膳後與兩孫海灘散步，參觀網魚。上午召見軍師長等十餘人，甚感疲乏。午課後記事，研究軍師長人事。晡與妻帶兩孫、友冰到大貝湖招待所遊覽回，晚課，夜觀美海軍之父「保羅強生」[4]之電影，禱告後寢，因事失眠。

1　原文如此。

2　黃仁霖，江西安義人。1947 年起任聯合勤務總司令部副總司令，1954 年 7 月兼代總司令，1955 年 6 月真除。1958 年兼任東吳大學董事長。1959 年 2 月卸任軍職，改任招商局董事長。

3　袁守謙，字企止，湖南長沙人。1954 年任行政院政務委員兼交通部部長。其後獲選為中國國民黨第七屆至十二屆中央常務委員。1962 年任交通銀行董事長。

4　保羅強生（John Paul Jones, 1747-1792），生於蘇格蘭，美國海軍軍官，軍事家，曾參與美國獨立戰爭，襲擊英國海岸及軍艦，是美國第一位成名的海軍英雄，被稱為美國海軍之父。

二月十一日　星期四　氣候：晴

雪恥：一、開會詞要旨：甲、今日世界（戰亂）作惡之禍，因乃在我大陸共匪，而俄共惟為其共產主義所產生之源而已。二、送贈至柔母喪之賻儀。

昨夜為黃[1]某事失眠，今晨起床又憤怒未熄，諸不如意，任性激燥異常，殊不值得。查明其事時，院部處理並未違反意旨，更覺惱怒為無聊也。以後因〔應〕堅守不妄不怒箴語自矢，惟欲求不怒，必先求不妄也。朝課後聽報，海灘散步回，記事，召見部隊長、政工主任等十員。午課後讀論語新編「孔子生活習慣」，晡帶兩孫、友冰遊左營春秋閣，其環境仍污臭如前，可恥。膳後觀龍獅燈舞，再觀海上艦中煙火花，回晚課，九時半寢。

二月十二日　星期五　氣候：晴

雪恥：一、大陸淪陷、世界紛亂與臺海共匪之繼續侵略戰爭，乃為第二次世界大戰未結之事實。二、保衛文化歷史之固有倫理與民族正氣，為我反攻復國戰爭之本質。三、大陸乃屬於中華民國，而非臺灣屬於大陸的偽政權，應加抨擊。四、與美訂立盟約與反攻大陸戰爭之性質與關係。

朝課後聽報，召見陳啟川後，又見師長、政工主任等十員畢，記事。正午與妻帶兩孫、友冰在海灘觀捕魚約一小時後，午膳。午課後讀論語新編有得。晡到大貝湖招待所為孫輩補度元宵節，觀月，以本夕為正月（舊曆）十六也。膳後在湖濱散步觀月為樂，八時後回澄清樓。晚課，沐浴，夜半後右腿舊風濕症又發作痛。

1　黃即黃仁霖。

二月十三日　星期六　氣候：晴

雪恥：一、作戰要領未對士官、校長分發，何耶。二、革命教育基礎講稿呈閱。三、副參謀長（軍師）中有可任團長者未保荐？四、西人對匪疑懼之各種心理弱點，應作具體之研究。

朝課後聽報，對匪黔滇鐵路之建築工程殊堪注意，以與我武漢計畫之畢節地區有關也。上午召見十餘員，對各軍校皆有進步為慰，手擬國大開會詞旨。正午帶兩孫、友冰在旗山野餐，授孝儀開會詞要旨畢，乃帶武孫經旗鎮〔津〕、紅毛、大林鄉村路而回，約行一小時也。午課後與妻車遊左營，循沿海路回，入浴，膳後與妻帶孫等月下散步，晚課。

上星期反省錄

一、國大代表人數總名額已由大法官會議解釋公布，此為實行憲政之重要步驟也。

二、南來一周，腦暈已較輕微，但仍時有頭空腳輕之徵象，而且右腿風濕症又微發一次為慮。

三、義總統[1]訪俄，黑魔[2]在公開場中請其早入共產黨，又黑魔訪印，誇耀其俄武力強大，並為共匪與印度邊界作調解，似無結果。

四、本周工作：甲、召見南部高級將領三十餘人，有益。乙、勸陳啟川競選市長已接受。丙、考慮國大開會詞要旨頗切。丁、帶領武、勇兩孫與友冰南來遊玩一周，任其自由，每日自五時至廿二時打獵釣魚，嬉笑跳躍，視其形狀歡樂無比，此或為其幼年時期最難得之一周乎，祖母與兩孫親愛自然，更覺可喜也。

1　義總統即義大利總統喬瓦尼・格隆基（Giovanni Gronchi）。
2　黑魔即赫魯雪夫（Nikita Khrushchev）。

二月十四日　星期日　氣候：晴　陰

雪恥：一、昨十三日法國在北非撒哈拉沙漠試爆其第一次原子彈成功，此為戴高樂月初平定阿爾及利亞反叛以後，又一次的重大成就，當可增強其對內對外的威望不小也。二、俄共貸借古巴政府一億美金，殊對美國刺激太大乎。

朝課後聽報，上午召見高級將領與高雄陳[1]市長等十餘人畢，記事。午課後批閱公文，讀論語新編，加以批示。晡與妻遊覽大貝湖，散步後回，膳後獨自散步，孫等昨乘夜車回臺北上學，故頗感寂寞，晚課後就寢。

二月十五日　星期一　氣候：晴

雪恥：孔子指示曾參[2]曰：「吾道一以貫之。」曾子以為：「夫子之道，忠恕而已矣。」此乃指處世（接物）待人的行為而言，非指精神與宗旨而言。吾以為孔子一貫之說，乃指義理之理，亦即中庸程序中「庸者，天下之定理」的「理」字，今日所謂理性是也。

朝課後孝儀草呈開會詞，瀏覽一過，初以為尚可修正，故暫置之，及召見黨政人員畢，再閱一遍，着手修改，乃覺其不能用，不如自行手擬為快，故於上午十時直至午課後六時尚在草擬中。夫人約其婦聯會在南部各縣市主任與總幹事茶會畢，乃同車遊覽鳳山，經大貝湖而回。入浴後續草前稿，未完。晚課。

1　陳即陳武璋。

2　曾參（前 505 - 前 432），字子輿，春秋末期魯國南武城人，儒家主要代表人物之一，孔子的弟子，世稱「曾子」，有宗聖之稱。曾提出「吾日三省吾身」的修養方法，將孔子的「吾道一以貫之」歸納為「忠恕」。相傳其著述有《大學》、《孝經》等儒家經典。

二月十六日　星期二　氣候：晴

雪恥：一、毛匪[1]已臨惡貫滿盈、窮途末路的絕境，所謂盲人瞎馬、夜半深淵之時地也。

朝課後續草開會詞稿，至十二時半初稿方完，乃獨自散步。午課後記前、昨二日事。晡與妻參觀製鋁廠一小時回，入浴，膳後散步回。校閱初稿謄〔謄〕清之全文，頗覺自得，惟尚有若干意見增補耳。晚課後十時前寢。本日接孝武、孝勇、友冰各稟為快。

二月十七日　星期三　氣候：晴

雪恥：一、本黨改名為國民革命黨之時間是否已經成熟？

朝課後聽報，上午修正開會詞第二次稿完。午課後記事畢，與召見憲兵團長[2]等後，與妻視察火力發電廠，規模已具為慰。該廠瀕海，風景頗佳。回途經鳳山大貝湖返西子灣。膳後散步回，修正第三次稿後，晚課，十時就寢。

二月十八日　星期四　氣候：晴　臺北陰

雪恥：一、俄共近在其俄、匪同盟十年紀念中，大唱其對臺侵略之叫囂，尤在其俄共空軍報與海軍報「堅決支持共匪收復臺灣領土之要求」的邪說，應加注意。

1　毛澤東，字潤之，湖南湘潭人。1945 年任中國共產黨中央委員會主席。1949 年 10 月中華人民共和國成立，當選為中央人民政府主席。

2　張菊生，1958 年 6 月任憲兵第二〇一團團長，1961 年 2 月入三軍聯合參謀大學進修，1962 年 4 月調任高雄市團管區司令部司令。

朝課後，重核開會詞第三次稿，並增補倫理與文化的忠孝信義與仁愛和平一段，加強其語氣力量，並視察LVT[1]的護衛隊。十時半起程，正午飛抵臺北。午課後召見正綱，並約紐絲綸國民黨魁霍利法克[2]茶會。晡與妻車遊市區回，膳後散步，晚課。

二月十九日　星期五　氣候：陰

雪恥：一、共匪對黔滇鐵路之工程進展近忽大事宣傳，此或我武漢計畫被其偵悉乎，美國不能保密也。二、天馬計畫[3]之督導更應積極進行。

朝課後綜核開會詞全文，仍有所增補，直至十時方完。十時半入府會客六員，批示公文。與岳軍談話，知辭修近日時發牢騷為念，彼惟好聽細言為可憂慮。午課後辭修來談，其情緒尚佳為慰。復約乃建，屬其代為警告健中負責自修為要。入浴，散步，晚課。

二月二十日　星期六　氣候：陰

雪恥：一、八德的解釋：甲、忠為忠誠。乙、孝為孝順。丙、仁為仁慈。丁、愛為博愛。戊、信為信實。己、義為正義。庚、和為和睦。辛、平為公平。以為今日國民大會開會詞之要旨，並使來者有所適從也。

1　履帶登陸車（Landing Vehicle, Tracked, LVT），履帶式兩棲登陸車輛，俗稱水鴨子。

2　霍利法克（Keith Holyoake），又譯荷里沃克，紐西蘭國家黨黨魁，1960 年 12 月至 1972 年 2 月任紐西蘭總理。

3　「天馬計畫」為克來因（Ray S. Cline）與蔣經國分別代表中美雙方協商，在大陸敵後執行秘密工作，以引發大陸反共抗暴運動，於 1960 年 9 月 3 日計畫備忘錄，並得艾森豪（Dwight D. Eisenhower）總統之批准，於 10 月 10 日簽訂野龍計畫。

本日為第三次國民大會開會之日，心神沉重，不知所解，然滿懷希望，自信益堅。上次正為吳逆國楨[1]藉外勢以逞其叛國犯上之奸計，此次所謂「友聯」（實即共匪與美共所操縱之組織）張逆發奎與君勱[2]等六十餘人，在香港發表其反動聲明，以擾亂國際視聽，其用心前後一輒〔轍〕，當然是革命途中必有之插曲，其實皆為滄海嫗妹，絕無影響於大會，更增我成業之信心也。

六時前起床，朝課，聽報。上午與妻到大會致詞如儀，幸無貽誤為慰。午課後，與妻遊覽大溪。晚膳後散步，讀唐詩（李白聽僧濬彈琴），意頗瀟洒自得。晚課後，九時就寢。

上星期反省錄

一、本周一日起手草國大開會致詞稿，修正與增補者大小計有五次之多，因時間匆促，甚恐力不從心也，但最後文成讀之，乃覺為其十年來情文雙至難得之文章，而於將來復國建國事業中最重要，亦劃時代之史料乎。

二、國民大會開會情勢比之第二次會似更良好與簡單，當然亦有修憲與創制、複決權之提議，以及極少數反動分子反對臨時條款之修正等之意見，但較之上次大會之初時，罷免李宗仁[3]案與吳逆國楨之無端謗毀之電文，以有意混亂國際視聽、動搖國本之罪行等觀之，更不足道矣。惟此亦可測驗德業與威望之進退乎。

---

1 吳國楨，字峙之、維周，湖北建始人。1949 年 4 月辭上海市市長職務，12 月任臺灣省政府主席兼保安司令，至 1953 年 4 月辭職獲准。5 月 24 日偕妻出國，滯美未歸。

2 張君勱，名嘉森，字君勱，以字行，江蘇寶山人。中國民主社會黨主席。1952 年自印度到美國後曾參與香港成立之中國自由民主戰鬥同盟活動，後退盟以文章自養。

3 李宗仁，字德鄰，廣西桂林人。行憲第一任副總統，1949 年 1 月蔣中正宣布引退，代行總統職務，國共和談失敗，年底轉赴美國。

本星期預定工作課目

1. 國大黨員大會要旨與指導方針。
2. 三中全會日期與方針。
3. 對黨外提候選人問題有否必要。
4. 本黨只提副總統候選人為宜。
5. 相當時期的（限定日期）修憲之不可。
6. 堅決反對修憲（此時）之表示。
7. 在大會期間決不談平時待遇諾言。
8. 對國大聯誼會之訓誡。
9. 黨員總登記案全會之提出？
10. 本黨改名為國民革命黨之得失。

二月二十一日　星期日　氣候：陰

雪恥：一、香港鍾樹楠[1]直斥香港最近七十人自稱為民主人士的謬論，稱「這種政治恐嚇與政治勒索者，無異自絕於國人」。二、很可怪的環球日報（共匪外圍）亦斥此種「以自私自利為出發點的可憐蟲，他們在國大會期公然威脅政府，要把分反共力量分裂為兩半。這一小撮的可憐蟲能夠代表民主力量，能夠代表海外華僑？不知人間有羞恥事。」

朝課後，經兒來報「天馬計畫」美方意見與進行情形，余乃加以批示後，聽報。上午召見正綱與乃建後，禮拜，記事。武、勇兩孫來侍，聚餐。午課後記本周工作預定表。獨自帶佩朗等散步遊覽回，入浴，膳後散步，晚課，九時半寢。

1　鍾樹楠，四川華陽人，香港自由評論家。曾在香港《真報》、臺北《中央日報》發表反攻或匪情文章。1965 年起主編《中國報導》雜誌。

二月二十二日　星期一　氣候：晴

雪恥：一、國代黨員大會訓詞要旨：甲、共匪對國代的陰謀與目的。乙、不要受共匪間接的、無形的影響與指使。丙、不可使親者所痛，使先烈不安，使本黨受到無組織、無紀律，甚至無秩序、無責任的恥辱，和黨史及憲政史上的污點。丁、要完成此次大會建立我們光榮而偉大的民主憲政的風格典型。二、天馬計畫的訓練要點與方法的指示。

朝課後聽報，膳後散步，遊覽。考慮提候選人案之方式後，記事，記上周反省錄。正午遊覽後公園，午課後閱批公文，並閱經兒日記。晡約希臘親王彼得[1]茶會後，與妻車遊山上。膳後散步，晚課。

二月二十三日　星期二　氣候：晴

雪恥：昨夜考慮行政院長人選甚切，如辭修必欲辭去，則繼任者頗難其選也，應特加留意，以此非本黨黨員不可耳：一、岳軍。二、至柔？

朝課後記事，聽報。上午入府約見澳洲鋼鐵業家蕭特[2]，對反共甚熱情可愛，又召見羅化平等空軍在東山島擊落匪機將領四員[3]，批閱公文。午課後閱經兒日記後，見嘉尚與魏大銘，報告其訪西德情報局嘉倫[4]經過情形，德國民族重情義可感也。晡車遊，晚散步，晚課，九時半寢。

1　希臘彼得親王（Prince Peter），是西藏問題專家，曾在印度接近西藏邊境的葛倫堡住過五、六年，並且是少數能說西藏話的西方人士之一。

2　蕭特，澳洲聯合鋼鐵工會執行秘書。

3　羅化平、葉傳煦、羅宏新、詹鑑標。羅化平，湖北漢口人，空軍第一大隊第一中隊中隊長。1962 年 9 月，派任駐泰國大使館副武官。葉傳煦，空軍第一大隊第一中隊飛行員。羅宏新，空軍第一大隊第一中隊飛行員。詹鑑標，空軍第一大隊第一中隊飛行員。

4　加倫（Reinhard Gehlen），又譯嘉倫，1956 年至 1968 年任德國聯邦情報局首任局長。

二月二十四日　星期三　氣候：晴

雪恥：一、黨員大會致詞要旨。（二）甲、對大陸同胞之責任。乙、共匪挑撥搗亂之陰謀，不可為同胞所痛，為共匪所笑，則幸矣。丙、黨內自訌，無異同歸於盡，自取滅亡（貽笑中外）。丁、消極防制與勾心鬥角，尚意氣，鬧勝負。戊、黨德與黨義之重要心。己、不可令人灰心失望。

朝課後記事，聽報，往祭石志泉[1]之靈。上午主持常會，對國大反黨提案之代表處理之五項要旨，使其反黨之黨員，余決不接受非本黨之決議而通過各案，特別是對聯〔連〕任總統之選舉，如被接受即自毀黨國之理明告之。午課後，約基維德[2]與美駐琉球專員布司[3]茶會後，入浴，晚散步，晚課。

二月二十五日　星期四　氣候：晴　曉霧甚重

雪恥：一、冷靜、中平、溫和、敬愛、欣樂為處世要則，對此次國大代表更應本此原則處之。

朝課後閱報，昨日一日間海外僑胞致電國民大會，要求連選連任之函電一千四百餘件，本日又有一千二百餘件之多，殊令人感動，何以慰之。上午入府召見六員，主持宣傳會談。午課後記事，約巴拿馬外長[4]等茶會，接受巴勳章。晡車遊山上，晚膳後散步，晚課，九時半寢。

1　石志泉（1885-1960），字友漁，又號友儒，湖北孝感人。曾任司法部次長、司法院副院長、中國民主社會黨副主席。1954 年曾參選副總統。時為總統府資政。

2　紀維德（Frederick N. Kivette），又譯開維爾、基維德，美國海軍將領，時為第七艦隊司令。

3　布司（Donald P. Booth），又譯布思，1958 年至 1961 年派任為美國駐琉球高級專員。

4　莫萊諾（Miguel J. Moreno Jr.），時任巴拿馬外交部部長。

二月二十六日　星期五　氣候：晴

雪恥：一、戰爭指導史。二、軍事科學技術對美國戰略影響之研究。三、對國大代表紀念周中致詞要旨。

朝課後記事，聽報。上午入府召見黃維恕[1]等七員，主持軍事會談，聽取本年度兵額總數與分配之報告，及美國戰略與科學技術之影響報告二小時半之久。午課後審閱上午所講美國戰略影響之報告後，車遊。晚散步，讀唐詩，與唐乃建談莫德惠[2]補為國代主席事。晚課，十時寢。

二月二十七日　星期六　氣候：晴

雪恥：一、對代表訓詞要旨：甲、苦悶煩惱之情。乙、情感理智與紀綱－倫理。丙、對內不可鬧意氣私見－鬥爭助長敵人力量，只有和衷共濟。丁、心目力都要對敵人，不要使反動和敵人滲透來利用。戊、時間重要，此次一個月大會只〔至〕少要延誤反攻半年時間。己、以第一次大會為例，使當局不能集中精神對敵戰爭，為失敗最大原因。庚、言聽計從方能負責盡忠。辛、有憲法勝於無憲法－本憲法之用處。

朝課，聽報，記事。入府與道藩、井塘[3]、天放[4]、健中談 CC 與立夫、果夫及與之關係，約一小時半後，主持情報會談。午課後批示，見正綱與

---

1 黃維恕，號子信，廣東梅縣人。1955 年 12 月任測量學校校長，1962 年 4 月調升聯勤總司令部測量署署長。

2 莫德惠，字柳忱，吉林雙城人。1949 年 3 月，任行政院政務委員，為時三個月。1954 年 8 月任考試院院長，達十二年。

3 余井塘，原名榆，字景棠，後改字井塘，以字行，江蘇興化人。1950 年 3 月任行政院政務委員兼內政部部長，同年兼蒙藏委員會委員長。1952 年 4 月專任行政院政務委員。1954 年遞補為第一屆國民大會代表，並任國民大會憲政研討會常務委員及國民大會主席團主席。1963 年 12 月任行政院副院長，兼行政院經濟動員計劃委員會主任委員。

4 程天放，原名學愉，字佳士，號少芝，江西新建人，生於浙江杭州。時任立法委員。1954 年 6 月，應聘至華盛頓大學遠東問題研究所，講授國父思想，兼事著述。在美二年半，以英文撰「中蘇關係史」，返國後以中文著「美國論」。1958 年 9 月出任考試院副院長。

謝[1]院長，晚宴巴拿馬外長，單獨談話半小時，晚課如常。

二月二十八日　星期日　氣候：晴

雪恥：一、俄黑[2]與印尼蘇丑[3]簽借二億五千美元之約，又支持印尼爭取新幾內亞之聲明。二、埃及軍集中西奈半島中立區，對以色列準備進攻之態勢。

朝課後手擬對國大代表（黨員）在紀念周中致詞要旨，十時與夫人同到會主持典禮後致詞，約講一時卅分之久，認為相當得體，必有良好影響，凡非有意反動者皆受感動也。午課後與妻遊覽慈湖，清靜足慰。回入浴，膳後散步，晚課。

二月二十九日　星期一　氣候：晴

雪恥：一、目前世局焦點：（甲）以色列與阿拉伯間。（乙）西德與東德問題。（丙）臺海問題猶次乎？

朝課後考慮對國防研究院開學訓詞，並審閱美國戰略與科學技術之影響作總評，認為蘇俄必於三年之內，以核子飛彈偷襲美國與自由世界也。上午主持國防院典禮，美大使[4]以來賓身份致詞，正午宴國大主席團，余不知胡適博士之淺薄謊〔荒〕誕至此也，自覺往日觀人之無方矣。午課後約見杜勒斯之妹[5]，茶會，膳後散步，晚課。妻病重傷風，未得安眠。

---

1 謝即謝冠生。

2 俄黑即赫魯雪夫（Nikita Khrushchev）。

3 蘇卡諾（Sukarno），日記中有時記為蘇丑，時為印尼總統，任期 1945 年 8 月 17 日至 1967 年 3 月 12 日。

4 美大使即莊萊德（Everett Drumright）。

5 伊利諾．杜勒斯（Eleanor Lansing Dulles），前美國國務卿杜勒斯（John F. Dulles）之妹。

上月反省錄

一、周匪[1]已覆「泥黑路[2]」電，定於四月下旬到印度談判，並稱其以積極精神必能獲得解決之意。

二、在我未反攻開始以前，毛匪殊不可死，否則共匪左傾冒進主張改變，則人民又將受惑於於[3]其後繼者之緩和與改正之宣傳，並匪共對俄共之關係亦易改正，而更受俄共之澈底控制，則對我反攻行動將受其重大影響也。

三、俄匪有關動態：甲、俄黑[4]訪印度與緬甸、印尼、阿富汗。乙、俄貸古巴一億美元之借款，米高揚訪古。丙、俄召東歐附庸會議，名為協商會議，其宣言要旨為解決西柏林及德國問題，而以裁軍問題附之。丁、匪對裁軍會議施以恫嚇，如其不能參加，則不能接受任何決議，而愛克對匪之參加裁軍會議，必須待次一階段且有效時再予參加之意。戊、匪、緬成立劃界協議。己、匪、俄訂盟紀念日皆大唱其侵臺之叫囂。庚、匪召集民兵代表會議？此為其侵臺之前奏，應特注意。辛、匪對黔滇鐵路之進展忽大事宣傳，何耶。王、匪軍整肅內部。

四、本身工作：甲、國民代表大會二十日如期集會。乙、代表中本黨黨員反對不修憲之主張，使人困惱。丙、廿八日對代表黨員在紀念周致詞見效。丁、國大總額由大法官解解[5]釋完成，手續甚關重要。戊、國防研究院第二期開學。己、重定武漢計畫與整頓柳元麟緬北部隊方針。庚、研閱美軍事科學與技術對其戰略影響問題有益，此皆在國大會期中最忙碌之時完成也。辛、帶武、勇二孫在高雄賞元宵。

---

1 周恩來，字翔宇，浙江紹興人。中華人民共和國成立後，任國務院總理兼外交部部長。
2 泥黑路即尼赫魯（Jawaharlal Nehru），印度獨立後的第一任總理（1947 年至 1964 年）。
3 原文如此。
4 俄黑即赫魯雪夫（Nikita Khrushchev）。
5 原文如此。

五、國際關係：甲、十三日法試爆原子彈成功。乙、法對阿爾及爾亞之陸軍叛亂平定。丙、愛克對古巴親共反美之形勢，主張重訂門羅主義。丁、義大利總統訪俄被辱受侮。戊、愛克訪問南美四國，亦受各該國共黨侮辱。

三月

蔣中正日記

Chiang Kai-shek Diaries

民國四十九年三月

三月一日　星期二　氣候：晴

雪恥：一、今日考慮國民大會情形已為小數反動分子所控制與破壞，乃不能不作以下之決心：甲、召集國代黨員大會。乙、聽取他們反黨提案意見，指名表示其態度。丙、重申我在紀念周訓話要旨：（子）反對此時修憲與行使創覆〔複〕權，但在適當時期召開臨時會議，提出修憲問題。（丑）待遇與立、監平等。（寅）此次大會在督導反攻復國之責任。（卯）本人出處一聽於黨。丁、南京淪陷時之教訓與黨員中立不明之態度的結果，鼓勵革命精神，分明敵我是非。戊、共匪利用反黨代表破壞大會之陰謀。己、目前對共生死存亡之鬥爭，必須敵我分明，紀律嚴明。庚、反黨的黨員必須先退出黨藉〔籍〕，否則不能在大會內反黨決議之言行。辛、革命黨員必須態度光明磊落，友則留，不合則去，不要以黨員名義污辱與毀黨。

三月二日　星期三　氣候：晴

雪恥：昨（一）日朝課後記事，聽報。入府會客，召見姚琮[1]、顏澤滋[2]等反黨分子曉以大義，冀其有所覺悟。正午宴代表六十歲以上者百餘人，宋淵源[3]的流氓無恥言行，置之不理以忍之，此種以黨員在大會反黨誣黨之分子，乃是侮辱本黨歷史與傷害本黨威信所不恤，痛憤刺激，不堪言喻，但仍自制不拔。回來午睡，不能安眠，只有下定決心作最後之準備也。晡訪辭修病於其寓所，並告以最後之決心。回入浴，膳後散步，晚課，九時半睡不成眠乃服藥，至十二時方入睡。至今晨三時半即醒，直至六時起床，朝課，記事。上午主持中央常會，討論國大情勢，反動叛徒李宗黃[4]等人少數控制多數，會場中咆哮不休，使人痛心疾首。

夫人自昨日病至今加重，熱度高至卅九度為慮。

三月三日　星期四　氣候：晴

雪恥：於是發生忿憤消極之感，並準備向國大提出辭職，交還政權於國大，以還我革命自動之身，以另起反共革命爐灶之念，因不願為共匪所竊笑，而使其消滅臺灣之計得逞也。昨正午宴國代陳勤士[5]等百餘人，對於國大會內以

1　姚琮，字味辛，浙江瑞安人。曾任首都警察廳廳長、軍事委員會辦公廳副主任、制憲國大代表、第一屆國民大會代表，1950 年 3 月任總統府戰略顧問委員會委員，6 月改任總統府國策顧問。

2　顏澤滋，號樹仁，廣東連平人。第一屆國民大會代表，歷任國民大會憲政研討委員會常務委員、中國國民黨公路第三區特別黨部主任委員、光復大陸設計研究委員會交通組負責人。

3　宋淵源，字子靖，福建永春人。第一屆國民大會代表。1950 年自福州經香港赴臺灣，任光復大陸設計委員會委員。

4　李宗黃，字伯英，雲南鶴慶人。第一屆國民大會代表。在臺歷任總統府國策顧問、中國國民黨中央評議委員、光復大陸設計研究委員會委員、政治大學教授。晚年擔任中國地方自治學會理事長。

5　陳其業，字勤士，浙江吳興人。1931 年當選為國民議會代表，領導浙江蠶絲、典庫、水利等事業。戰時任國民參政員。戰後當選第一屆國民大會代表、全國商聯會常務理事、全國工聯會理事等。

國民黨員反對國民黨之事實刺激特深，故午睡未得安眠。午課後草擬明日對黨員談話會要旨，二小時餘未完。武、勇二孫來侍其祖母病，乃予之遊憩，晚餐，送其回家。晚課後就寢，夜間尚能安眠也。

本（三）日朝課後，續草談話稿後，見正綱、乃建，力勸我對談話會不作消極表示，並竭力容忍。上午入府會見十餘人，美陸戰隊「華漢[1]」中將來訪，正午宴客。午課後到三軍大學，召開黨員談話會，最後發表談話約一小時，並宣布對國大方針五條，全場悅服，而少數反叛分子乃沉默無聲，情勢比紀念周結果更好。

三月四日　星期五　氣候：晴

雪恥：昨（三）日黨員談話會結果情勢甚佳，如能轉移其修憲派中一部分人的心理，脫離其少數之反動組織，亦可收效不少也。膳後獨自散步觀月，頗感消遙自得，未如前日之刺激忿憤，晚課後飲酒，九時半寢。

本（四）日朝課後記前、昨二日事，聽報。見乃建，指示其代見李宗黃等，明告其最後決定必須服從黨紀，否則應先聲明脫黨非此不可之意。上午伊朗大使[2]呈遞國書後，批閱公文。據報今日第一審查會588人中，以555之多數否決修憲案，其中仍堅持修憲只33人，不足百分之六，與昨日該會情勢根本轉變，此乃昨日談話會一小時之訓示，已化乖戾為祥瑞矣，更覺忍耐與理喻之重要也，如依照二日來之痛憤心情及憤怒氣勢以臨談話會，則大局危矣。

1　華漢（Thomas A. Wornham），美國海軍陸戰隊將領，1959年10月出任太平洋艦隊陸戰隊司令。

2　薩特爾（Javad Sadr），伊朗駐華大使（駐日大使兼任），1960年2月27日到任，3月4日呈遞到任國書，1964年5月25日離任。

三月五日　星期六　氣候：晴

雪恥：昨（四）日午課後，即上國防研究院，主持國代六十歲以下之代表一千一百餘人茶話，對會場各座位慰視一匝，惟見各代表歡欣親熱相迎的至誠之狀，令余感動萬狀，更不能不對大會眾代表負責領導矣。散步後回，妻病體弱，乃作陪閒話，以大會情勢好轉，心情亦寬舒矣。獨膳後散步，晚課，十時前寢。

本（五）日朝課後記事，聽報。入府召見乃建後，見方治[1]、柳克述[2]等。主持軍事會談，聽取東引、烏坵之防務工事報告，與退役輔導會工作報告。午課後審閱紀念周對黨員國代致詞後，武孫來訪祖母病，乃與其散步，膳後與武孫車遊市區回，晚課，十時前寢。

上星期反省錄

一、本周為國民大會成敗之關鍵：甲、對黨員代表一千餘人星期日、星四日作兩次之訓示，而星四日又為最後之關鍵。經過一周之刺激痛憤，至第二次訓示最後一刻間，卒以忍之又忍，曉以理智，導以利害，乃克化戾氣為祥和，即在當夜解決了「重要表決」案，所謂有記名與無記名投票之爭，最烈的問題獲得妥協，已照黨的原則通過了，次日對修憲案，亦以 588 的 555 票之絕大多數予以否決了，大會難關可說過半矣。

二、本周內每日海內外來電大會要求連選連任者，每日皆有千餘件之多。

1　方治，字希孔，號治傳，安徽桐城人。1948 年 3 月當選為國民大會代表。1949 年 5 月到臺灣，應聘總統府國策顧問。翌年任中國大陸災胞救濟總會幹事長，嗣改任秘書長。1958 年 10 月當選為中國國民黨中央評議委員，並任總統府國策顧問。

2　柳克述，字劍霞，湖南長沙人。第一屆立法委員。1950 年 12 月出任交通部政務次長，被註銷立法委員名籍。1955 年任交通銀行監察人，1961 年調任交通銀行董事、常務董事，1962 年 6 月任交通銀行董事長。

三、自星一日午約宴主席團，至星四午每日約六十歲以上代表聚餐，以示敬長之意。

四、兩次談話會講稿甚費心力，而第二次星四日之講詞出於臨時決定，對所預備嚴厲之語意皆完全未用也。

三月六日　星期日　氣候：晴

雪恥：一、授予政府以反攻復國之全權，如有緊急措施之必要，得不受立法程序之限制。二、約宴華僑代表。

朝課後以妻病未痊，陪伴閒談，聽報。膳後記事，續審講稿記錄完，帶兩孫禮拜回，記上周反省錄。午課後閱報，帶兩孫巡視淡水，道上秧田已種為喜，惟中南部缺雨旱象足慮也。晚膳後車遊市區，送孫回家，乃晚課，九時半寢，夜夢麥克阿塞甚久，惟望其能告痊長壽耳。

三月七日　星期一　氣候：晴　溫度：八十

雪恥：一、滇緬柳[1]部存油量一千浬半徑之三十架次飛機為準。二、每月由泰往柳營之人數以二百人為準。

朝課後記事，聽報，香港時報黃遐齡〔震遐〕[2]可用。上午入府會客，見許

1　柳即柳元麟。

2　黃震遐，筆名東方赫，曾任上海《大晚報》記者、《新疆日報》社社長。1949年往香港，先後任《香港時報》主筆，《中國評論》社副社長。著有《隴海線上》、《黃人之血》和《大上海的毀滅》等。時任香港出版社總編輯。

少〔孝〕炎[1]與陳訓畬〔悆〕[2]等，又見美駐韓第一軍長[3]後，批閱公文。午課後改正紀念周（上周）講稿未完，兩孫來探訪其祖母病，晚膳後送其回家。晚課，月下獨飲，入浴，十時寢。

三月八日　星期二　氣候：晴
溫度：八十二　臺北市懾〔攝〕氏三十三度

雪恥：五時半起床，朝課後修改前講稿第四段畢。八時半出發，到基隆登美原子潛艇劍魚號[4]，第七艦隊新司令葛利芬[5]特於今晨由日飛來陪同出航，潛至水下四百尺處親自駕駛，其實與飛機昇降進退原理一也。至其自製空氣設備之完整，在水下可續航至三月之久，不須自然空氣，則將來人至太空月球亦可依此原理，自可實現也。余對聲納與潛望二部分特別注意，故試測二次，此乃四十三年十一月九日曾乘查爾號[6]時所未試測也。十二時三刻回航，至原碼頭登陸回，午課後仍修前稿。五時伊朗贈夫人勳章，並約伊大使[7]茶會後，入浴。以夫人病，未舉行暖壽，膳後月下散步，晚課。

1　許孝炎，字伯農，湖南沅陵人。曾任國民參政員、制憲國大代表，時任立法委員，於 1949 年創辦《香港時報》，主持香港文化宣傳工作。時任《香港時報》社長。

2　陳訓悆，字叔兌，浙江慈谿人。陳布雷之弟。1953 年出任中央通訊社總編輯，同年 4 月調任《中央日報》社長。時任中央通訊社香港分社主任。

3　史多克（Harry P. Storke），美國陸軍將領，時為第一軍軍長。

4　1960 年 3 月 8 日，美國核子潛艇劍魚號（USS Swordfish, SSN-579）來臺訪問，美國海軍軍令部長勃克上將，具帖由協防司令史慕德中將親呈蔣中正總統，邀請參觀該潛艇。蔣中正由參謀總長彭孟緝、海軍副總司令劉廣凱陪同，在基隆港登艦，第七艦隊司令葛利芬、美軍顧問團團長杜安接待，開航向太平洋駛去。蔣總統先聽取簡報，再巡視艙內各部門，此時潛艇已沉潛四百呎海底，時速十八浬航行，即交由蔣操作十分鐘，三小時後返航。

5　葛利芬（Charles Griffin），又譯葛理芬、葛里芬，美國海軍將領，新任第七艦隊司令，任期 1960 年 3 月 7 日至 1961 年 10 月 28 日。

6　查爾號（USS Charr, SS-328），為巴勞級潛艇，1942 年 9 月 24 日命名為查爾號（紅點鮭）。1944 年 5 月 28 日下水，1969 年 6 月 28 日退役。

7　伊大使即伊朗駐華大使薩特爾（Javad Sadr）。

三月九日　星期三　溫度：八十五

雪恥：一、先遣空投偵員的訓練要旨與隱秘目的區，及待其安全通信時再予指示。二、大會各幹事列席全會？

朝課後記事，修前稿。本日為舊歷二月十二日夫人生日，經兒等與親戚皆來拜壽。上午主持中央常會，討論國大情形及本黨臨時全會問題，余反對國大設置常設機構提案，加以警告戒慎。午課後續修前稿二小時，以氣候太熱失常，甚覺苦悶。晡與妻車遊山上一匝回，入浴初罷，腦暈又發生，顛倒反覆特甚，約五分時漸復常，此病恐今後更烈乎。膳後散步，晚課。

三月十日　星期四　氣候：晴　下陰　溫度：七十八

雪恥：一、本年度實為民族安危存亡關係最大之一年，必須忍之又忍，慎之又慎，切勿輕動剛腸，貽誤大計。

朝課後續修前稿完，聽報。上午入府會客，韓國所謂特使金某人[1]貴知恥，國亦如之，勉之鑒之。與冠生院長談憲法與臨時條款「為避免國家與人民遭遇緊急危難」句，其權限甚廣，可說無限大的，不過不願輕用而已，故不必再要求此次國大另予大權也。午課前記事後，與妻遊覽陽明公園，污臭不堪，可痛。晚在寓無客，夫妻對餐為樂，月下散步回，晚課，讀詩。

1　金東祚，時為大韓民國總統特使，率領友好訪問團訪華。1965 年出任大韓民國駐日本首任大使。

三月十一日　星期五　氣候：陰晴　微雨

雪恥：昨晡入浴後，審讀論語新編完畢，擬加詳批修編意見，惜無暇，以俟將來而已。本晨朝課後重訂武漢計畫，空投地區增加思南與來鳳兩地，頗費心神，記事。上午入府主持國父月會後，得悉國大會議臨時條款已經三讀通過且甚順利，復得辭修面報，昨夜聯誼會之把持人又要脅增加其代表臨時經費每人四千元，經嚴加拒絕，如其今日再不能照原審查案通過，則總統必對大會提出辭職之決心明告後，並由雲五[1]、岳軍負責允其每人支借二千元而罷了云。聞之悲痛無已，革命人格掃地盡矣，何能望其復國耶。午課後見田畊〔耕〕莘[2]氏畢，與妻車遊山上，並視研究院後山賓館新基地，膳後散步，並車遊市區回，晚課。

三月十二日　星期六　氣候：雨　溫度：七十

雪恥：本日為總理[3]逝世卅五周年紀念，又想到本黨黨員革命精神消失現象，心神沉重無比也。

朝課後聽報，九時前到研究院主持中央臨時全會，與評議委員會開幕典禮，聽取政治與國大籌備經過二報告後退席，讓評議會討論總統候選人之提名問題，由辭修主席。午課後中央全會選舉總統與副總統候選人手續完成，主席團來見，余以心情沉重，未能接見也。記事後，與妻車遊淡水。晚宴中央會議等出席與列席者四百餘人畢，晚課。

1　王雲五，字岫廬，籍貫廣東香山，生於上海。1949 年到臺灣，主持臺灣商務印書館。1954 年 8 月出任考試院副院長。1958 年 7 月調任行政院副院長，兼總統府臨時政治改革委員會主任委員。

2　田耕莘，字聘三，山東陽穀人。1946 年 2 月成為第一位亞洲出身的天主教樞機主教，4 月擔任北平總教區總主教，1960 年任臺北總教區署理總主教，並擔任輔仁大學在臺復校後第一任董事長。

3　孫中山（1866-1925），名文，號逸仙，化名中山樵，廣東香山人。曾任中華民國臨時大總統，中國國民黨總理。

上星期反省錄

一、本周國大經再三周折與忍耐之後，卒於星五日通過臨時條件三讀完成手續，此乃本次國大主要大事，亦反攻復國成敗之惟一關鍵也。

二、本黨副總統候選人之提名，須由總統候選人提出之制度，將為政黨政治（憲政）最優良之制度，惟今後能將總統與副總統之選舉如美國同時提票，則更臻完美矣，應加修正也。

三、參觀美原子潛艇試航出海，又得到一種新的智識為慰。

四、本周星期夜與星三日兩次腦暈，較前為烈，應加注意保養，然應看之書、應辦之事太多，奈何。

本星期預定工作課目

1. 約僑代分別茶會。

三月十三日　星期日　氣候：晴

雪恥：一、對紀念講旨：甲、中外輿論對國大評論之三種觀感，代表不應忽視。乙、我接受第三次總統候選人之沉重心情，與第一、第二次接受時之心情的比較與觀念。丙、如果本黨紀律與組織仍如過去散漫無紀，則反攻復國使命更難達成。加以說明殊為必要，當亦為稍有良知良能者所憬悟也。

朝課後考慮講旨，九時半到三軍聯大，主持國大黨員第二次紀念周，致訓後並誦革命民主政黨的性質與重新登記意義篇，至十二時方完。午課後記事畢，與妻車遊北投直至關渡，新路情形殊有必要。晚膳後散步，觀影劇「家有喜事[1]」，晚課，十時半寢。

三月十四日　星期一　氣候：雨

雪恥：一、空投戰術的地點關係，其時間前後應隨敵情而定，但皆須有各種情況之變化準備的多種計畫。二、江拉[2]基地電臺切勿作定期聯系通信，或可每周預約航行時間，屆時作導航通信，但亦少用為宜。

朝課後聽報，上午巡視後山兵舍回，記事畢，修改上次對國大黨員談話稿，至十七時方完，午課如常。晡與妻車遊木柵回，入浴，修甲，膳後散步。讀唐詩杜甫[3]「春望」詩，甚有所感，杜公之詩入人心深矣。晚課，九時半寢。

三月十五日　星期二　氣候：陰雨

雪恥：一、行政院各部應調整之人事——黃少谷、陳雪屏[4]與交通、內政兩部。二、內政部長應選臺省藉〔籍〕之有為者。三、省政府主席應否調整？四、參軍長與國防會秘長之人選。五、今後教育與外交政策與人事之研究。

1　《家有喜事》（*All in the Family*），是香港國際電影懋業有限公司（電懋）出品的喜劇電影，1959 年 11 月 12 日首映。由王天林執導，尤敏、雷震、丁皓、王萊、羅維、歐陽莎菲等主演。

2　江拉，又譯為景拉、江臘，為緬甸撣邦東部邊境的一處傣仂村鎮，位於湄公河西岸的大灣之處，為河濱平原。江拉北東南三面為湄公河環繞，西面是唯一與緬甸相連的陸地開口。1957 年雲南人民反共志願軍總部遷至江拉。

3　杜甫（712-770），字子美，號少陵野老、杜陵野客、杜陵布衣，唐代詩人，其著作以弘大的社會寫實著稱。

4　陳雪屏，江蘇宜興人。1953 年起，擔任臺灣大學心理學系教授。1957 年 8 月任考選部部長，1958 年 7 月調行政院秘書長。

六、蔣廷黻[1]、沈怡[2]與沈昌煥[3]。七、聯合國代表之人選。

朝課後記事，上午入府召見俞[4]部長，聽取其在美接洽情形，又見黎玉璽[5]，報告訪美經過情形後，召見國代中僑代與中央委員等二十餘人畢，批閱。午課後審閱經國日記後，與妻車遊山上一匝回，散步，入浴，膳後散步，晚課。

三月十六日　星期三　氣候：陰雨

雪恥：朝課、靜坐默禱中忽又腦暈，但並不過烈，因能自覺預防，乃即平衡復元也。朝課畢記事如常，聽報，十時主持中央常會，討論國大新設憲法研究會的組織與主持人的問題，約二小時之久。乃指示其性質與原則，由國大指導小組詳加研討，訂立方案後再定，並聽取臺省黨部對地方選舉籌備情形之報告。午課後，審修對國大黨員第二次紀念周之訓示，未完。晡與妻巡視淡水道上雨水與秧苗情形，大半皆已插種復蘇為慰。回續修前稿，讀詩，膳後散步，晚課，九時半寢。

三月十七日　星期四　氣候：陰雨

雪恥：一、日本政治思想之混亂及其政策之搖擺日深一日，可說其無一政治家，只有現實之政客，吉田茂乃為此群之典型而已。其實豈惟日本，環顧全

1　蔣廷黻，字綬章，湖南邵陽人。1947 年 11 月至 1962 年 7 月任駐聯合國代表。1961 年 11 月至 1965 年 4 月任駐美大使。

2　沈怡，原名景清，字君怡，浙江嘉興人。原任聯合國亞洲暨遠東經濟委員會防洪及水利資源開發局局長。1960 年 7 月出任行政院政務委員兼交通部部長。

3　沈昌煥，字揆一，江蘇吳縣人。1953 年 12 月出任外交部政務次長，1959 年 3 月出任駐西班牙大使，1960 年 5 月出任外交部部長。

4　俞大維，浙江紹興人。1954 年 9 月 20 日起至 1965 年 1 月 25 日任國防部部長。

5　黎玉璽，號薪傳，四川達縣人。1959 年 2 月任海軍總司令，1965 年 6 月升任參謀總長。

環〔球〕各國，無論英、法亦莫不如此，而美則更為貧乏矣。我所最感失望者，第一為愛克，第二為戴高樂，所謂自由陣線大國之當局，未曾見有其目光識見對世界全局、對蘇俄、匪共抱有積極克制與澈底消除共禍之決心者，焉得不使俄共猖獗而入於其股掌之上哉，政治家之難得者如此也。

朝課後續修前稿，上午十時到情報局，紀念戴雨農[1]逝世十五年，面慰各遺族。入府會客，批閱。午課後續修前稿畢，記事，約巴拉圭代表[2]茶會。與岳軍談國民大會設置創制、複決權研究會之組織照准。膳後與妻散步，車遊市區回，晚課。

三月十八日　星期五　氣候：晴

雪恥：一、國代對陳副總統選舉票數問題上，又在醞釀消極抵制運動，應加注意，使之消弭於無形。二、今對辭修指示其改組行政院要旨及人事問題，彼對人專在小技上着想，而不注重其遠大的見識與風格為選才標準，尤其囿於小圈，好聽細言為然，惟此其性格生成，不可強求，只要大體不差而已。少谷乃為典型之政客，不可與言革命大事也。

朝課後記事，聽報。上午入府召見楊西崑[3]等數人，批閱公文。午課前後修正前稿（第二次）完。與辭修談改組行政院問題，對陳雪屏一意掩護，不知其奸惡，可歎。往陽明後公園巡視回，見正綱，慰留其辭秘長職。晚觀影劇後晚課。

1　戴笠（1897-1946），字雨農，浙江江山人。歷任軍事委員會調查統計局處長及副局長、中美特種技術合作所所長。1946 年 3 月 17 日墜機身亡。

2　孟岱羅（Pacifico Montero de Vargas），時任巴拉圭駐聯合國常任代表。

3　楊西崑，字宿佛，江蘇奉賢人。1955 年 7 月任外交部亞西司司長，1963 年 5 月調任外交部常務次長兼非洲司司長。

三月十九日　星期六　氣候：晴

雪恥：一、見乃建，問選舉陳副總統的情勢。二、國大閉會詞要旨應重提待罪之身的心情，報答國代與全國同胞的期待為重點。

朝課後記事，聽報。十時約見「利比亞」國新聞局長米賽拉[1]，其膚色、態度一如歐人也。召見尹葆宇[2]等後軍事會談，聽取中、美在南部聯合登陸演習計畫與實施程序。午課後研究西藏地形圖後，車遊山上。晚課後，宴美海軍部長福朗克[3]，其人深沉不浮也。十時後寢。

上星期反省錄

一、共匪宣布美主教（華理治[4]）二十年徒刑，以表示其對中、美聯合演習威脅之反抗與不屈之行動乎。

二、共匪宣布其成立支持拉丁美洲協會，以示其對美國之積極威脅與報復乎。

三、十國裁軍會議十五日在日內瓦開會，俄首先提出蘇俄、共匪與美國各裁軍一百二十萬人案，遭美強烈拒絕，此乃蘇俄對共匪之玩弄，並非與美之為難也。

四、美發射先驅五號成功，又北極星飛彈亦有新的試射成功。

五、考慮國大設立憲政研究會案之範圍與組織，頗費心力。

六、與辭修談新行政院各部會人事問題。

---

1 米賽拉（Ali Mohammed Misellati），利比亞新聞局局長，本年 3 月 13 日來華訪問十天。

2 尹葆宇，原籍山東掖縣，寄籍江蘇上海。1950 年 2 月任駐智利公使代理領務，1960 年 2 月任外交部顧問，1962 年 1 月任駐哥斯大黎加公使。

3 福朗克（William B. Franke），歷任美國國防部部長特別助理、海軍助理部長、海軍部副部長，1959 年 6 月至 1961 年 1 月任美國海軍部部長。

4 華理治、華理柱（James E. Walsh），1918 年至中國傳教，後升任瑪利諾中國主教，1936 年返美。1948 年回上海負責天主教中央局，1958 年被中共當局逮捕。

本星期預定工作課目

1. 文化復興運動之倡導。
2. 戰略戰術原則。
3. 戰爭指導理論的研究。
4. 大軍之統帥。

三月二十日　星期日　氣候：晴

雪恥：一、三軍各校應增加四書摘要與科學的學庸為必修課。

朝課後記事，聽報。上午見乃建，指示其對臺省縣市長選舉方針，轉告至柔與上官[1]合作。禮拜後見希聖，談閉會詞要旨。膳後勇孫留家陪祖母，而其祖母乃為其擦胸背按摩，醫治傷風，愛其孫子之心情真摯如此也。十四時起飛，休息，午課，到西子灣。入浴，審閱日記後，獨遊大貝湖，膳後獨自散步，晚課。

三月二十一日　星期一　氣候：晴

雪恥：本日國大投票，到一五〇九人，以一四八一票當選，尚有廢票二，白票未題者二十六人，應自警惕。

朝課後聽報，記事。十時半到海軍官校主持四十八年班畢業典禮後，巡視校內，整齊清潔，氣象全新為慰，視察新建星象儀室，此乃余數年來所促成也，

1　上官業佑，字啟我，湖南石門人。曾任西北軍政長官公署政治部主任、臺灣省青年服務團主任。1951 年 5 月出任中國國民黨臺灣省黨部主任委員。1954 年 1 月調任中國國民黨中央委員會第五組主任。1959 年 6 月再度出任中國國民黨臺灣省黨部主任委員。

聚餐後回。途中見學生成隊夾道歡呼，為余連任當選慶祝，惟此乃激動余心，含淚感慰，悲歡不能自制。午課後，五時半到美艦聖保羅號[1]迎接如儀，出港後晚宴畢，聽取演習計畫簡報，晚課如常。

三月二十二日　星期二　氣候：上雨下陰

雪恥：前、昨二日臺中、臺南前後皆降大雨，旱象全消，此為當選對民眾心理重大之感慰也。近日來自全會提為總統候選人之後，甚感內心自得，又與第一任當選前後之心理卻成為相反之比例，以當時心理只有敗亡之憂，而今則乃為復興可期，自信甚堅也。

今晨二時半醒後未能安眠，五時即起床，朝課靜默，六時據報以氣候不佳，不能如期演習，乃於十時由車城海面回航。正午在基隆十號碼頭午膳後，登陸回西子灣休息。午課，今日乘閒暇時間審閱經兒去年日記未完。晚課後約宴第七艦隊司令葛利芬與莊乃德等，賓主談笑無忌，九時後客散即寢。

三月二十三日　星期三　氣候：晴

雪恥：昨夜醒後，回想在艦上紀念冊題名未能在其題名之位置上，而被譯者誤指在題地址上題名，事後雖在自覺後改正，但終感惶愧，乃不能成寐，於是起服安眠藥後，至一時始熟睡。至今晨五時方醒，乃即起床朝課，六時半出發，至左營登直升機起飛，七時半至楓港海面，在機上巡閱我海軍及陸戰隊登陸之行動，旋轉三匝後，即在楓港降陸，參觀後復起飛，至「墾丁」參觀美直升機垂直包圍演習約半小時畢，轉飛龜山，參觀美軍登陸及油管與活

1　聖保羅號（USS Saint Paul, CA-73），第七艦隊旗艦。

動碼頭等設置，約五十分時畢，乃乘機飛屏東轉臺北，莊乃德大使同行，到時已十二時半矣。午課後經兒來見畢，記事，閱報，入浴。膳後散步，晚課，九時半寢。

三月二十四日　星期四　氣候：陰雨

雪恥：一、此次國大對共匪之打擊之重要各點：甲、未能破壞中、美合作精神。乙、將其和平解放的夢想幻滅。丙、所謂驅除美帝於西太平洋，為俄帝造成其赤化遠東與東南亞之任務等，應加補充。二、國大任務完成，圓滿閉幕之日，即為反攻復國勝利開始之日，亦為反攻復國最後勝利決定之日也。

朝課後記事，考慮國大閉會致詞要旨，從新草擬新稿，口授孝儀代草初稿。午課後修改講稿，約四小時餘，至十一時方完。晚課畢，就睡已午夜矣，甚恐失眠，乃飲酒，安眠如常。

三月二十五日　星期五　氣候：晴　夜雨

雪恥：一、青年節告書。二、耶穌受難節證道文之準備。

朝課後重修國大閉幕講詞，最後一段加以補充，乃覺完滿。九時賈煜如[1]、谷正綱送國大當選總統書，謹敬接受。十時到國大閉會議〔儀〕式致詞，中間一段誦讀過快為憾。往祝陳勤士九十壽辰，正午約國大八十以上代表九人聚餐祝壽，以示敬老重賢之意。午課後與妻到三軍俱樂部，為國代酒會以示慰勞，此為第三次大會結束之一幕。會後與妻車遊山上一匝回，入浴，膳後因雨閒談，晚課。

1　賈景德（1880-1960），字煜如，號韜園，山西沁水人。第一屆國大代表。1952 年 4 月二度出任考試院院長。1954 年 8 月受聘總統府資政。

三月二十六日　星期六　氣候：陰雨

雪恥：一、用人求才的要旨：甲、有抱負、有風度、有品格、有志向、有決心，而不說細話，不計恩怨，至少在其行為上，對革命、對國家的立場可以站得住的。乙、有普通學識或有一技專長，能識大體，守本分，而不賣空買空，誇妄自大的。丙、有現代常識，有科學腦筋，且有統御指揮能力。選拔所部，不埋沒人才，不投機取巧，不借公濟私，不賣情討好，而無政客官僚習氣的，但必須以（甲）項條件為其選才之基礎也。

朝課後記事，入府接受西班牙大使[1]到任國書後，會客，批閱。主持財經會談，聽取下年度預算計畫，照辦。午課後記上周反省錄後，入浴。晚課後為夫人補祝壽筵，並約其女友廿人聚餐餘興，十時寢。

上星期反省錄

一、廿六日我偵察機一架十六員，本定前往哈爾濱偵察敵情者，不幸在南韓撞山焚毀，其中皆是最有經驗的飛行員和電子員，乃為損失最大之一次，不勝悲傷，惟願其殉職信徒在天之靈皆能安慰，並能呵護我以後偵察機員繼續完成其未竟之志耳。

二、星一當選第三任總統之前後三日，全省大雨，旱象全消，賈煜如致送當選證書時頌為霖雨蒼生，殊不敢當也。

三、星二、星三日參觀中、美聯合登陸演習，頗感有益，尤以運用直升機實施垂直包圍，是為前所未見之新戰術也。

四、星五日國大閉幕致詞乃在前一日重新手擬，甚覺費力，但內容豐富，對於此次國大意義與成就之點皆能透澈闡明，使海內海外皆能了解無疑，

1　胡國材（Julio de Larracoechea），1954 年 12 月 23 日任西班牙駐華臨時代辦，1960 年 2 月 22 日升任西班牙駐華大使，3 月 26 日呈遞到任國書，1971 年 6 月 30 日離任。

更有重要影響也。

五、對辭修指示其新行政院用人求才方針，以及蔣廷黼〔黻〕、沈君怡之推荐，如其能遵循實施，必能增強政府之內容與觀感也。

六、尼泊爾總理「苦力拉[1]」在北平訂立三種條約，此不僅尼國被匪引入陷阱，尤其對「泥黑路[2]」增加另一威脅也，今後匪、印之糾紛，豈能由周匪[3]四月訪印後而果能解決問題乎。

三月二十七日　星期日　氣候：陰

雪恥：午餐時對在聖保羅艦上之同行者彭、石、黎[4]等，問其當時在艦上余犯了錯誤，你們亦犯了，知道其事否？石覺就問，是否為簽名事？余答是。為何你們當時不即直諫改正耶？彼等甚覺驚駭此問而已。

六時起床，朝課後用膳畢，八時後起飛，至屏東轉直升機至恆春機場，參觀短距離三千四百英尺跑道，在二十四小時鋪設鋼席完成之工作，及其輕重噴射各型機之起飛與降落動作，其原理乃與航空母艦上相同也。據美軍指揮官報告，對我陸戰隊第一次垂直包圍之空降演習與登山攻擊之行動敏捷，最堪讚獎，特別是對於此次中、美聯合演習中，我軍對其協助無間與密切精神，乃為任何盟邦所未能見者，其對演習成功至表欣快，殊出至誠也，可慰。正午到鵝鑾鼻巡視我空軍雷達控置〔制〕站，並親自視察其火伕家庭，其內容之污髒與簡陋，不堪入目，誠非所能想像者，幸有此行為慰。

1　柯瑞拉（Bishweshwar Prasad Koirala），又譯苦力拉，隸屬尼泊爾大會黨，1959 年 5 月 27 日至 1960 年 12 月 26 日任尼泊爾首相。

2　泥黑路即尼赫魯（Jawaharlal Nehru）。

3　周匪即周恩來。

4　彭、石、黎即彭孟緝、石覺、黎玉璽。石覺，字為開，廣西桂林人。1957 年 7 月升任參謀總部副參謀總長兼聯合作戰計畫委員會主任委員。1959 年 7 月調任聯勤總司令部總司令。1963 年 7 月出任考試院銓敘部部長。

三月二十八日　星期一　氣候：陰

雪恥：昨在鵝鑾鼻巡視，發現幾件軍人缺點可資改革，殊足自慰，而為招待所勘定地點尚不與也。十四時回途，與經兒、彭[1]總長同車到屏東起飛，回臺北已十七時矣。入浴後，武、勇二孫來侍餐，祖父母同與其散步，車遊市區為樂回。晚課，九時半寢。

朝課後記事，聽報一小時半後散步，思考青年節文告要旨，十一時起修改文稿二小時半，初稿始畢。午課後續修第二次稿，仍費二小時完。入浴，晚修第三次稿，至八時半方定稿，用膳，苦極矣。每改稿一次，至少要減短壽命半年至一年，不知孝儀秘書能了解我老年用腦之不如往日之易否。與妻散步後，晚課，十時後寢。

三月二十九日　星期二　氣候：陰雨

雪恥：一、守備部隊交代規則之查報。二、陣地設計最薄弱點在兩個部隊之交接（界）部，此為戰術之最應注意之點。守備部隊最大關鍵在前後兩個部隊之交代時，此為內務最重要之時間，切不可稍有疏忽，必須有上一級監督其實施。

朝課後記事，聽報。十時主祭先烈與陣亡將士典禮後，與辭修同車，到中山堂廣場對十萬青年訓話，慶祝青年節，接受其歡呼回，手示辭修用人求才之原則四點，頗覺自慰。午課後記上周反省錄，約西班牙新大使[2]茶點。晡與妻車遊山上一匝回，聞共匪在甘、青地區試爆核子彈合格之電報，信疑不決，研究結果不確。晚課，十時半寢。

1　彭即彭孟緝。

2　西班牙新大使即胡國材（Julio de Larracoechea）。

三月三十日　星期三　氣候：晴

雪恥：一、鵝鑾鼻空軍伙夫居處之改良。二、整頓黨務工作之方針。三、江拉機場通信之減少。四、李文彬派往江拉為副主官？五、臺省違紀黨員選舉之阻止。

朝課後記事，聽報，十時主持中央常會，對審計、會計制度建立之指示，對黨務下年度行動綱要之修正。午課後審閱經兒日記二小時之久，頗有益。晡喂魚，散步，入浴。膳後見陳大慶，對西德情報合作方針之指示後，晚課。

三月三十一日　星期四　氣候：陰雨

雪恥：一、江拉（緬北）加油與輪流辦法。二、情報局長人選。三、召見宗南[1]。四、清泉之子[2]留學經費。五、朱懷彪〔冰〕[3]與顏澤滋等召見。

朝課後記事，聽報。入府見客八員，批閱公文，與岳軍談政治情形，所謂小型會議（各黨派）之方針未定。午課後，審閱經兒去年日記完，其受香港共匪與美奸之統戰分子攻訐，無所不至之惡作劇，豈僅令人寒心而已，但其此種在大陸上造謠毀誣（對我）之故技，皆不復能生效乎。晡與妻車遊回，入浴，晚課。膳後散步，讀唐詩，九時半寢。

1　胡宗南，原名琴齋，字壽山，浙江孝豐人。1951 年 8 月化名秦東昌，出任江浙反共救國軍總指揮兼浙江省政府主席。1953 年 7 月任總統府戰略顧問委員會顧問。1955 年 9 月出任澎湖防衛司令部司令官。1959 年退役，復任總統府戰略顧問。

2　邱清泉（1902-1949），字雨庵，浙江永嘉人。抗戰期間曾任新編第二十二師師長與第五軍軍長，參與崑崙關戰役與滇西緬北戰役。抗戰勝利後參與國共內戰，為第二兵團司令，在徐蚌會戰中陣亡。其二位夫人及子女，除二子邱國渭外，皆來臺，再移居美國。

3　朱懷冰，學名蔭冕，號岩聲，湖北黃岡人。第一屆國民大會代表，1949 年 10 月到臺灣，歷任東南軍政長官公署顧問、行政院顧問，行政院設計委員會副秘書長、光復大陸設計研究委員會副秘書長、秘書長，總統府國策顧問、中國國民黨中央評議委員等職。

上月反省錄

一、共匪偽人代會與政協會月杪開幕，毛匪出現，以及其大陸都市人民公社組織開始。

二、美國急求於六月中備戰完成，認為七月間勢將發生戰爭之情報，應詳作研究：甲、西柏林。乙、以阿。丙、臺海等之各問題。

三、匪共宣判美主教二十年徒刑罪名，及其成立對拉丁美洲友好協會，是其反美又進一步之表示也。

四、本月國際形勢：甲、西德艾氏[1] 訪美、訪日。乙、英麥[2] 訪法、訪美。丙、俄黑[3] 訪法。丁、美、英有條件的停試核子（短期間）。戊、南非黑人暴動。己、印尼解散國會而組織指派議會。

五、英麥首相稱（對美參院）今年為世界史中有決定性之一年。

六、英外部稱麥相並未有英、俄十八世紀聯盟復活之說，並正式否認。

七、十國裁軍會議十五日在日內瓦開幕，俄共突提俄、美、匪三方各裁軍至百廿萬人案，對於地下小型核子試爆的停止問題，由英策動甚力，美、俄似有暫時妥協形跡。

八、國內紀要：甲、國大經三次對黨員講話，忍之又忍，卒能化險為易〔夷〕，如期否決修憲案，通過臨時條款案，最後乃就完成選舉，此為國運興亡之惟一關鍵也。乙、中、美聯合大演習之藍星計畫如期完成，親自參觀二次頗為有得，但自我犯了一次過錯，又增加我一次經驗。丙、匪與尼泊爾訂約，今後尼、匪接近，對印度必又進一步威脅矣。丁、月初參觀美原子潛艇劍魚號，有益。戊、上月國大開會詞與本月閉會詞，

1　艾德諾（Konrad Adenauer），德國基督教民主聯盟黨魁，1917 年至 1933 年曾以天主教中央黨身份擔任科隆市長，1949 年 9 月至 1963 年 10 月擔任第一任德國總理。

2　麥米倫（Harold Macmillan），又譯麥克米倫，隸屬英國保守黨，1957 年 1 月 10 日至 1963 年 10 月 19 日任首相。

3　俄黑即赫魯雪夫（Nikita Khrushchev）。

及對黨員三次長篇談話，又青年節文稿等文字內容，皆為心血所織成者，此乃德性、學術、修養進步之表現乎。惟初旬間腦暈連發二次為慮。

己、選舉完成之日，全臺旱象完全消除為喜。

九、美政府對我軍、經援助皆自動的加強，而允撥 F104 噴射超音速機一中隊，更為其對我國特殊之表示一點，尤為難得。

十、對緬北江拉機場完成後之運用計畫，指導不遺餘力，此實對陸上反攻之主地也。

四月

蔣中正日記
Chiang Kai-shek Diaries

民國四十九年四月

本月大事預定表

1. 各省黨政主官之擬定。
2. 天馬計畫對美協調之爭取理論。
3. 黨務重整之督導。
4. 民意機構黨團之加強。
5. 對青年與民社兩黨關係與方針。
6. 對香港友聯之打擊計畫與分化。

四月一日　星期五　氣候：雨　溫度：五十八

雪恥：自今日起記事方式，凡每日工作時間已在每年課程表內所規定者，不再瑣記，其有與該表所規定者改變之日常工作則補記，以資查考，至於散步、聽報、入浴等每日經常之生活，以及朝、午、晚三課之時間，皆不復記矣。

上午入府會客，有荷蘭老記者布蘭肯斯坦[1]精誠之態度可嘉。主持情報會談，指示對國大開會期間有功之治安人員應予獎賞。令經國訪胡適，表示其對國

1　布蘭肯斯坦（Marcus van Blankenstein），荷蘭記者，1937 年任《哈格斯郵報》（*Haagse Post*）副主編。德國占領荷蘭後，逃往英國，接任流亡雜誌《自由荷蘭》（*Vrij Nederland*）編輯。戰後任荷蘭《正言報》（*Het Parool*）自由記者。

大（參加）態度尚持大體，故慰之。下午閱覽「德國參謀本部」新譯本開始，並聽取陳嘉尚訪美經過之報告一小時餘，有益。

四月二日　星期六　氣候：雨　溫度：六十

雪恥：一、凱旋計畫之說明與登陸作戰地形之說明，應合併舉行。

上午與美大使[1]談話，對我提醒其緬甸政局與共匪合作之趨勢，須加注重中、美今後在緬之合作，以及緬北遊〔游〕擊隊保存方法之協商，不料其正面拒絕，可知美國外交政策與態度及其人員之拙劣，不可與其說實話、謀實事也如此。主持軍事會談，聽取登陸地形之分析報告有益，更覺港尾半島之佔領，無異佔領廈門要港矣。下午研閱德國參謀本部至第二章完。晡見客，晚十時寢。

上星期反省錄

一、四月一日法試爆第二次原子彈在黑魔[2]訪法期間，此為戴高樂對黑魔及其對美、英、德的最高明之一着，殊足欣慰。

二、法俄（即黑路雪夫與戴高樂）公報平淡無力，黑魔此次訪法，滿擬挑撥法、德惡感之陰謀並未生效，而其挑撥西方自由陣線美、英、法與北大公約之狡計亦未有影響乎。

1　美大使即莊萊德（Everett Drumright）。

2　黑魔即赫魯雪夫（Nikita Khrushchev）。

四月三日　星期日　氣候：雨

雪恥：一、各省黨政主官之遴選。二、大軍之統帥綱要。

上午研閱德國參謀本部第二章二節止，皆覺有得。聽報一小時卅分後記事，禮拜。正午武、勇兩孫來侍餐。午課後查記二月、三月反省錄未完。與妻車遊大溪道上，談張學良[1]解除監視之方式，余以為不必作有形或用命令釋放之方式，以無形中准其自由行動，認為其現在相信教理，已有誠意，較有自主能力，故不再加管束也。

四月四日　星期一　氣候：雨

雪恥：一、美國認為六月以後發生戰爭者，是其在高峰會議不退讓之準備乎。

上午記上月反省錄，研閱德參謀本部第五節完，甚覺此書閱讀太晚也。下午批閱公文，清理積案後，與妻車遊山上一匝回。晚課後，約宴美第七艦隊司令葛理芬夫婦[2]，猶憶在其旗艦上簽名錯誤事，自慚不息，何其小也。本日研究南沙群島建立飛機場，作為西南空投的中間站之計畫，能望速成也。

四月五日　星期二　氣候：陰　溫度：六十

雪恥：一、戴高樂訪英，使余發生不少感想。二、匪共駐英使館廚司（郭德路），已由英予以政治庇護。[3]

1　張學良，字漢卿，奉天海城人。1936 年 12 月 12 日，與楊虎城向蔣中正「兵諫」，爆發西安事變，12 月 25 日，釋放蔣中正，並隨蔣回南京。12 月 30 日被判刑十年，五日後即被特赦，但一直遭到軟禁。1946 年 11 月起在新竹縣五峰鄉清泉溫泉，1957 年 10 月移至高雄西子灣，1959 年再移居臺北北投幽雅招待所。

2　葛利芬夫婦即葛利芬（Charles Griffin）及其夫人（Camilla Yvonne Ganteaume）。

3　中共駐倫敦大使館廚師郭德路（Kuo Teh-lu 之音譯）於 1960 年 2 月 23 日獲得英國政府政治庇護，於 1968 年 1 月 20 日抵臺灣，參加「一二三」自由日大會。

上午召見調職人員張兆驄[1]等六人，張為最有望之將領。主持宣傳會談，對下旬各縣市長及議員選舉方針加以指示。下午約海外國大代表茶會，分別談話約一小時餘，表示尊重之意。本日研閱德參部第二章完，頗有所感，甚歎「格奈則勞[2]」之性格與思想優越，實為可佩之人物也。

四月六日　星期三　氣候：晴

雪恥：一、軍官生活行動教育以：甲、嚴肅。乙、穩重（即寬緩深沉）為主，再不應以文雅、溫柔（和顏悅色）的舊習為教條，亦不可以急迫浮露為軍人本色。二、遴選軍官之條件：甲、語言明晰而有條理。乙、體格適中，五官端正為第一。三、戰史圖示印成？

上午到中央與辭修談沈君怡工作後，即到研究院主持葛理芬講演，無甚重要之點，巡視院後地形後回。下午續閱德國參部至第三章未完，此書於我最為有益。晡遊覽休息。

四月七日　星期四　氣候：晴

雪恥：一、三角形攻擊戰鬥群訓練實際情形與成績如何。二、汰劣去庸，裁減冗員為建立參謀部主要工作，以健全軍隊與機構，必須先健全人員。三、貪污條例之重訂。四、黨團不能領導黨員，不發生影響，以輕公重私之習性

---

1 張兆驄，號翀，浙江德清人。1957 年 2 月任實踐學社教官，1960 年 4 月調任第二十七師師長，1961 年 7 月調任第三十三師師長。

2 格奈森瑙（August Wilhelm Antonius Graf Neidhardt von Gneisenau, 1760-1831），又譯格奈則勞，普魯士陸軍元帥，進行普魯士軍隊改革，1815 年滑鐵盧戰役打敗拿破崙的勝利者之一。

太重。四[1]、對於惡劣黨員之領導辦法？

上午召見六員，徐培清[2]有望主持武漢計畫會報，督導實施。下午記事，續閱德參部第四章毛奇篇有益，幾乎不忍釋卷。晚宴檀香山大學校長[3]與符立德將軍[4]等，十時半寢。

四月八日　星期五　氣候：晴

雪恥：一、軍官團的支柱：青年軍官之思想領導之獎勵。二、參謀部成養模範軍官之任務。三、淘汰庸劣，選拔優秀為建立參謀部主要方法。四、去私存誠為軍官主要條件（克己自反，慎獨存誠）。

上午續研德國參謀本部至毛奇篇完，彼實不愧為軍人之模範也。會客後，主持財經會談，美駐華合作署對我下年度預算不能符合我政府所提十九點之計畫（收支平衡），提出異議為愧。下午續研德參部第五章（瓦德西[5]篇），約沈怡談話。

1　原文如此。

2　徐培清，浙江東陽人。1958 年自革命實踐研究院軍官訓練團畢業。時任第九十三師第二七八團團長。後歷任第四十六師參謀長、預備部隊訓練司令部地勤處處長、預備第四師副師長、第八十四師副師長等職。

3　史奈德（Laurence H. Snyder），為美國人類遺傳學專家。1958 年至 1963 年任美國夏威夷大學校長。

4　符立德（James A. Van Fleet），又譯菲列德、符理德、菲列塔、菲列得，美國陸軍將領退役，韓戰任美國第八軍團指揮官和聯合國部隊司令，時為美國二十世紀福斯公司董事長、柏爾森工程公司顧問。

5　瓦德西（Alfred von Waldersee, 1832-1904），德國元帥。普法戰爭期間，擔任國王副官，1882 年任軍需總監（first quartermaster），1888 年任陸軍總參謀長。1891 年任第九軍軍長。1900 年任八國聯軍總司令。

四月九日　星期六　氣候：晴

雪恥：昨晡五時許，又接匪共在寧夏騰格利沙漠試爆中型孩〔核〕子彈之偵察電報，但各方測驗儀器並無此跡象，是其對我心戰之又一騙局，其用意在要由我發表此試爆之消息，為其對國際敲詐手段也，可笑之至。但其前後繼續不斷的作此行動，究竟為何目的，應加研究耳。

上午研閱德參部第五章完，重新手草孔孟學會開會詞稿。會客後主持軍事會談二小時，聽取權責下授之具體報告，與各港口動員搭載力之計畫大體完成為慰。下午續修講詞第二次稿，自覺有力。經兒來報美對我武漢計畫協議情形，似有進展也。

上星期反省錄

一、據匪共在偽人代會所發表的都市人民公社，尚稱是任人民自由參加，對公共食堂亦復如此，此乃其二年來農村公社經過之失敗經驗，可知其農村公社亦已改由人民自由參加了。只要如此，則其公社制並未完成，對人民亦不能絕對控制，對我革命運動與組織尚是大有可為也。

二、此次偽人代會宣布其都市公社之實施，農工業更加其大躍進，表示毛匪左派冒進主張之勝利，與毛匪在其黨內領導地位未失也。此乃一如余所預判，其毛匪只要其積極反俄之行動尚未發生前，則匪幹仍可在表面上服從其領導，若果其公開反俄，則其生命難保，豈止無法領導乎？

三、南非聯邦伍維德[1]總理為其宗族隔離政策演成黑人暴動，而其本人竟為其白種之兇手所刺受傷，幸其生命尚無恙也。

四、共匪又於星六日在寧夏沙漠試爆氦〔核〕子，欺人可笑。

1　伍維德（Hendrik F. Verwoerd），1958 年 9 月至 1966 年 9 月任南非第六任總理，積極引入與種族隔離有關之立法。

四月十日　星期日　氣候：晴　溫度：八十二

雪恥：本年大事表第一項，即認俄共（匪）在高階會期日或在會前將先發動對我攻勢之可能，據今日美方情報，共匪將在其人民代表會以後二星期對臺發動攻勢之消息，殊有不謀而合之構想，因之乃可斷定其共匪在本月杪或遲至下月初必將對我攻擊無疑，此舉如果成為事實，或能正合我之意圖乎，以共匪在今日除出此孤注一擲之外，再無其更好自殺之道耳。

上午到孔孟學會成立會致詞，甚覺詞意有力，不惟對共匪，而亦對政客、學人之一大打擊，可謂予以當頭一棒乎。下午續研德參部第六章史立芬[1]篇完，惜其逝世太早耳。

四月十一日　星期一　氣候：晴

雪恥：一、反攻基本戰術四種與十六種共匪戰術之圖示，特別注重側背迂迴，以避敵匪之口袋戰術陷阱。二、三角形戰鬥群與反攻基本戰術四種應用之圖示。三、軍官團讀書心得報告，對中、下級軍官文卷考核與評定之重視與推荐。四、研究發展工作進展如何。五、縱深攻擊六個師太多，應改為二－三個師。六、空軍發動在D日前十日太早，應隨當時情勢而定。

上午在三軍參大主持紀念周，宣讀政治道理完，召見企止、大慶等，並令壽如[2]立即返防金門，予以防毒防火為第一之指示。下午聽取反攻登陸作戰之報告三小時畢，加以指示修正，應以港尾與將軍澳為主力使用之重點，如能掌握港尾，即能控制廈門及其後方之鐵路線也。

1　史立芬（Alfred Graf von Schlieffen, 1833-1913），又譯史利芬、希利芬、希里芬，普魯士人，1853年從軍，1891年成為德國參謀本部部長，1905年制定史立芬計畫。

2　劉安祺，字壽如，山東嶧縣人。1957年7月任第二軍團司令，1958年11月調任金門防衛司令部司令官，1961年8月升任陸軍總司令部總司令。

四月十二日　星期二　氣候：晴　溫度：八十二

雪恥：一、近日應以匪先對我取攻勢時，我軍應如何發動反攻及其利害如何為最優先研究之問題。二、軍人的品性：甲、冒險。乙、無畏。丙、坦直。丁、忠貞。戊、服務。己、服從。庚、主動。辛、負責。壬、公正。癸、決斷。三、軍人的智能：甲、科學。乙、思維。丙、程序。丁、客觀。

上午見甘地之孫[1]，乃一精神活潑之青年，亦有正義感，不像冷酷無情之印度人也，其對道德重整會亦甚熱心也。批閱公文，清理積案，下午續研德參部至第七章 — 小毛奇[2]與福爾肯[3]完。妻病尚有熱度未消為慮。

四月十三日　星期三　氣候：晴　溫度：八十三

雪恥：一、軍人行動與心理之戒條：甲、隨便草率。乙、討好怕怨。丙、敷衍塞責。丁、投機取巧。戊、模稜兩可。己、猶豫（疑惑）不決。庚、慌忙混亂。二、軍人應有之性格：甲、樂觀。乙、寬厚。丙、和諧。丁、平衡。戊、認真。己、誠實。庚、澈底。辛、彈性。壬、公正。癸、無私。

上午修正復活節證道詞第一次稿，主持中央常會，聽取對共匪此次偽人代會結果總檢討之報告，其對內更進一步作其最後冒進之掙札〔扎〕，對外力求緩和，以期挽救不利形勢也。下午續修證道第二次稿，晚宴六國空軍聯誼會泰國查林杰[4]等廿餘人，賓主和偕〔諧〕，相得為樂。

1　拉謨漢甘地（Rajmohan Gandhi），印度聖雄甘地之孫，1956 年開始參與世界道德重整會，為印度分會會員。

2　毛奇（Helmuth Johannes Ludwig von Moltke, 1848-1916），通稱小毛奇，是德國元帥老毛奇（Helmuth Karl Bernhard von Moltke）的侄子，曾在 1906 年至 1914 年擔任德國參謀部部長。策劃戰爭計劃和引起第一次世界大戰。

3　福爾肯（Erich von Falkenhayn, 1861-1922），德國軍事家、步兵上將，1914 年至 1916 年間任德軍總參謀長。

4　差林傑（Chalermkiat Vatthanangkun, 1914-1960），又譯查林杰，泰國空軍總司令。1960 年 4 月 10 日來華參加太平洋區自由國家空軍首長聯誼會，14 日離華返國時，座機撞山，與同行人員共十八人均罹難。

四月十四日　星期四　氣候：晴

雪恥：昨夜宴查林杰泰空軍總司令等，甚覺其對我飛往緬北之空運，允我在泰作中途加油站為欣慰。不料今晨該查總司令等由臺北起飛，以其駕駛不慎，竟在基隆附近撞山，人機全毀，聞報之餘如失手足，不勝憂慮，此乃為我在西南陸上反攻計畫受了重大打擊，或恐因此泰國對我懷疑，而改變其政策也。此乃福以禍所伏，喜為憂之由，能不戒懼乎哉。

上午修正證道詞第三稿完，聽取海軍迅雷計畫，無甚意義也。下午續研德國參謀本部至第九章第五節（塞克脫[1]與軍令署），對於俄共滲透德國軍隊與社會方面之禍害，乃是羅登道夫[2]送遣俄共至俄，本為害俄而適以自害之後果也，可不戒哉。

四月十五日　星期五　氣候：陰雨

雪恥：一、凱旋計畫之錯誤與膚淺之結果如出意料之外，可知我一般高級將來〔領〕十年來之學術培養，對於軍事真理與戰略要旨仍茫然無知，毫無進步也。該計畫之糾正各點：甲、攻略廈門為第一目標，並未指明且未提及，應令其重擬攻佔廈門之計畫作業詳案。乙、攻佔東山與韶〔詔〕安為第二目標，否則不能向漳州、長泰以北地區推進。丙、攻佔漳州、長泰為圍攻廈門之必要行動，否則不能確實截斷廈敵後方之鐵道主線也。丁、攻佔汕頭與潮安為第四目標，如廈門與潮汕未能攻佔，則主力決不能向北推進，至少要先攻佔其中之一港，廈門或汕頭，乃為海上反攻之惟一要旨也。

1　塞克特（Johannes Friedrich Leopold von Seeckt, 1866-1936），又譯塞克達、塞克脫，德國陸軍將領，曾任威瑪共和國防軍總司令。1934 年 5 月赴華擔任德國軍事顧問團領導人和總顧問。1935 年 3 月返德。

2　魯登道夫（Erich Ludendorff, 1865-1937），又譯羅登道夫，德國將領。1916 年特意讓列寧秘密返俄。結果，1917 年俄羅斯發生革命，東線戰事緩和。1918 年與列寧簽訂和約。

四月十六日　星期六　氣候：雨

雪恥：昨（十五）日為耶穌受難節，上午為夫人修正證道文之中文譯稿，修正後更覺明瞭易讀也。十二時在蒔林凱歌堂宣讀我的證道文，然後夫人讀其證道英文稿，其病體初癒，而二十分時之宣讀，聲調行態皆如常，毫無倦容為慰。禁食至十五時始午餐，晡到實踐學社召見戰史研究班第二期學員十三人後，對凱旋計畫重加指正。本日研閱德國參謀本部至第九章塞克脫與軍令署完，殊令我不忍釋卷也，惜為目力所限，不能一時看完耳。

上午記事，聽報，入府見史敦普[1]後，批閱。主持軍事會談，聽取橫貫公路與軍事價值的報告。下午續研德國參謀本部第十章十節後，見泰國哈林中將[2]畢，到實踐學社講評凱旋計畫報告。

上星期反省錄

一、泰國查令杰空軍總司令之不幸遇難，乃為對我武漢（天馬）計畫在西南運輸集中與加油問題最大之挫折，故更為悲傷，此為中、泰現階段合作中重大之損失。

二、共匪將於二、三星期內對臺發動攻勢之美國情報，與六、七月間共黨將在中東或遠東發起局部戰爭之判斷，乃皆為意想中事，惟後者乃可預測，在高階會議者對俄不致作妥協之讓步乎。

三、本周完成之工作：甲、孔孟學會成立開會詞。乙、受難節證道詞。丙、凱旋計畫之報告與講評。丁、德國參謀部上冊研閱完。

1　史敦普（Felix B. Stump），又譯史頓普，曾任美國海軍戰術司令、大西洋艦隊司令，1953 年 7 月至 1958 年 7 月任太平洋艦隊總司令。時任亞洲航空公司董事長。

2　哈林，泰國空軍副參謀長，4 月 15 日來臺處理泰國空軍總司令差林傑座機失事之善後事宜。

四月十七日　星期日　氣候：雨　溫度：六十二

雪恥：一、攻略廈門作戰具體之研究，應以三個師為此作專門訓練（專精）。二、科學的學庸為各軍種軍官學校與各軍種指參學校講解與畢業必考課題。

上午續研德國參謀本部至第十章，甚感我當時聘用德佛采爾[1]、塞克達[2]、鷹屋[3]等軍事家為顧問，只用其訓練與戰術上之技能為方針，而未能用在制度、組織、動員、後勤等基本問題上，切實研求建軍方針，此乃任使不當，所以費力大而功效少也，不勝惶愧之至，然及今自求，猶未為晚乎。禮拜，記上二周反省錄。下午續研德參部後，與妻車遊。晚夫妻與武、勇同看影劇（後門），頗多感想，十時半寢。

四月十八日　星期一　氣候：雨

雪恥：一、德國當一九三三至三九年時代，國社黨希脫勒[4]之所以得勢勝利，是其對陸軍高級將領興登堡[5]、塞克脫、布倫堡[6]、法利希[7]等心理作戰上之

---

1 佛采爾（Georg Wetzell, 1869-1947），又譯魏澤爾，德國陸軍將領，最高軍階為步兵上將。一次世界大戰中擔任德軍最高指揮者魯登道夫的作戰部長。戰後，於威瑪共和國防軍部隊室主任。1930 年 5 月來華擔任蔣中正德國顧問團總顧問，至 1934 年 4 月返德。

2 塞克達即塞克特（Johannes Friedrich Leopold von Seeckt）。

3 法肯豪森（Alexander von Falkenhausen），日記中有時記為「鷹屋」，德國陸軍將領。1935 年 3 月任在華德國軍事顧問團最後一任領導人，直到 1938 年德國政府決定聯日棄華而奉召回國。

4 希特勒（Adolf Hitler），又譯希脫勒，德國前納粹黨領袖，1933 年至 1945 年擔任德國總理，1934 年至 1945 年亦任元首。其於 1939 年 9 月發動波蘭戰役，導致第二次世界大戰在歐洲爆發，並為納粹大屠殺的主要策劃者、發動者之一。

5 興登堡（Paul von Hindenburg, 1847-1934），德國總參謀部總參謀長。在威瑪共和第二任總統。

6 布倫堡（Werner von Blomberg, 1878-1946），納粹德國陸軍元帥，曾任國防部部長、武裝部隊總司令。

7 法利希（Werner Freiherr von Fritsch, 1880-1939），德國陸軍上將，參加過第一次世界大戰，1935 年至 1938 年期間任納粹德國國防軍陸軍總司令部總司令，1939 年率軍入侵波蘭陣亡。

大成功也。以德國將軍們皆抱有其忠誠之傳統習性，對希脫勒之流氓與狂妄野心者共事，一如吾人與共匪合作之情形相似，但吾人對共匪陰險防範尚早，幸有復興作最後克敵之規畫，而德國大好將軍，不十年竟為根本鏟除矣，至今尚有餘悲也，惜乎。

上午在寓續研德參部十一章。下午清理積案，審核攻廈計畫，作灘頭陣地具體之修正。晡與妻車遊山上一匝。

四月十九日　星期二　氣候：陰雨

雪恥：昨日本擬出巡東引、馬祖，乃因辭修須出巡中部水利建設三日，故延期出發，須待其回後再行也。

本日閱美國豪士敦紀事報社論，批評「愛克六月間去訪問日、韓，而不訪問中國與菲律濱，他將鑄成一項嚴重的錯誤」。其中對我國關係語重心長，更令人感慨。我以為美國人天真是其所長，不料尚有豪士敦報者，申述其道義與情感歷史的關係，殊為難得，而愛克領導自由世界的政治領袖，連此一點常情常識亦不如其報刊主筆，其智識與精神更可相〔想〕見。過去七年餘，反共抗俄之良機完全為此一愚蠢人物所貽誤，人類浩劫由馬下兒[1]造其端，而愛克實立其基，此二位美國軍人政治家，又為其上下衣缽相承者，其為禍於世界何如也。

1　馬歇爾（George C. Marshall, 1880-1959），日記中有時記為馬下兒，1945 年底至 1947 年初奉命來華調解國共軍事衝突。1950 年 9 月至 1951 年 9 月任美國國防部部長。1953 年獲得諾貝爾和平獎。

四月二十日　星期三　氣候：雨

雪恥：昨（十九）日上午入府約見石鳳翔[1]等後，主持情報會談，諄諄以下周地方選舉之秩序與反動派乘機挑動民眾，使演其最近韓國各地暴動示威運動，殺傷流血軍警無法維持秩序之悲劇，予共匪以顛覆之大好機會為戒。下午批閱公文，本日續研德參謀部十二章六節完，晡見王大使東原[2]。

本二十日上午主持中央常會。下午續研德國參謀本部第十二章，當時德國軍人雖反對希脫勒好戰，並有革命計畫，但無決心，而又想利用希脫勒保持其身家之心理，此其所以失敗而亡國也，可痛。

四月二十一日　星期四　氣候：雨

雪恥：昨夜召見徐煥新〔昇〕[3]、衣復恩[4]，由泰送查林杰之靈柩回報結果，對我在泰過境加油之運機如舊不變，照常進行，此乃對我武漢計畫成功之啟機，殊感欣慰，或亦精誠感召之效乎。

1　石鳳翔，名志學，字鳳翔，湖北孝感人。第一屆國民大會代表。西北近代紡織業的奠基者。先後擔任大興紗廠、西安大華紗廠、廣元大華紗廠經理，裕大華公司總經理。在臺灣創辦大秦紡織廠、中國人造纖維公司。其女石靜宜與蔣中正次子蔣緯國聯姻。

2　王東原，名修墉，安徽全椒人。時任駐韓國大使，1951 年 10 月到任，1961 年 1 月離任。

3　徐煥昇，江蘇崇明人。1950 年 3 月任空軍總司令部諮議室諮議官，旋調國防部總務局局長。1951 年 1 月調任空軍總部政治部主任，繼升參謀長。時任空軍總司令部副總司令。1963 年 7 月接任空軍總司令。

4　衣復恩，山東萊陽人。歷任空軍第十大隊大隊長、空軍總司令部第三署副署長、駐美武官。1955 年返國接掌空軍總司令部情報署署長。先後直接指揮空軍第三十三中隊（3831 部隊）、第三十四中隊（黑蝙蝠中隊），以及第三十五中隊（黑貓中隊）。1961 年 7 月任空軍總司令部副參謀長。

上午入府約見迪克斯[1]及巴西代辦[2]，為其總統[3]來電敘述其遷新都以後，增進兩國關係更為密切也。見辭修與岳軍，下午起飛至公館轉日月潭，六時前到達，膳後巡視一匝，晚課。夫人前病據驗血後，證明為輕傷寒，故至今夜間仍常發熱未痊，老年夫妻愛情益篤也。

四月二十二日　星期五　氣候：陰

雪恥：上午重審德國參部一九四〇年經過詳情，記事，批閱司法行政部隸屬於司法院或行政院問題，本日續研德國參謀本部至第十四章第十節。晡接獲情報如下：甲、毛匪於三月十五日在南昌召集閩、粵將領，開秘密會議。乙、自二月以來經鷹廈鐵路運至漳州、漳浦一帶兵力，約有四、五萬人之多。丙、匪米克十七機本日增駐漳州廿五架。丁、數日來舟山海軍陸續南下至閩、浙交界各小港口等要報，甚覺興奮，以共匪果又被動來犯，不出所料也。惟其集中漳、浦一點，乃引起我其有進窺我澎湖之弱點，乃為其最上之妙策。其次為對我金門南海面之奇襲，亦正是我弱點也，乃令參謀部積極準備，以補充以上各弱點也。此消喜懼參半，但喜多於懼也，以尚能有準備與補正之時間耳。

1　狄克生（Raymond E. Dix），又譯迪克斯，美國俄亥州狄克生報系發行人。

2　葛瑞沙（Annibal Ferraz Graça），巴西駐華臨時代辦，1960 年 1 月受命，1961 年 3 月離任。

3　庫比契克（Juscelino Kubitschek），巴西社會民主黨，1956 年 1 月 31 日至 1961 年 1 月 31 日任巴西總統，任內推動建設新首都巴西利亞計畫。

四月二十三日　星期六　氣候：晴

雪恥：一、廿八日正午到澎湖視察。二、廿六日晨飛金門視察大、二膽工事及南海岸工事。三、匪軍此次行動：甲、先攻襲澎湖，截斷金門後方交通，然後再圍攻金門，並威脅臺灣本島，以達成其和談與統一之幻夢。乙、不敢攻襲澎湖，甚恐美國正式參戰，乃先集中兵力於漳浦、東山一帶，利用鎮海角、港尾、將軍澳、浮頭、銅山港等小海口出發，突擊金門南海岸沙灘，以攻我無備與最弱地區，然後再用其主力由廈門、圍頭、大磴直攻金門東北部也。

本日上、下午皆續研德國參謀本部至第十五章第十節止，更覺此書於我之重要也。晡獨自泛舟遊潭，讀唐詩杜甫（天末懷李白），晚觀影劇俄史「耶律關」。

上星期反省錄

一、南韓民眾反政府之形勢擴大，將為共匪利用滲透，以達成其顛覆與驅美目的，不勝憂慮。

二、美國務院對南韓李承晚政府指責無理，可謂狂妄幼稚，徒張其內部反動氣燄，並為共匪製造侵韓驅美良機，重演我十一年前大陸赤化，不可收拾之覆輒〔轍〕，美國外交之幼稚鑄成禍世害華之大錯，至今仍未覺悟也。

三、匪共來犯之跡象漸著，來日月潭後對澎湖與金門南岸之防務研判獨到，頗引自慰。

四、凱旋計畫之指正與攻廈準備之督導，若非親自研討，必將貽誤不淺，高級將領之無思無識如故，不勝憂惶，未知如何建軍復國也。

五、本周研閱「德國參謀本部」甚力，得益殊多也。

四月二十四日　星期日　氣候：晴　夜雷雨　地點：日月潭

雪恥：一、韓國內訌與美國干涉之情勢，我黨對此之方針，為道義為關係言，自應有明白之意見與主張，但為自我對共匪將發起攻勢之際，對美國之影響與利害如何，不能不加考慮，更應慎重出之，故為此甚費躊躕，甚至今夜終夜失眠為苦，奈何。二、本日臺省地方選舉秩序甚佳，惟基隆市長與高雄縣長本黨候選人失敗，並無多大關係，但基市李國俊[1]為內地競選者，落選未免產生本省與外省界限之分，頗值注意耳。[2]

本日續研德國參謀本部第十六章第七節，晚觀影劇。

四月二十五日　星期一　氣候：晴　晡雷雨

雪恥：一、參謀人員必具的性能：甲、冷靜客觀的態度。乙、縝密周詳的頭腦。

昨夜失眠，至今晨四時後方昏沉睡去，六時前即醒，如常起床，朝課，記事。本擬今日赴馬公至金門巡視，乃延期一日，以期精神充沛也。續研德國參謀本部至十六章納粹德國末日完，感想甚多，於我得益最多也。撫今思昔，以人為鑒，能不戒懼乎。晚與妻散步至街上回，聽鐘，晚課，九時後寢。

1　李國俊，字炎東，廣東五華人。1947 年 7 月任廣東省警保處副處長。1948 年 1 月任汕頭市市長、中國國民黨中央執行委員會委員，兼三民主義青年團廣東支部幹事長。1949 年到臺灣，任中國國民黨基隆市黨部書記長、臺灣省黨部設計考核委員等職。時任中國國民黨基隆市黨部主任委員，參選基隆市市長。

2　本次縣市長選舉，中國國民黨提名之基隆市長和高雄縣長候選人分別為李國俊、戴良慶均落選，而由民社黨提名之林番王與無黨籍之余登發分別當選。

四月二十六日　星期二　氣候：晴　金門氣候完全與故鄉相同

雪恥：昨夜睡眠甚佳，今晨六時前起床，朝課後記事，巡視分館與外圍一匝，記上周反省錄。九時半夫妻由涵碧樓出發，經埔里、龜溝、北山坑公路至臺中機場，十二時前余獨自起飛往金門，而妻以病回臺北未同行。下午三時半聽取金防部簡報後，與劉司令壽如先視察金西歐厝山下新坑道據點後，順道巡視金門城圖書館、警察局，皆新興建設，該城氣象一新改觀為慰。途中指示壽如建設鄉村與訓練保甲長要領，再視察陳坑坑道新據點，展望南海面形勢與全面防務，瞭如指掌，新構五據點形將完成，則金門真正成為金城矣，重要缺點從此補足無憂矣。

四月二十七日　星期三　氣候：晴　金門溫緩　臺北悶熱　溫度：七五

雪恥：昨晡視察完入浴後，獨坐擎天石室前之圓亭中，瞭望南海，研究地形，心神安逸。忽接韓李承晚受美國壓力，與青年群眾包圍其總統府，要求李立即辭去總統職，群眾並奪取戒嚴軍隊之裝甲車四輛，軍隊不敢還手，警察皆已撤崗，漢城已成為無政府狀態，李乃宣布辭職與重新選舉等接受群眾之條件的消息，殊堪駭異。美國政策之愚昧拙劣，重蹈十一年前大陸送共之覆輒〔轍〕，殊所不料也。全夜睡夢南韓情勢，似昏眠而又未熟睡，乃在半醒半睡之中也。

四月二十八日　星期四　氣候：雨

雪恥：昨（廿七日）晨五時半起床，濛霧甚重。朝課後，與壽如視察擎天峰觀察所，其構築堅強與設計高明非常，壽如能力與精神，殊非前任胡璉[1]徒尚形式所可企及也，不勝自慰。朝餐後先視察料羅漁港碼頭工程與工事後，乃至溪邊沙灘視察防務工事，再與兩棲偵察隊成功隊訓練班訓話，照相畢，經農圃試驗場、牧馬場，乃至卅二師師部，即太武山東麓，其新構山下室（五層峰）之鉅大祡〔崇〕高，殊所罕見，視察後直上太武山僧寺，視察官兵休息康樂部與公共浴室，皆已如令完成，至為快慰。下山後，巡視北坑道轉東坑道後，復至美顧問處，即由其新坑道直通南坑道連接完成，可謂壯觀矣，其工程之艱鉅，殊為一常人所不能想像者也。

四月二十九日　星期五　氣候：雨

雪恥：續二十七日。正午巡視金門計畫完成後，經兒由臺北飛來報告韓國新形勢，殊深慨歎，甚感今後東亞反共形勢之惡化，與美國政策之幼稚與無信憂忿也。召集金門區高級將領聚餐，訓話，照相後即起飛回臺北。召見辭修與岳軍，商討韓國局勢，僉認為已無補救辦法，余乃決定緘默，對美愛克不作任何表示，或能有無言抗議與消極失望之態度，對其發生若干作用，以美國人之既定政策，對弱者任何合理忠告皆不能轉移其心理耳，故不如不言之為美乎。

昨（廿八）日上午補記廿七日事後，手擬致劉壽如書五百餘言，對金門防務之思考愈詳而愈精，自覺頗得靈感之妙為樂。下午召見王東原與蔣廷黼〔黻〕，蔣則不願任外交部長事。

1　胡璉，字伯玉，陝西華縣人。1958 年 8 月，調升陸軍總司令部副總司令。1964 年 10 月，出任駐越南共和國大使。

四月三十日　星期六　氣候：雨

昨（廿九）日上午補書壽如信完，與經國談廷黼〔黻〕事，屬其代作勸告其就任外交事，結果以其對立、監二院不易對付，及其對外交無興趣為辭，是否真話不得而知，惟已盡其情而已，乃不再勸也。十時入府，約見美顧問陸軍組長包凱，聽取其二年來對我陸軍後勤補給、特種廳處業務與教育預備兵員之訓練等制度改正之報告，足有三小時之久，最有價值，此乃往日德、俄、日等認為其軍事機密者，今包凱皆已盡情詳明，對余勝讀三年書矣，此乃余對其精誠所感之力乎。下午批閱公文，清理積案二小時餘。近日一般投機反動分子又受韓國政變影響，以為美國反對韓李[1]不民主之態度，而其對我國亦將如此，故皆蠢蠢欲動也。

上星期反省錄

四月三十日。上午入府約見美陸軍部民事助理史蒂文生。聽取沈錡[2]對馬來亞視察報告，其對拉曼[3]總理之見解與性能似甚有作為，其政績亦將為東南亞各新國之首也，可喜。主持軍事會談，對金、馬、澎湖防務之檢討殊有急需，乃極有益，最後作金門與澎湖關係以及匪軍來犯之構想，指示其要領與補正各點，足有二小時之久。下午批閱公文，晚約宴美高級文武主官，以明日為軍援顧問團九周年成立紀念也。手擬致李承晚慰問函稿，自覺誠摯可感也。十一時寢。

1　韓李即李承晚。

2　沈錡，號春丞，浙江吳興人。1952 年至 1956 年任總統英文秘書，1952 年 11 月起兼機要秘書，1954 年 8 月兼任中國國民黨中央委員會第四組副主任。1956 年 2 月卸任秘書工作，擔任行政院新聞局局長。

3　東姑拉曼（Tunku Abdul Rahman），1957 年至 1963 年間擔任馬來亞聯邦總理，1963 年至 1970 年間擔任馬來西亞首任總理。本年 2 月 9 日，一度對外宣稱辭職。

上月反省錄

一、美國干涉韓政，逼使李承晚總統辭職，將使東亞共匪得計，貽害無窮。美政幼稚，不惜重造十年前在華之悲劇，如不能自力自主，任何外援只有陷國家於永劫不復之列，能不澈底警覺乎。

二、共匪人代會宣布其實施城市人民公社與繼續其大躍進之政策，是毛匪冒進政策更進一步之表現，尤其是所謂民兵代表會議（十八至廿七日），更足證明其對外侵略與積極對我來犯之形勢日緊一日，判斷其五、六月之間必將大舉進侵無疑，此誠憂喜交集之時也，興奮無已。

三、周匪[1]訪印度無結果而告失敗，其訪緬甸與尼泊爾亦無特殊之意義，但其對尼泊爾之接近是對印度之重大打擊耳。四月十八至廿三日之間，對我外島軍事進犯之積極行動突然停止，何耶？

四、大陸春旱遍及西北、西南與華中、華北，約有十二省分，天災人禍接連不斷，人民之苦痛更甚矣。最可笑的是，其在寧夏與隴東發出試放氫彈成功之二次假電，希圖欺我之卑劣行動是所不為矣。

五、本月工作：甲、研閱「德國參謀本部」譯本完，得益殊多。乙、臺省地方縣市長與省參員改選如期完成。丙、巡視金門防務，指導澎湖備戰，外島工事大部完成，金防益臻堅強矣。丙[2]、凱旋計畫之審核評判及對金、澎防務之研究與設計，自覺最近靈感增進非尟為慰。丁、孔孟學會成立。戊、靜聽包凱三小時之對我陸軍進步與缺點之報告最為有益，而美對我軍援之自動增強，以及其 F104 戰鬥機提前撥交，此其對我軍隊之重視，實際已列於亞洲各國之首矣。

---

1 周匪即周恩來。

2 原文如此。

五[1]、本（四）月國際形勢：甲、法戴[2]與俄黑[3]會談並無絲毫結果，法且在黑魔[4]訪法時作第二次原子彈之試爆成功。乙、法戴訪美，對高階會議之政策已達成諒解。丙、美、英、法、德外長在華府會議亦獲得一致之意見，其對西柏林問題堅定不讓，實為對俄預定之勝利。丁、北約部長會議在伊士坦堡集會，中部公約國亦在伊朗開會，惟土國學生運動示威遊行，表示其國內不安。戊、越南亦為北越遊〔游〕擊隊所擾亂。己、日共亦在躍躍欲試中。庚、共匪近來言行對援助阿爾及利亞與古巴及拉丁美洲，皆公開無忌，其反美之外亦反法矣。

1　原文如此。
2　法戴即戴高樂（Charles de Gaulle）。
3　俄黑即赫魯雪夫（Nikita Khrushchev）。
4　黑魔即赫魯雪夫（Nikita Khrushchev）。

蔣中正日記
Chiang Kai-shek Diaries

五月

蔣中正日記
Chiang Kai-shek Diaries

民國四十九年五月

本星期預定工作課目

1. 育樂補編應作二研究院之教科。

五月一日　星期日　氣候：上雨　下陰

雪恥：一、大學教授之約見。二、研究國情與匪情之刊物。三、對美國左派學者之聯系與宣傳。四、研究政濟與情報之專家。五、大陸匪軍退伍軍人之宣傳與運用。六、馬公亮任侍衛長。七、匪諜所謂「六月攻金」之說如何。八、各省黨政負責人員之選定。

上午記事，記上月反省錄，禮拜。正午召見王東原，致李承晚信慰問之。下午約美國在臺文武官員八百餘人茶會，紀念軍事顧問團成立也。

五月二日　星期一　氣候：陰

雪恥：一、扶持青年黨領導人物。二、司法部改隸司法院？三、易瑾[1]兼任緬北司令？四、教授指定聯絡幹部。五、對反動派之接近辦法。六、緬北經理之管制。

上午審閱賈西亞[2]總統之歷史及其來訪之目的，正午迎接賈氏於機場如儀，沿途歡迎民眾十萬人，秩序更佳。十六時賈氏來訪授勳後，余夫婦回拜，賈氏夫婦[3]亦受勳，其詞懇切。晚宴賈氏夫婦於總統府，十時半畢。

五月三日　星期二　氣候：陰

雪恥：一、俘虜之處置：甲、集中。乙、隔離。丙、偽裝（敵服裝）之滲透。丁、監視。戊、考察與試誘反叛與暴動組織。二、群眾暴動隊伍中之警察便衣滲透及其工作項目與方法之運用、造謠、脅制、恐慌、逃避、分裂、內訌。三、對內政策：甲、聯系調協之組織對教授與記者。乙、反動黨派之懷柔妥協，但對著名之反叛分子監視與孤立。丙、對臺省反黨分子之懷柔。

上午入府召見美憲兵司令「那特烈[4]」與留美參大班八員後，主持宣傳會談，討論韓國情勢與對內政策二小時有益。下午記昨日事後批閱公文，氣候悶熱潮濕，實為從來所少有也。晡及膳後，與妻車遊山上郊外，以消悶鬱也。

1　易瑾，號漢法，湖南大庸人。歷任第一軍團司令部政治部主任、陸軍總司令部政治部主任、國防會議特種作戰指揮部指揮官。時任陸軍特種部隊司令部司令。

2　賈西亞（Carlos Polístico García），菲律賓第八任總統（1957 年 3 月 18 日至 1961 年 12 月 30 日）。

3　賈氏夫婦即菲律賓總統賈西亞（Carlos Polístico García）及其夫人萊昂尼拉·迪馬塔加（Leonila Dimataga）。

4　布特乃（Haydon L. Boatner），又譯那特烈，美國陸軍將領，時任憲兵司令，本年 11 月退役。

五月四日　星期三　氣候：晴　夜雷雨　溫度：八十四

雪恥：一、反共救國會議應否召開之方針。二、憲政研討會與光復大陸設計會之作用與關係。三、張懷久〔九〕[1]、何雪竹[2]聘為諮〔資〕政。四、智識階級之聯系計畫。五、民意代表不良分子之類別與處理。六、徐堪[3]准予登記。七、參部對訓練、考核與審定的專業機構。八、參部人員與機構之再整組。九、俄史地研究組。

上午手擬緬北遊〔游〕擊隊指揮人員與組織計畫，主持中央常會，決定創辦電視事業等。下午審研馬漢[4]傳略與軍隊之腦序，應讀之書越多，而目力與時間皆所不能及也，為之奈何？

五月五日　星期四　氣候：晴

雪恥：一、如匪近期內來犯金、澎，我軍是否乘機反攻，以由下列四項情勢為準：甲、匪的兵力損失程度之大小如何？乙、美國態度如何？丙、共匪後方交通線之破壞程度如何。丁、共匪空軍之殘餘力量如何而定，否則應依照武漢與天馬計畫之如期實施，必先使大陸反共抗暴的武力發展時，再行正式反攻乎？

1　張知本，字懷九，湖北石首人。第一屆國民大會代表。1949 年 4 月任行政法院院長。後至臺灣，1950 年 3 月任總統府國策顧問，1960 年 5 月改任總統府資政，並任光復大陸設計研究委員會副主任委員等職。

2　何成濬，字雪竹，湖北隨縣人。曾任湖北省主席、軍法執行總監。1949 年春，避居香港。1951 年 3 月赴臺灣，任總統府國策顧問，1960 年 5 月改任總統府資政。1952 年 10 月、1957 年 10 月任中國國民黨第七屆、第八屆中央評議委員。

3　徐堪，原名代堪，字可亭，四川三台人。1948 年 11 月任行政院政務委員兼財政部部長。1949 年 3 月免兼，6 月復任財政部部長，並兼任中央銀行總裁，7 月在廣州發行銀圓券，10 月辭職，移居香港、美國。1959 年到臺灣，1961 年 2 月出任中央銀行理事，1963 年 11 月任中國國民黨第九屆中央評議委員。

4　馬漢（Alfred T. Mahan, 1840-1914），美國軍事家，提出海權論，1911 年發表《海軍戰略論》。

上午入府見楊啟泰[1]後，與唐、張二秘長[2]商談法院審判機構改隸司法院，而司法行政部仍隸行政院之問題，原則同意。主持情報會談。下午批閱公文後，與妻車遊山上，巡遊後公園回，入浴。

五月六日　星期五　氣候：晴

雪恥：一、立夫為考試院長之征求。二、曾約農[3]或王雲五。三、行政副院長人選之考慮。四、巡視澎湖與馬祖、東引之日程。五、新行政院長是否重提立法院同意問題之研究。

上午召見金宏益〔弘一〕[4]大使表示慰勉後，主持軍事會談，聽取退除役官兵計畫總報告，八年努力，今始奠基。正午約菲總統與其隨員、部長來談兩國關係與合作問題，約一小時，其外交部長賽拉諾[5]沉默持重，應注意之人物，聚餐。午後批閱公文，晚應菲總統宴，十時半回，十一時半寢。

1　楊啟泰，福建龍溪人，菲律賓華僑。倡辦菲律賓中正中學，任校董事長達四十年。擔任菲律賓交通銀行董事長、行長兼總經理達二十年。

2　中國國民黨中央委員會秘書長唐縱、總統府秘書長張羣。

3　曾約農，原名昭楙，字約農，湖南湘鄉人，曾國藩曾孫。1949 年避難香港，隨後轉赴臺灣，受聘為臺灣大學英文教授，後於 1955 年被東海大學董事會推舉為首任校長。

4　金弘一，韓國獨立黨人。1948 年 6 月返韓，相繼出任南韓陸軍士官學校、陸海空軍參謀學校校長。1951 年 10 月至 1960 年 6 月出任韓國駐華大使。

5　賽拉諾（Felixberto M. Serrano），又譯塞拉諾，菲律賓外交部部長。

五月七日　星期六　氣候：晴

雪恥：一、蔣夢齡〔麟〕[1]考試院？二、周至柔行政院副院長？或參軍長？三、張其昀[2]與梅貽奇〔琦〕[3]為考試院長？四、今後對內之政策應如何改正，對立、監二院之方針如何。

上午十時前約見菲外交部長等及其議員三人，與談印尼問題後，菲總統十時半來談，注重其對我反攻大陸以解決亞洲赤禍之根本主張特加讚許，彼私言美或援助大陸反共民眾組織政府，但在我中央政府統屬之下云，應加研究。在家留其全部人員聚餐便飯，以示最後惜別之友義。十三時半送菲總統行如儀，來去平安歡快，如釋重負。午後批閱，晡車遊。

上星期反省錄

一、美偵察在俄境內被俄擊落，其實為俄所俘獲，以其飛行員與照相證件皆被我所獲得，此一案件俄黑在其最高蘇維埃中對美痛斥怒罵，極其咆哮形態，對最近最高會議之影響與前途關係甚大，但不致因此破裂，以俄對奇襲尚未準備完成耳。

二、菲賈西亞總統來訪，對我國際聲聞之增進略有影響，而在實際上兩國關係亦有相當進步乎。惟其目的則為其明年大選時，希望我華僑大量補助也。

1　蔣夢麟，原名夢熊，字兆賢，號孟鄰，浙江餘姚人。曾任國民政府教育部部長、浙江大學校長、北京大學校長、行政院秘書長。1948 年 10 月，任中國農村復興聯合委員會主任委員。

2　張其昀，字曉峯，浙江鄞縣人。曾任中央大學、浙江大學教授，1949 年隨政府遷臺，為蔣重用。1950 年 7 月任中國國民黨中央改造委員會委員，8 月兼任秘書長。1954 年 5 月出任行政院政務委員兼教育部部長。1958 年秋相繼出任革命實踐研究院及國防研究院主任。

3　梅貽琦，字月涵，天津市人。原清華大學校長，1953 年任教育部在美文化事業顧問委員會主任委員。1955 年返臺，在新竹市恢復清華大學，並籌辦清華原子科學研究所。1958 年 7 月任教育部部長，兼清華大學校長。

三、本身工作：甲、督導緬北遊擊隊之整編。乙、審判各級法院由司法行政部改隸於司法院之方針已決定。

四、中東盟約與北大西洋公約部長會議，各在伊朗與土耳其分別開會完成，土耳其學生示威遊行風潮尚未平熄也。

五月八日　星期日　氣候：晴

雪恥：一、露天彈藥應速進入地下。二、拱北與太武深水井速濬。三、八罩與虎井防務調正。

上午與辭修、岳軍討論各院部會人事及原任不動之院長應否提立、監各院征求同意之理由，結果照例不提也。正午帶兩孫喂魚為樂，膳後即飛澎湖，途中未曾午課為過。三時到馬公，聽取防衛部簡報與進出要港之水道後，乃即巡視，先至中衛指揮所，繼至拱北坑道，再至五二高地即舊要塞，瞭望東海岸全線防務，瞭如指掌，此為第三次視察澎湖地形，最有心得之一次也。晡至林提〔投〕公墓謁墓地後，乃回賓館。晚與王永樹[1]談緬北柳[2]部視察後回報詳情一小時半，有得。

五月九日　星期一　氣候：晴

雪恥：四、瑣管港工事加強。五、豬母水、34 高地與雞母塢山工事加強。五[3]、虎井嶼發電機及大望遠境〔鏡〕與東山水井之鑿深。六、機場附近 34

1　王永樹，字重三，浙江淳安人。歷任國防部總政治部第一組組長、政工幹部學校校長。1957 年 2 月調任第九軍軍長。時任總政治部副主任兼執行官，後任第一軍團副司令、特種作戰指揮部指揮官等職。

2　柳即柳元麟。

3　原文如此。

高地之探照燈升降設備及測向設備，與雞母塢之蓄水池及發電機皆應修復。
七、虎井砲位與34高地及雞母塢與30高地工事，限六月十五日前完成（第一期）。
昨夜睡眠甚佳，今晨五時起床，九時半召見新縣長[1]與建設科長[2]，指示其造林種樹與重視牲畜之飲食飼養的督導後，即乘艦視察虎井嶼西山與東山後，乘艦巡視時〔蒔〕裡灘頭，至豬母水登陸視察30高地，再至雞母塢要塞後，召集軍官聚餐畢，指示防務要旨後，巡視海軍軍區，再轉34高地，原有日本設備及其升降探照燈等設備，不勝感歎。
臺灣中部橫貫公路本日行通車典禮。

五月十日　星期二　氣候：陰

雪恥：昨午後視察34高地後，即起飛回臺北，途中午課如常，回寓，入浴，聽報。美承認被俄擊落飛機為偵測鐵幕內之情形不諱，惟有如此一法耳。車遊山上一匝。
本（十）日上午聽報後照相，應新聞處之請求也。記昨日事（在澎湖視察情形）。正午指示彭[3]總長等對澎湖防務要旨之指示：甲、拱北山為其核心。乙、雞母塢與34高地（飛機場）為其重點。丙、豬母水灘頭為首要之登陸場，而以虎井嶼為馬公港之鎖鑰部，且其東山制高點為（60），是高過澎湖一切之地點，實為控制馬公全島之陣地。乃令其從速構築工事，並恢復日本時代對虎井所有一切之要塞設備也。

1　徐詠黎，江蘇阜寧人。曾任馬公要塞副司令、澎湖防衛司令部副司令等職，時方當選第四屆澎湖縣縣長（1960年6月2日至1964年6月2日）。

2　呂安德，臺灣澎湖人，二戰後馬公政壇「南派」代表人物。曾任馬公鎮副鎮長，時任澎湖縣政府建設科科長，後任臺灣省議員。1972年當選澎湖縣第七任縣長。

3　彭即彭孟緝。

五月十一日　星期三　氣候：晴　溫度：六十　地點：東引

雪恥：昨下午補記二月份反省錄後，與妻車遊淡水道上。晚膳後七時，即由基隆九時乘德安艦出航，經兒適由橫貫公路通車典禮後趕來同行，夜間風浪甚大，終夜幾未安眠。八時船抵東引（昔為東湧），即由張雅山指揮官來，近在其南澳口登陸，先到二重山指揮部休息片刻，服安胃藥劑後，聽取簡報，即巡視北澳及其陣地工事後，至國民學校，再回指揮所後坑道工事畢，召集其各中隊長以上人員點名，照相，乃即返回咸陽艦，沿途人民男女老幼親摯倍至，夾道歡送，至為動人，亦苦中之一樂也。東引土質最良，淡水甚多，澳灘不多且皆狹小，實為避風之良港，亦為易守難攻，在南海防匪艦南下之重要據點也。雅山布置督導皆顯其為一有為之能將也，今日又得一良將，不勝自慰。

本日在艦未舉行體操與唱詩，其他朝課目如常。

五月十二日　星期四　氣候：晴

雪恥：昨（十一）日正午一時到馬祖，在鐵板澳登陸，直入圓頂山中心坑道休息室略息，乃即入坑道視察，其規模宏偉設備完成，不勝欣慰，此皆由余嚴督金門南北二坑道完成之後，各將領與美員始皆認為其決不可能，而卒獲成功，變為可能之事實而來，今則田樹樟[1]指揮官竟倣築其更現代、更雄壯之此一堡壘矣。聽取簡報後，巡視一五五加農砲與二四榴彈砲各陣地，去年視察尚在建築之中，而今皆完成。特登圓頂（雲定山）之觀察臺瞭望對岸，西自梅花，東至北菱一帶，形勢皆歷歷可觀，其其[2]頂蓋為鋼筋水泥，未能如金

1　田樹樟，號中夫，山東高苑人。1955 年 1 月，任第八十一師師長。1959 年 1 月，調任第十七師師長兼馬祖守備指揮官。

2　原文如此。

門擎天峰之岩頂強固與隱蔽耳。最後與各高級將領照相後登艦，十九時起碇回航，惜以時間所限，未能如計視察西犬島之坑道工程耳。

五月十三日　星期五　氣候：晴

雪恥：昨（十二）日晨一時到基隆，即乘車回蒔林，已近二時，入浴，禱告，就寢。六時後起床，朝課如常，上午聽讀昨、今二日朝報，足有二小時，以此二日內所發生美、俄為偵察機事件之消息最多，其影響於時局者亦甚大也。補記前、昨二日記事較詳。下午寫田樹樟指揮官手書頗長，晚宴美空軍部長「夏普[1]」後，入浴，十一時半就寢。

本日上午入府主持月會後，對周[2]主席報告作結論，召見張〔周〕應霖[3]等留美參大人員後，與岳軍談就職文告要旨，胡適又要陳雪屏來作賣空生意，可恥之至。下午寫張雅山信，指示東引防務較詳。因氣候悶熱，晡與妻車遊山上。

五月十四日　星期六　氣候：晴　悶熱　溫度：八十二

雪恥：最近國際局勢發展與變化甚速，其結果必出於一戰，但有二個原則可以斷定的：甲、俄共必借美國偵察機問題製造其奇襲之口實，非至實施奇襲成功後決不停止。乙、美國防備如無特別破綻與弱點為俄所測破與把握，則其決不敢貿然冒險，從事奇襲也。其奇襲或開戰時期，至早亦須待至艾生豪六月訪俄之後也。

1　夏普（Dudley C. Sharp），1959 年 12 月 11 日至 1961 年 1 月 20 日擔任美國空軍部部長。

2　周即周至柔。

3　周應霖，廣東南海人。西南聯合大學畢業，在第五戰區司令部任少校秘書。襄陽失守後，回中央軍官軍校成都分校第十八期入學。時任飛彈第一營副營長。

上午十時對心戰工作會議訓話，並視察劍潭之基隆河上渡船碼頭後，入府主持軍事會談，聽取美國軍援五年計畫之政策，以及我國對此贊成之指示。下午寫張雅山信，指示其東引防務要旨，並加獎勉。

上星期反省錄

一、臺灣橫貫公路由經國領導退除役官兵開築三年八個月之久，竟於本周一正式通車完成，此乃十年來所切望之建設首要計畫，由此臺省一切建設必將事半功倍，順利進行，不難成為三民主義之模範省矣。

二、自星期日起視察澎湖，繼往東引與馬祖，甚覺得益非尠，蓋不僅對當地防務修正增強，不使錯誤，而對余個人在軍事智能上更有特殊之進益也。

三、美、俄關係為偵察機事件日形惡化，而愛克及其國務院第二次聲明，對俄之反擊堅強不屈，實為惟一之正當辦法。惟此皆愛克去年自作聰明，與俄黑[1]相約互訪所引起之危機，至今竟為黑魔[2]明指其為不受俄國歡迎之侮辱，陷於進退維谷之境，其拙劣無知，不能不追念杜勒斯對俄共之遠識與卓見矣。

五月十五日　星期日　氣候：晴

雪恥：一、臺、澎海電線要求美援助成。二、東沙群島機場之建築。

上午審閱岳軍等對就職文告之意見，幾乎不提反攻復國字句，未知其用意何

1 俄黑即赫魯雪夫（Nikita Khrushchev）。

2 黑魔即赫魯雪夫（Nikita Khrushchev）。

在。禮拜後記上周反省錄，為孝文[1]結婚處所頗費腦筋，余不主張回國舉行婚禮，免受社會注意也。武、勇二孫來過書。下午接見西班牙慕義師[2]將軍，相談甚洽。

晡車遊山上一匝。

五月十六日　星期一　氣候：晴　未刻雷雨

雪恥：一、本年初曾預定今年大事表之第十七目中，俄共可能乘美國大選年之弱點，而實施其突襲發動大戰之預判，在本（十六）日在巴黎四國最高開幕中形勢觀之，則俄共突襲時間乃可能在本年杪與明年初之間，此正其美國新舊任總統交接之前後，亦即其政治青黃不接、無人負責、最危急之時期也。

上午寫經兒信，指示孝文婚禮之地點意見後，着手修整就職文告初稿，下午修第二次稿。晡見葉公超[3]，聽取其報告一小時畢。巡視蒔林防空坑道，其本道已於昨日完成為慰。

五月十七日　星期二　氣候：晴　悶

雪恥：一、以近日俄共對美國，與黑魔對愛克之侮辱的情態，誠所謂此能忍，孰不可忍矣。自感其自民國二十六年至三十八年之長期間，其受俄共與奸匪

1　蔣孝文，字愛倫，蔣中正的長孫，蔣經國和蔣方良長子，生於蘇聯，1937 年隨父母回國，1949 年隨家庭來臺。1960 年與徐乃錦在美國完婚。

2　慕義師（Agustín Muñoz Grandes）上將，1958 年任西班牙參謀總長，1960 年 5 月任軍事訪華團團長。

3　葉公超，原名崇智，字公超，廣東番禺人。1949 年 4 月 5 日以外交部政務次長代理部務，1949 年 10 月真除。1958 年 8 月轉任駐美大使，1961 年 11 月離任。

之百般誣蔑污辱及其欺詐脅迫，尤其最後三年（三十五－三十八）更受馬下兒[1]與艾其遜[2]之無端侮辱，全為其敵人俄共作倀之經過，更覺寒心，不料美國今日亦受俄黑之報，實為馬、艾所種之因，而由愛克自食其果。以當時中國與中正個人貧弱之身，乃欲忍受十餘年如此之污辱磨折，不啻為今日愛克所受者十倍有餘，若不放棄大陸，至今或以〔已〕根本滅亡。三十八年初余之所以下野，而讓美國在東亞對俄共首當其衝，以替代本人之負荷者，正以此也，否則以美國今日所不堪忍受者，而欲余個人終身為其代替之羔羊，不僅無為，惟有自亡矣。

五月十八日　星期三　氣候：晴　悶

雪恥：昨日除十一時入府約見美援評價調查小組韋林[3]等，聽取其報國〔告〕一小時外，其餘皆修整就職文告第三稿完成。正午對外島下令，自十七夜十二時起各島皆加強戒備，以防匪共之奇襲也。

本（十八）日上午在中央政策委員會中，得悉巴黎高階會議已因俄黑之惡劣態度而告幻滅，澈底告終，此乃世界和戰之一大關鍵，余認為俄共奇襲當不出此八個月之內，只有積極準備而已。無論世局如何變化，而我武漢計畫必須如計準備完成，如期實施，不因時局而另存奢望則幾矣。下午修正就職文告，已作定稿。晚宴西班牙慕義師上將，相敘甚歡，更見其心情愉快也，十一時前寢。

1　馬下兒即馬歇爾（George C. Marshall）。

2　艾奇遜（Dean G. Acheson），又譯艾其生、艾其蓀，1949 年至 1953 年間擔任美國國務卿。公職退休後，其影響力尚未結束。在 1950 年代後期領導民主政策小組，為甘迺迪（John F. Kennedy）政府的非官方顧問。

3　韋林，美國共同安全計畫評價調查小組團長。

五月十九日　星期四　氣候：陰雨　晨雷雨　悶熱

雪恥：一、外匯基金與美援相對基金。二、觀光事業計畫與美援及其顧問。三、橫貫宜梨公路中臨時指揮部地址之察勘與建築計畫。

上午記事後，復記最近世局與俄共動態及其奇襲時間之判斷（雜錄欄），十一時入府會客。下午閱俄黑在巴黎對記者談話全文，其對美艾之侮辱，屢以貌與小賊為譬擬，此種狂妄荒謬之言行，不亡何待。晡約祕魯議員訪問團[1]茶會後，與妻巡遊市區情況。

五月二十日　星期五　氣候：雨

雪恥：一、以最近新興國家如韓、越、菲等國之憲法與我國憲法優劣之比較，當制訂憲草，對於諸多缺點無法全改，故余只對以後數點堅持不讓：甲、總統不能用全民直接普選，必須由國民代表大會選出。乙、總統任期必須以六年為一任，蓋余以為四年任期的時間不能表現其成效與政績，應以五年為工作有成之標準，另以一年為其研究編訂其全國建設計畫之時間，故共以六年為任期也。丙、行政院人事征求立法院同意案，只提行政院長一人，其他皆由總統直接任命也，此一條在目前政情下更覺重要。余以為此三點之憲法，超優於其他國家之憲法也。

本日十時在中山堂舉行第三任總統就職典禮。

1　秘魯眾議院副議長莫萊諾（Ernesto Moreno Figueroa）及議員蒙特仙努（Manuel Montesinos Velasco）、顧思孟（Augusto Guzmán Robles）、蘇尼格（Emilio Zuniga y Guzman）、閔都薩（Julio Miguel Mendoza Dongo）、索柏維（Luis Sobrevilla Gonzalez）等六人。

五月二十一日　星期六　氣候：雨

雪恥：昨（〔二〕十）日五時起床，朝課後禱告，向慈親遺像告慰。十時與妻到中山堂舉行就職典禮，宣讀講詞，儀態聲音皆自然從容，並未如昔日之迫急現象為慰。接受各使節來賓覲賀後，對臺省各縣市代表五百餘人訓勉後，入府在陽臺上接受二十萬民眾歡呼答禮，其時十一時半，正大雨如注，群眾整列歡欣鼓舞，毫無零散嘈雜跡象，不能不由余感動激發，更為一般外國人士所驚奇矣，再與全體文武官員訓勉後，並與武、勇兩孫照相畢，回寓。午課後閱報，五時入府，先見東非索莫利蘭代表團[1]後，即在禮堂舉行中外來賓酒會，約一小時畢，就職（二十）日程至此完成。回入浴，晚初次視聽電視，成績不甚如想像之佳也。晚課後十時寢。

上星期反省錄

一、日眾院在十九日通過其日、美安保同盟協約，是在自由民主黨多數的一黨開會之下通過的。

二、巴黎所謂四國最高會議，以俄黑[2]故意破壞而告死亡，此為世界熱戰，即第三次大戰之起點。赫魔[3]所謂六至八個月後再開最高會議者，乃為其突襲開始時間之掩飾而已，尚有人認為大戰決不發生者，適為俄共欺騙宣傳所蒙蔽而已。惟其大戰開始，究為匪共在臺海先發其端，抑為東德在西柏林首先發動皆有可能，而黑魔此次經柏林時，聲言西柏林問題仍待六－八個月後最高會議來解決，足見其為掩飾突襲時間而作也。

1　哈幾法拉（Hagi Farah Ali Omar），義屬索馬利蘭工商部部長，率友好訪問團訪華，並表示 7 月 1 日獨立後將與中華民國發展外交關係。

2　俄黑即赫魯雪夫（Nikita Khrushchev）。

3　赫魔即赫魯雪夫（Nikita Khrushchev）。

三、二十日第三任總統就職，乃是反攻復國開始之第一里程，其時間適與巴黎高會之破裂及第三次大戰之起點相匯合與貫通，乃由上帝所預定，決非偶然者也。

本星期預定工作課目

1. 行政院改組各部會長人選催報。
2. 各黨派人士與臺省新選人員召見。
3. 橫貫路梨山至宜蘭至合歡地形測勘，建立臨時指揮所。
4. 澎湖防務之督導。
5. 宴諮〔資〕政顧問等及華僑茶會日期。

五月二十二日　星期日　氣候：雨

雪恥：昨（廿一）日上午遙祭總理陵，以告第三任總統就職也。當時想起在鳳山陸軍官校校長室所掛中山陵之油畫，未能移來懸掛為念，以此畫寫真甚佳也。十時後入府，約見西班牙慕義師上將，談對法、德邦交，慕上將重義有學，熱情可感之良友也，十一時別去。召見菲、泰、高棉僑團來賀就職者五百餘人，嘉慰之。經兒報告就職日一般群眾歡興情形，全省相同。下午審閱匪軍戰法，又接辭修辭職書，實一[1]多此一舉為歎。晡見日本祝賀團加藤鍊〔鐐〕五〔郎〕[2]等十餘人，約談一小時餘，相談自然為快。晚觀電視平劇，以非五彩色，只有黑白色，故漢明君〔妃〕之粉妝更不成形矣。

1　原文如此。

2　加藤鐐五郎，日本自由黨籍眾議員。1954 年 4 月 22 日至 6 月 19 日，任法務部部長。1958 年 12 月 13 日至 1960 年 2 月 1 日任日本眾議院議長。1963 年從政界退休。

五月二十三日　星期一　氣候：陰

雪恥：昨（廿二）日上午記事後，記上周反省錄，武、勇二孫來侍午餐，下午約泰國僑領張蘭臣[1]等十人茶會。晚宴魯斯[2]，相談頗歡，惟自覺又有失言耳。美友總認為只要美國力強大，俄共必不敢發動戰爭，此皆皮相之談，而未在共產思想上及其本質鬥爭與辯證上一加研究，殊為危險之至。

本（廿三）日上午十時前入府，約魯斯談國際局勢，與俄共將於今秋發動戰爭之可能相告，望美警惕。十一時接見菲僑領蔡功南[3]等二十餘人後，批閱公文。午後與公超談話，並與辭修談行政院各部會人事之調正，大體皆定，其對人事之意見多能體認余意旨，乃比前年改組時所表示之精誠特增矣。

五月二十四日　星期二　氣候：陰晴

雪恥：一、辭修認為黃少谷與陳雪屏是對其最大的助手，如其不參加行政院此次改組之要職，即為對其重大之打擊，殊太可歎。彼對人不分賢否，亦不問其人是否識大體、顧大局，而以對其接近、實則包圍者，即認為是最大之助手，實則此種小宵政客，不惟幫助辭修，而更幫助敵黨與反動者，專以投機自私，藉敵自重，最後必將引入擁陳反蔣之陷阱，而彼尚在鼓中也，其不明人事如此危哉。

上午入府會客，召見各地僑領，與岳軍談人事。下午閱港報，所謂聯合評論對我父子又大肆攻訐，可笑。晡約全部來臺祝賀僑胞茶會。

美國「美達斯第二[4]」空中偵察衛星發放成功。

1　張蘭臣，時任泰國中華總商會主席，率領泰國華僑來臺慶祝蔣中正就職。

2　魯斯（Henry R. Luce），又譯羅斯、羅次，生於中國，美國新聞媒體發行人，創辦《時代》、《財星》、《生活》、《運動畫刊》等刊物。

3　蔡功南，福建晉江人，旅居菲律賓凡六十餘年。1954 年與其子蔡白生代表中華民國，參與在馬尼拉舉辦的亞運飛靶射擊賽。時率領菲律賓華僑來臺慶祝蔣中正就職。

4　MIDAS 2，美國間諜衛星。

五月二十五日　星期三　氣候：晴

雪恥：一、本日為行政院人事案，此心又起憂慮不安之象。

上午主持中央常會，對黨務工作會議要領以重新檢討地方黨政關係與黨部組織性能為主，不使黨務負責者有責無權，且成為反動派眾矢之的的現象，應加澈底檢討與改正對黨員受處分者之辦法的指示。下午審閱余伯泉[1]戰略問題之探討的報告，召見孟緝、鴻鈞[2]與于斌等。

五月二十六日　星期四　氣候：晴

雪恥：一、發于、葉[3]各款。二、約會立、監二院委員的黨員與非黨員分別茶會。三、發黨部節金。四、山地運輸工具與裝備之具體設備。五、對匪到處皆有民兵組織之對策，以心戰與宣傳煽動的得法為第一，以如何招來（策反）與收編為要務。

上午往祝李石曾[4]八十生日未遇。入府見卜施[5]與陳興樂[6]等六人後，批閱，見岳軍、唐縱與國華畢，回寓。下午審閱皮宗敢[7]所呈「軍事上的幾點基本認識」小冊頗佳，晡車遊山上。

1　余伯泉，字子龍，廣東台山人。1954 年 8 月任國防部副參謀總長，1958 年 8 月兼任計畫參謀次長，1961 年 1 月調任第一軍軍長兼金門防衛司令部副司令。

2　俞鴻鈞（1898-1960），廣東新會人。1953 年 4 月任臺灣省政府主席，並兼臺灣省保安司令部司令，10 月兼中央銀行總裁。1954 年 6 月任行政院院長。1958 年 7 月辭職後，復任中央銀行總裁。1960 年 6 月 1 日逝世。

3　于、葉即于斌、葉公超。

4　李石曾，名煜瀛，字石曾，以字行，直隸高陽人。曾參與創建故宮博物院、籌備中央研究院。1948 年 7 月任總統府資政，1952 年 10 月任中國國民黨中央評議委員。1949 年去瑞士，1956 年定居臺灣。

5　卜施（Robert H. Bush），美國退伍軍人協會（American Legion）國家安全會議主席。

6　陳興樂，美國南加州大學博士，美國太平洋學院（Institute of the Pacific Relations, IPR）教授。

7　皮宗敢，字君三，湖南長沙人。1956 年 4 月任陸軍指揮參謀學校校長，1959 年 9 月改任陸軍指揮參謀大學校長，12 月調任三軍聯合參謀大學校長。1964 年 11 月調任國防部人事參謀次長室參謀次長。

五月二十七日　星期五　氣候：陰

雪恥：一、實踐學社外藉〔籍〕（日）教官延聘一年。二、科學儲訓班續辦第二期。

上午續審「軍事上的幾點基本認識」完，尚有錯誤之點，予以改正。入府召見羅揚鞭[1]、劉闊才[2]等十餘人後，批閱公文。下午閱報，見澳洲海軍司令威靈頓[3]君後，車遊山上，出發時忽接土耳其昨夜政變，軍人集團已控制了全國，並將其總統、總理等政要監視中的消息，甚為自由世界增加危機憂也，今後日本政局更因此而混亂不定，中東與遠東之局勢將大變矣。

五月二十八日　星期六　氣候：陰　晨大雨

雪恥：一、土耳其政變是由其陸軍總司令古塞爾[4]為首，對其孟德斯[5]總理阻止其敵黨首領旅行表示不滿而告假，為其發動政變之原因。惟其政變之初，同時聲明對中部公約與北大西洋公約皆遵守效忠，可知其並無俄共滲透關係，則對自由世界之影響或不甚大乎。

1　羅揚鞭，字奇峰，湖南邵陽人。1957 年 4 月任陸軍預備部隊訓練司令部參謀長，1961 年 6 月調任第九軍軍長。

2　劉闊才，臺灣苗栗人。1957 年 8 月任臺灣省政府委員，1960 年積極爭取中國國民黨提名參選第四屆苗栗縣縣長，惜未獲提名。1960 年 12 月出任遠東電器工業股份有限公司董事長，1962 年 4 月出任臺灣合會儲蓄公司董事長。

3　威靈頓（Hastings Harrington），又譯亥靈頓，時為澳大利亞艦隊司令。

4　古塞爾（Cemal Gürsel），原任土耳其陸軍總司令，1960 年 5 月 27 日發動政變，擔任總理。1961 年 1 月 5 日成立軍政府，1961 年 10 月 7 日下臺。

5　孟德斯（Adnan Menderes），又譯門德斯、孟得斯，1950 年 5 月 22 日至 1960 年 5 月 27 日任土耳其共和國總理。

上午見白鴻亮[1]與芳澤謙吉[2]及國際在華留學會代表二十餘人，來華留學者已有十餘國之多，殊為欣慰。主持軍事會談後，辭修來報其行政院各部會名單，及其秘書長仍報唐縱而不提陳雪屏，因之余特將順其意，准予陳聯任，不動以觀其後也，此乃不加勉強，使之慰勉自效，或亦用人之一法乎，以陳比黃[3]之病較小，故寧留陳以去黃耳。

上星期反省錄

一、十日來匪共發動大陸各地民眾反美遊行示威者，其數在二千萬以上，更見匪共必將為俄帝充當前鋒之預兆，而俄黑[4]最近倡言匪共必須參加一切高階會議，與督促西方各國必須與匪共關係進入正常化云，是其恫嚇乎，抑為大戰之煙幕乎。

二、俄黑最近一切言行皆在打擊愛克威望也，且已至絕無餘地而無所不至之境地。

三、國際局勢：甲、土耳其政變，軍人推翻其政府，但宣佈其仍遵守中部與北大西洋盟約，而尚非為俄共滲透，乃為不幸中之幸也。乙、日本社會黨與共產同路人皆反對岸內閣與日、美新約之每日示威行動，全國已有數百萬人之眾。

四、本身工作：甲、行政院各部長人選已決定。乙、對皮宗敢所著軍事上基本認識之指正。丙、對余伯泉「戰略問題之探討」無特色，惟亦有益耳。

---

1 富田直亮，前日本陸軍第二十三軍參謀長，化名白鴻亮，1949 年 11 月 1 日抵臺協助訓練國軍幹部，為實踐學社（白團）之總教官。1968 年之後，繼續在三軍大學執教。

2 芳澤謙吉，曾任日本駐中國公使、駐法大使、外務大臣等職。1952 年至 1955 年出任中華民國與日本復交首任大使。

3 黃即黃少谷。

4 俄黑即赫魯雪夫（Nikita Khrushchev）。

五月二十九日　星期日　氣候：晴
氣候清涼　實為臺省所少有也

雪恥：昨（廿八）日下午批閱公文後，約見青年黨程〔陳〕啟天、張之〔子〕柱[1]、王師曾[2]等，表示約程〔陳〕、張參加新組行政院為政務委員，徵求該黨同意，並為其解決未解決之問題，惟該黨內部複雜無主，不知究能同意否，亦盡其情理而已。午夜聞辭修電話轉達美大使之意，問愛克擬於六月十八日訪臺，十九日赴日，是否同意，餘待明日再談也。

本日上午九時半往祭閻伯川[3]之喪，對其一生作為及其思想生活真是「莫名其妙」。十時指示唐乃建與青年黨談話要旨後，禮拜。今為端午，經、緯[4]二家皆在家聚餐過節。下午與妻遊覽角畈妙高臺，數月不來，更見梅樹長大成林，十年前夫妻手植之榕樹蓬勃欣欣，益覺可愛，遊覽片刻，以向晚即回。

五月三十日　星期一　氣候：陰

雪恥：一、行政院各部會人事之命令。二、愛克來訪之準備項目：甲、談話要旨。乙、招待程序。三、袁守謙、谷鳳翔[5]等幹部之工作。四、催沈[6]速歸國。五、陸、空聯合訓練須予加倍時間。六、山地兵編裝與運輸各種工具

1　張子柱，字瀾洲，號梅景，廣東新會人。1953 年到臺灣出席國民大會，出任光復大陸設計委員會委員、僑務委員會顧問、中國青年黨主席、行政院政務委員等職。

2　王師曾，化名興中，四川涪陵人。1946 年出任制憲國民大會中國青年黨代表。1948 年 3 月出任立法院第一屆立法委員。1949 年 6 月出任行政院政務委員。此後赴臺灣，曾任中國青年黨中央黨部秘書長。

3　閻錫山（1883-1960），字伯川、百川，山西五臺人。「晉系」軍人領袖，管轄山西省，自 1911 年辛亥革命後，歷經三十八年，直至 1949 年 4 月太原戰役後，被共軍佔領為止。1949 年 6 月任行政院院長兼國防部部長，主持中樞遷臺，1950 年 3 月任總統府資政。

4　蔣緯國，字建鎬，浙江奉化人。蔣中正次子。1958 年 3 月任國防部第五廳廳長，8 月調任陸軍裝甲兵司令。1963 年 9 月調任陸軍指揮參謀大學校長。

5　谷鳳翔，字岐山，察哈爾龍關人。1952 年 10 月任中國國民黨中央委員會副秘書長，1954 年 6 月任調司法行政部部長，1960 年 6 月調任中國國民黨中央委員會秘書長。

6　沈即沈昌煥。

限一年內完成。

上午審核軍官去年讀書心得「李德哈達[1]戰略論」開始，十一時檢驗目力與舊疾，據林醫[2]稱舊有流血痕疤已消失，在學理言可說已經痊癒云。下午批准新任各部會長命令，對沈怡任交部，尚有黨員說閒話者，可歎。晡約「可克[3]」談話半小時。

五月三十一日　星期二　氣候：陰

雪恥：一、東沙島機場測勘結果如何。二、虎井嶼砲陣布置與工事計畫呈報。三、約見蕭作梁[4]。四、俄取消愛克訪俄邀請之意義，為國際歷史上罕見之舉，應特加研究。五、俄馬林諾夫[5]的抬頭已成為黑魔生命之威脅，而且馬必已作黑魔對其成為朱可夫[6]第二之預防與部署其對策，故黑魔無力遏制馬氏之抬頭，此乃黑魔最後所受制〔致〕命之打擊，其在此乎。

---

1 李德哈特（B. H. Liddell Hart），又譯李德達、李德哈達，英國軍事史家，著有《第一次世界大戰戰史》、《第二次世界大戰戰史》等書。

2 林和鳴，1952 年 4 月任國防醫學院外科學系主任教官，主持眼科。1958 年 11 月出任榮民總醫院眼科籌備主任。

3 柯克（Charles M. Cooke Jr.），又譯可克，1946 年至 1947 年擔任美國第七艦隊司令官，常駐青島，1947 年至 1948 年，升任美國西太平洋艦隊司令。1950 年春天起，組織「特種技術顧問團」，在臺灣推動非官方軍事顧問計劃。時任般臺公司董事長。

4 蕭作梁，湖南武岡人。第一屆國民大會代表。1950 年 11 月任中國國民黨中央改造委員會設計委員會委員，後為光復大陸設計委員會委員，曾任教政治大學外交系、臺灣大學政治系。

5 馬林諾夫斯基（R. Y. Malinovsky），蘇聯軍事將領。二次大戰期間參與蘇德戰爭，獲頒元帥軍階；又於大戰末期投入蘇日戰爭，獲頒「蘇聯英雄」名銜。冷戰時期升任「蘇聯遠東軍隊統帥」（1947 至 1953 年），曾於韓戰期間協助訓練、補給北韓與中國對美作戰部隊。1957 年 10 月取代朱可夫，出任國防部部長。

6 朱可夫（Georgy K. Zhukov），蘇聯軍事將領，生涯四次獲得「蘇聯英雄」名銜。二次大戰期間，於蘇德戰爭指揮多次重大戰役，獲頒元帥軍階。戰後歷任駐德蘇軍司令、陸軍總司令、國防部部長、中央政治局委員等。在 1957 年的國內政潮中，雖公開反對莫洛托夫等人，仍遭波及，淡出政治視野。

上午入府召見美顧問陸軍組長白南查准將[1]與後勤組任滿之史洛浩[2]等後，主持宣傳會談，補益甚多。下午續審將領讀書心得，陳桂華[3]平淡而余〔俞〕伯音[4]有望也。見乃建，商討守謙、鳳翔等今後工作後，與妻車遊山上。

1 白南查（Robert M. Blanchard Jr.），美國陸軍將領，美國軍事援助顧問團陸軍組組長。

2 史洛浩，又譯史洛豪，上校，原任美國軍事援助顧問團後勤副參謀長。後改任首席高級顧問。

3 陳桂華，廣東東莞人。1955 年 7 月任第九軍增設副參謀長，8 月赴美受訓，回國後任實踐學社教官。1960 年任第三十二師師長，擔任金門金東地區守備。1961 年 2 月調任第二軍團參謀長。

4 俞伯音，號正善，浙江桐廬人。原任第六十九師師長。1957 年 6 月調任陸軍特種作戰第二總隊（傘兵總隊）總隊長。1959 年 3 月調任陸軍空降步兵教導團團長兼空降訓練中心指揮官。

上月反省錄

一、五月乃為國際上最多（重大）事件之一月，亦為今後國際形勢禍福之轉捩點，特將其對匪、俄關係與俄共情勢之判別先記如后：甲、俄黑聲明待六－八個月後再開高階會議，此當為俄將此期間突襲西方行動之掩護乎。乙、黑魔又稱對西柏林問題亦等至六－八月時再予解決，亦將以此西柏林問題為其突襲之又一藉口乎。丙、俄黑稱匪共將來必須參加一切高階會議，以及各國必須與匪共建立外交正常關係，此乃為匪共將首先對美在太平洋上挑戰之暗示，亦是俄黑對共匪借重與利用之顯示。丁、馬林諾夫在巴黎之態度，乃為其對俄軍之掌握已非黑魔所可動搖，決不作朱可夫第二，為黑魔之囚犯矣。戊、匪共與外蒙訂立新約之關係，乃發現匪俄新的動向之測知：子、匪共與馬林諾夫已經勾結，以為其將來對黑之布置。丑、莫洛托夫[1]仍在外蒙任大使，是匪共與俄史大林[2]派之聯合對黑之形勢。寅、俄黑對共匪不僅放寬其主奴尺度，而且匪共在東方已有較大行動之自由乎。卯、馬林諾夫在俄得勢後，對匪共軍經援助是否大增，及其核子武器是否讓共匪自行管制，應待研究。辰、大陸春旱成災。巳、匪共在大陸發動反美大示威遊行，統計二千萬人。戊[3]、匪共廿五至卅日之間，專機在北平、杭州與漳州、福州間傳遞密件頻煩，必對其政策與軍略上有重大轉變與決定也。

二、國際問題：1. 巴黎四國高階層會議俄黑蓄意破壞，對美國與愛克侮辱，為任何國際史上所未有之狂妄言行。2. 美 U-2 偵察機及其飛行員衛爾斯

1 莫洛托夫（Vyacheslav M. Molotov），蘇聯肅反運動主要負責人之一，曾任蘇共中央委員會主席團成員，1941 年至 1957 年任蘇聯外交部部長。1957 年 6 月任駐蒙古大使。

2 史達林（Joseph Stalin, 1878-1953），蘇聯重要領導人之一、國際共產主義運動活動家，曾任蘇聯共產黨中央委員會總書記、蘇聯部長會議主席（總理）。

3 原文如此。

被俄捕獲[1]，為其將來對美核子偷襲之惟一口實。3. 美國務院與愛克對俄之堅強反擊，實為西方國家對俄第一次冷戰之勝利。4. 俄黑在其最高蘇維埃會中，宣布其捕獲 U-2 機之得意忘形與狂妄態度，可卑殊甚。5. 俄在聯合國控美 U-2 機案無結果。6. 俄黑在東德、在俄國不斷繼續痛詆愛克。7. 外蒙與匪共訂立友好協定。8. 匪共對古巴與亞爾及利亞公開參加叛亂。

三、各國大事：甲、美日新約十九日日本眾院通過後，日共與社會黨積極示威騷亂，其政治社會不安已極，特別是反對愛克訪日。乙、美國「美達斯」第二空偵衛星發射成功。丙、南韓因大選發生群眾示威，最後暴動，美國袒護反動派，使李承晚被迫下野，由許政[2]為代理總統。丁、土耳其亦因群眾暴動不已，其陸軍發動政變，推翻其現政府，囚禁其總統與總理以下執政黨要員，由其前參謀總長組織全國團結委會執政。戊、北大西洋公約國與中東盟約國部長會議分別在土耳其與伊朗舉行。己、東南亞盟約國部長會議在華盛頓，美國表示特別重視。

四、本身工作：甲、第三任總統二十日就職。乙、行政院局部改組。丙、菲律濱總統來華訪問。丁、臺省縣市長與議會選舉完成。戊、橫貫公路完成通車。己、去年八七水災後軍工的重建工作，六百餘萬工如計完成。庚、巡視澎湖、馬祖、東引各島如計完成。辛、各級法院審判權改隸司法院。

---

1 鮑爾斯（Francis G. Powers），日記中誤譯為衛爾斯，美國空軍飛行員。1960 年 5 月 1 日駕駛中央情報局 U-2 偵察機飛經蘇聯領空執行偵察任務時被擊落，從而引發 U-2 擊墜事件。最初美國政府否認該機製造目的以及該趟任務性質，但當蘇聯政府向外界展示被俘機師，和 U-2 偵察機殘骸時，美方終於承認該機進行秘密間諜活動。赫魯雪夫和艾森豪將於巴黎舉行的會談被迫推遲，使美蘇關係降到冷戰以來的低點。

2 許政，號友洋，別名聖洙。韓國獨立運動重要人物之一。1948 年至 1950 年出任交通部部長，1950 年至 1952 年任社會部部長。1957 年 12 月至 1959 年 6 月間任漢城市市長，1960 年 4 月任外交部部長。1960 年 5 月至 8 月間曾短暫代理韓國總統。

六月

蔣中正日記
Chiang Kai-shek Diaries

民國四十九年六月

六月一日　星期三　氣候：雨

雪恥：一、召見前蒙藏李主委[1]與陳清文[2]等。二、派袁守謙為實踐研究院主任。

中央銀行總裁俞鴻鈞同志於十三時三十分逝世，在金融與經濟業務上喪失一個主要助手為痛，擬以徐柏園[3]補其缺，而暫以現任副總裁俞飛鵬[4]代理為之過渡，以安行內人心也。上午主持中央總動員會報三小時，下午續審各軍官讀書心得三份後，召見中央銀行重要職員，宣布俞飛鵬為代理該行總裁，使之能負責主持也。

1　李永新，字鶴齡，蒙古卓索圖盟喀喇沁左旗人。1948 年在蒙古卓索圖盟選區當選第一屆立法委員。1958 年 7 月 14 日至 1960 年 5 月 30 日任蒙藏委員會委員長。

2　陳清文，福建廈門人。歷任臺灣鐵路局管理委員會主任委員、臺灣省交通處處長、駐日本代表團顧問、招商局董事會董事長。1958 年 7 月出任僑務委員會委員長，1960 年 6 月離任。1962 年 3 月派駐塞普勒斯大使。

3　徐柏園，浙江蘭谿人。1954 年 5 月任行政院政務委員兼財政部部長，1958 年 3 月卸任財政部部長，仍任政務委員至 1969 年 4 月。1960 年 7 月出任中央銀行總裁。

4　俞飛鵬，字樵峯，浙江奉化人。1947 年 7 月任行政院政務委員兼糧食部部長，1949 年任招商局董事長，1954 年任中央銀行副總裁。

六月二日　星期四　氣候：陰

雪恥：今年庚子歲時有特別感想：（一）六十年前在榆林陳春泉[1]表伯家塾就讀，是夏見鄉人因聯軍侵華而逃回鄉間之情形。（二）十二年前當選總統後，往宜興拜謁函亭侯[2]墓情形。是夏見鄉人旅滬之男女老幼成群的絡繹不絕。

上午審修美國廣播文稿後，往俞宅吊鴻鈞之喪，見其遺容更悲，不自禁忍淚而別。回府召見美顧問周生[3]少校，乃華裔且優秀也，又見陳宗璀[4]等五員後，廣播錄音（美國家廣播公司）。正午約宴五院首長，而以立、監委員為重心講話卅分時，自覺輕鬆，而暗示民意代表之言行予以指正。下午續審軍官讀書心得二篇後，車遊山上。

六月三日　星期五　氣候：晴

雪恥：下午續審軍官讀書心得，孫〔沈〕伯賢[5]卷最優，應特注重其才德也。晡與妻遊後公園。

上午入府召見美顧問「汝倫[6]」准將等，主持財經會談，據報美合作分處長郝樂生[7]致函尹仲容，美前允對華經濟發展貸款，因我政府不遵照其所約之意，近見財經狀況發生危險，故以前計畫不如一切停止為佳。此乃美國人之真正性情，其衝動、傲慢、無理之言行，安得不使受援國發生反感，可歎亦復

1　陳春泉，蔣中正之表伯。1900 年設榆林村陳氏啟蒙書館，蔣中正曾在此隨毛鳳美讀《周易》。

2　蔣澄（4-75），字少明，東漢光武帝時官封函亭侯，封地在宜興都山以東。蔣中正以宜興蔣氏與奉化蔣氏同祖同宗，1948 年 5 月 16 日與夫人宋美齡親往宜興都山謁墓。

3　周生，少校，美軍顧問團總政治部顧問。

4　陳宗璀，號寒軍，浙江奉化人。1958 年 8 月，任預備第七師第十九團團長。1960 年 6 月調任步兵第四新兵訓練中心指揮官。1961 年 6 月任總統府侍衛室警衛組副主任。

5　沈伯賢，號德先，浙江杭州人，曾任第八十七軍幹部訓練班組長、國防大學教官、實踐學社教務組組長。1969 年 8 月出任海軍陸戰隊學校校長。

6　汝倫，美國軍事顧問團陸軍組參謀長。

7　郝樂遜（W. C. Haraldson），又譯郝樂生，時為經濟合作總署駐華分署署長。

可笑，但實際上我目前財經狀況甚為正常，且比其春季所允借時為佳，而彼郝必欲強我不得提高公務員待遇，否則即不合其意也。

六月四日　星期六　氣候：晴

雪恥：一、清除軍用倉庫，出售廢料及出賣營產，作為建築新營房與眷舍用。二、觀光事業與行政管理之顧問。

上午十時往祭鴻鈞之喪，並謁見其最後遺容，並為之禱告後，入府召見調職人員四人畢。主持軍事會談後，與辭修談郝樂生強迫我減縮軍額與預算之無理要求，應對美大使明白警告，其將使我軍民與公務員皆痛憤其此種壓迫態度，與對中、美關係之後果，使之切實了解為要。下午約韓大使金弘一茶會餞別也，晡車遊山上。

上星期反省錄

一、俞鴻鈞同志逝世，在財經方面如失我手臂，天何使賢者短命而偏留惡劣者長期害世耶。

二、星四宴立、監等委，表示新政府成立後協力合作之意，不料小肖之徒，尤其立委谷正鼎[1]等從中反動，與政府為難，此乃奸狡之叛徒終成為叛徒而無法轉移之事實，又增加我經驗也。

三、審核將領對李德哈達戰略論之心得開始，其中尚有成材可期者如沈伯賢等，但其數不多耳。

1　谷正鼎，字銘樞，貴州安順人。1948 年 1 月當選行憲後第一屆立法院立法委員。1952 年 10 月起任中國國民黨中央評議委員。

本星期預定工作課目

1. 嚴防俄匪施用原子彈與毒氣的戰術。
2. 清查倉庫，處理、統計廢物的組織。
3. 修建所缺營房，六團為第一優先。

六月五日　星期日　氣候：晴

雪恥：一、西語之所謂「均衡」或「平衡」，是即我國「中庸」或「中和」之意相同也。

上午十時召見黃杰等，指示歡迎美總統[1]之準備注意事項後，禮拜。准張學良來禮拜聽道，以其現在對共匪之惡劣禍害與對基督之信仰，似已具有誠心及其澈底悔改也。正午整理剪報，下午批閱公文，研究匪、俄關係，已有具體結結論[2]，認定外蒙與匪共訂立新約，乃為俄馬林諾夫在俄得勢，及俄對匪放寬尺度，並將允匪侵臺以牽制美國，以為發動大戰之第一步驟也。

六月六日　星期一　氣候：晴

雪恥：一、清除廢品，其價款准作建修營房與眷舍之用。

上午在三軍聯大作紀念周，特別指出上月杪匪共與外蒙所訂新約，乃是匪、俄關係最重要之轉變，以示俄對匪之籠絡與其共產集團整體不可分之一幕，而外蒙將為匪共對我作戰時之最後基地，更可證明俄將利用匪共對我與美之挑起大戰之預報，應加緊戒備。下午續審讀書心得，約見美員李德爾[3]博士。

1　美總統即美國總統艾森豪（Dwight D. Eisenhower）。
2　原文如此。
3　李德爾（Norman Littell），投資條例美籍顧問。

六月七日　星期二　氣候：晴　未後雨　地點：日月潭

雪恥：一、對愛克談話方針：甲、促成大陸反共抗暴運動，而不涉及美國關係與影響之程度。乙、中、俄共最近增強（聯）（合）協調之趨勢：（子）馬林諾夫與中共之歷史及政策之一致。（丑）最近外蒙與匪共之正式訂約，乃為中、蒙、俄在戰時聯絡與打成一片之樞紐。（寅）莫洛托夫在蒙古之站住，乃為史大林派（中、俄）復活與抬頭之證據。（卯）馬林諾夫決不再作朱可夫第二，此為黑魔惟一之制〔致〕命傷。

上午與樵峯談央行情形後，辭修、岳軍來談立法院谷正鼎陰謀搗亂，辭修憤激褊狹，情見乎詞為慮。十時半起飛，由臺中轉日月潭休息，氣候涼快，更適於夫人之休養也。下午續審讀書心得三篇，自我亦因之增加心得矣。

六月八日　星期三　氣候：晴

雪恥：二、對愛克談話要旨：甲、匪、蒙訂立新約，證明其馬林諾夫對俄政治（干政）之影響力與黑魔控制之程度。乙、匪、俄交通聯絡本為阿拉莫度與新疆之鐵路為樞紐，而外蒙與匪綏雖已通車，但俄認外蒙為禁臠，決不允匪插足，今匪、蒙忽訂新約，實為其提早發動戰爭之征象，以阿新鐵路尚須待明年完成耳。丙、日、韓、越、印、緬、廖國[1]、高棉、印尼的反共形勢。丁、大陸匪共內部情勢。

上午審核將領讀書（李德哈達戰略論）心得完，下午手批對李氏戰略論之見地約千餘言，至夜方完成為快。氣候清朗，惟晡後雷雨，不能遊湖與散步為憾。

1　廖國，即寮國。

六月九日　星期四　氣候：晴　正午雨

雪恥：三、對愛克談話要旨：甲、俄共征服世界之基本政策在東亞，尤其是在現階段中為然，集中於此區（謀略）。乙、東亞昔為歐美戰略之資源與（後備基地），故俄共今日必欲掌握與控制此一地區，轉為其戰略與後備之基地。丙、自由世界對俄共之戰略，只有以其之矛攻其之盾，即在其鐵幕邊緣及其內部一面作非正規軍事援助，一面鼓動反共革命運動，必使其能有起爆作用，三十至三百人為一組之小型戰力，但不致牽涉西方援助之證據，勿使其有所藉口挑起大戰也。

上午手擬軍官讀書心得總評初稿完。下午記上周反省錄，閱覽基本戰術圖示與軍隊符號。晡與妻遊潭。

六月十日　星期五　氣候：颱風

雪恥：四、對愛克談話方針：甲、對俄共避免戰爭（正規大戰），消極的但必須促成共產鐵幕內之叛亂，積極的使之無暇再對外擴張與顛覆活動，必須籌備其鐵幕內與邊緣能有起爆作用之力量為之積極準備，以為解放奴役戰略之要旨。乙、間接作戰與無形或（間接）迂迴之援助，第一為運輸工具（長途飛機），代價或記賬自購，第二為通信工具。

今日本定在魚池附近校閱特種部隊之中、美聯合演習，卒因自朝至暮終日狂風暴雨而中止，故上、下午續草李氏[1]戰略論之總評，增補二千餘字，以愈草愈不能罷手，直至深夜尚未能停止也。

1　李氏即李德哈特（B. H. Liddell Hart）。

六月十一日　星期六　氣候：晴　上午仍有風雨

雪恥：一、俄共總目標最後目的敵自是美國，而其最先目標，所謂自北平經德里而至巴黎的第一目標中國，雖已為其很便利的達成，但因今日美國援華，中、美積極合作，而未能根絕中國的命根，故其未能跨進臺海以窺伺太平洋，但其間接戰略已滲透中南美，而為顛覆美國之路線接近了一大步，故吾人必須對俄共採取必要的共同行動，以消除此一侵略陰謀，不可假定中共終將自行崩潰為政策基礎，以坐待其自斃（袖手傍觀）也。

本日仍在續修李氏戰略論總評稿，並批示與愛克談話要領代擬稿，頗有新的發見。晡與妻遊潭至進水口，未見其再有噴水也。

上星期反省錄

一、星二日來日月潭休息所注重的工作：甲、與愛克商討的問題與談話要旨已完成初步之研究。乙、草成歡迎愛克國宴詞手草完成，以及中美兩國公報之預備稿亦已修成。丙、審研將領上年度讀書（李德哈達戰略論）心德〔得〕完，手擬總評三千餘言，對於戰爭本質之闡明，是乃最近學術之重要收獲也。

本星期預定工作課目

與愛克談話要領：

1. 中、俄、共的關係如何。黃河與內蒙為俄之限度。最近其所新增加因素什麼：甲、匪、蒙關係。乙、馬林諾夫與中共關係。丙、莫洛托夫在外蒙。
2. 大陸人民反共革命運動能否爆發：甲、匪黨內部情形。乙、匪軍官兵心理。丙、都市公社與經濟。丁、糧荒與飢餓搶糧。戊、西藏情形。己、交通與工業進步情形。庚、兒童與教育。辛、家庭骨肉的關係。

3. 採取間接作戰的天馬計畫行動，促成起爆作用的力量之準備程度。

4. 遠東中、日、韓、越、泰、遼〔寮〕、高的反共形勢，與東南亞、印度對共威脅的恐怖和警覺。

六月十二日　星期日　氣候：晴　晡雨

雪恥：一、反共要領：甲、國家憲法不可以共黨為合法政黨並澈底根除。乙、政府與民間不能與共產國家通商貿易。丙、不能與共產國家發生外交正常關係，對於其新共產國家更應拒絕承認。丁、澈底放棄中立主義，不能貪圖目前利益而遺誤了國家百年（基本）大計，危害生命。

上午修正李氏[1]路線讀書心得之總評，定稿後審修中、美元首公報稿，及對愛克宴會歡迎詞稿，頗費心力，但自感滿意，直至下午七時方脫稿。本日修正三種要稿，用心雖苦而意義重大也。

六月十三日　星期一　氣候：晴　下午陣雨

雪恥：晡以立院反動情形又起憤怒，乃與妻車遊埔里，悲傷之餘記錯了赴高雄日程，此為過去未有之現象也。

上午九時在涵碧樓聽取中美聯合特種作戰演習的簡報後，即出發至魚池鄉之槌子寮茶廠，巡視美軍演習團後勤設施及個人裝備訓練等演習畢，約一小時半回。正午約中美演習官長聚餐慰勞，午後為立法院對下年度預算案之刁難，

1　李氏即李德哈特（B. H. Liddell Hart）。

舊組織部系之反動立委谷正鼎、吳〔胡〕健中與齊世英[1]叛徒之勾結，以反對陳[2]行政院長，余乃電話岳軍、乃建轉作嚴重警告，並戮〔戳〕穿其陰謀內容，使之悔悟改正也。

六月十四日　星期二　氣候：晴　陣雨

雪恥：本日為先慈逝世三十九年紀念，回憶往事，不肖之罪追悔莫及為憾。
上午以先慈逝世紀念禁食朝餐，審核讀史兵略序（圖示）未能愜意，乃記上周反省錄。下午補記上月反省錄未完。晡與妻遊潭，談戊戌康梁變法與庚子聯軍故事。回時得立法院否決陳院長預算修正案之報，不勝悲憤，立法院與本黨之整理非速下決心不可，若輩亡國害民，敗黨亂紀至此，尚不知愧悔，而非使黨國根本滅亡不可，能忍乎。

六月十五日　星期三　氣候：上晴　下陣雨　高雄悶熱

雪恥：昨夜為立法院反黨叛徒與今後黨政情勢之苦痛為憂，卒致失眠，服藥後仍不能熟睡為苦。
今晨七時起床，朝課如常，氣候清爽，繞閱分館與新館一匝。十時前與妻出發，經水底坑、集集、南投而至臺機〔中〕上機，經兒由臺中同行南飛，而妻則單機北回也。經兒報告立法院與陳院長此次經過詳報，不勝唏噓，辭修無耐心、好衝動，對政治殊足憂慮，徒歎奈何。十四時到澄清樓，午後記

1　齊世英，字鐵生，遼寧鐵嶺人。創辦東北中山中學及《時與潮》雜誌，1948 年 1 月當選第一屆立法委員。1954 年在立法院反對臺電漲價，遭中國國民黨以反對黨中央政策為由開除黨籍。

2　陳即陳誠。

事。記上月反省錄後，召見高雄市長陳啟川與前市長陳武障〔璋〕後，與經兒循壽山沿海岸軍公路經左營回。膳後散步，車遊市區，晚課。

六月十六日　星期四　氣候：雨

雪恥：一、日本政府宣布美總統[1]延緩訪日，此乃國際共產之大勝利也。二、辭修衝動無修養為憂。

上午九時在左營陸戰隊指參班，舉行其第四期及海參大學第九期畢業典禮，巡視兩棲登陸沙盤教育設計室後，十一時到鳳山舉行陸軍官校卅六週年紀年〔念〕會畢，巡視新設工作後聚餐，甚覺徐汝誠[2]頑鈍無行政腦筋為憂。下午十五時飛回臺北，約乃建、岳軍、冠生與辭修，各別商討對立法院反動政客叛徒之預算案處理辦法，最後決定依法公布其所通過之原案，決以忍耐處之。

六月十七日　星期五　氣候：大雨

雪恥：一、東方政治心理重於物質之意見。二、西方對共匪恐懼之黃禍論可笑。

上午召見俞樵峯中央銀行代理總裁，報告鴻鈞所遺存之重要文件後，再召見乃建，對青年黨加入行政院之方針等予以指示，又分別召見何世禮[3]與彭總

1　美總統即美國總統艾森豪（Dwight D. Eisenhower）。

2　徐汝誠，字午生，浙江餘姚人。1957 年 4 月調任陸軍軍官學校校長。1961 年 1 月調任陸軍總司令部參謀長，5 月調任陸軍預備訓練司令。

3　何世禮，原籍廣東寶安，為香港富商何東爵士第三子。1952 年後歷任駐聯合國軍事代表團團長、聯合國安理會軍事參謀委員會首席代表、行政院美援運用委員會委員。

長[1]，對金門防務與對敵行動之指示。下午召見辭修、岳軍、昌煥、大維等，聽取各員對愛克來訪中之問題各意見約一小時半，頗足參考也。

六月十八日　星期六　氣候：晴

雪恥：一、美國往日不能對余信仰，以致大陸淪陷，乃使共匪貽害亞洲，威脅美國本身，今日愛可如能對余相信，則恢復大陸，消弭太平洋赤潮猶未為晚，否則必將使整個亞洲淪陷，貽害無窮。二、對大陸共匪，只有我政府領導我大陸人民，發展反共革命運動則易如反掌，否則西方國家自作主張，對我意見採取懷疑態度，則惟有坐待共匪統治世界而已。

五時起床，朝課，氣候陰沉欲雨，認為無晴希望，忽接報告稱愛克可由艦上乘直升機飛臺北，氣候將好轉，及至七時果晴朗為慰。召見莊乃德大使，囑其先告愛克余意，能將不訪日本時間移訪泰國、越南，實為對東亞必要之舉動也，可否請其考慮。十時到松山機場迎接愛可如儀。

上星期反省錄

一、日本因共黨猖狂示威演成流血，無法控制其秩序，乃商請愛克延期訪日，此乃俄共又與愛克在國際上之第二次重大打擊，今後日本政局無法收拾乎。

二、修正中、美公報與歡迎愛克宴會詞二篇重要文稿，頗覺自得。

三、立法院否決行政院預算修正案，乃為對我政府威信之重大打擊，辭修多言不耐且受刺激甚深為憂。

1　彭總長即參謀總長彭孟緝。

四、參觀中、美聯合特戰演習，並無特殊所得。

五、預備歡迎愛克談話稿頗費心力，最後結果尚能盡其所欲言也。

六、愛克本週六日抵臺訪問。

本星期預定工作課目

1. 召見反動分子。

2. 預算分配數目與立院經費。

3. 國大代表增加待遇之辦法。

六月十九日　星期日　氣候：晴

雪恥：昨（十八）日歡迎愛克之群眾行列及其沿途與樓頂上之人海情形，有秩序、有組織又熱烈，得未曾有，估計總在十五萬以上之人民，作最熱忱與自然之歡迎，陪其至圓山飯店行館後，乃與妻告辭，回寓休息。下午三時與愛克在總統府正式舉行談話一小時半，詳告以俄、中共的最近實際內容，相談甚得。五時前介紹愛克在府前廣場卅萬群眾講演畢，即分別而回。七時三刻入府，八時國宴，相談融洽，至十時半方畢，回寓已十一時，仍補晚課後寢。本日五時起床，朝課，七時巡視庭園與禮拜堂後回。七時半接見美新聞記者七十人畢，與柏生斯[1]談自由亞洲協會在亞洲各國與反對派聯系，推倒其政府運動之敗行，屬其注意改正。八時愛克來蔣林凱歌堂同舉行禮拜後，步行來寓，舉行談話一小時餘，即送其至機場道別。

1　巴生斯（J. Graham Parsons），又譯巴生、柏森斯、柏生斯，1959 年至 1961 年為美國國務院遠東事務國務助卿。

六月二十日　星期一　氣候：晴

雪恥：昨（十九）日十時後，愛克在機場作告別辭，表露其訪臺真忱，在其途中來謝電亦示誠意，且其公開表示，未有更如中華民國再堅強之盟友云，可知其此來必能認識我國對美之誠意果如何乎。由機場回寓，入浴，休息。下午記事，孝武、孝勇皆先後來侍。此次歡迎愛克之程序與動作一切皆佳，除在廣場群眾大會上聲音噪雜，鼓掌與擴音不能合節以外，其餘可說完全成功。晡車遊，晚課，九時後寢。

本（廿）日九時半訪梅貽奇〔琦〕部長病於臺大醫院，並訪英士嫂[1]病，似已失去靈魂，但最初見余發笑，似尚有知覺也。入府召見黃杰、張寶樹[2]二同志，商討對此次歡迎愛克之主持者獎慰辦法後，批示。與岳軍商討此次歡迎經過，尚有美中不足者二小事件。下午記事後與公超談話，晡車遊，回觀歡迎影片頗佳也。

六月二十一日　星期二　氣候：晴

雪恥：一、軍事會議開會詞要旨：甲、新知識、新學術（專門學問）。乙、新精神、新方法、新風氣。丙、新生活、新觀念（科學經濟、節約浪費、專精實簡）。丁、人事、財務（管理考核）。戊、教育、行政、交通、通信、電子、儀器之研究發展。己、預算、準備、保養、修護經費為第一。

上午主持國父月會，監誓外交、內政、司法等各部會首長就職宣誓後，見美

1　姚文英，蔣中正結拜大哥陳其美（英士）遺孀，時與次子陳惠夫居於臺北。

2　張寶樹，河北高陽人。第一屆立法委員。1959 年 6 月任中國國民黨中央委員會第五組主任，1964 年 5 月調任第一組主任。

哲學教授狄別瑞[1]與喀嘜隆慕沙亞雅[2]畢，密約林有福[3]談新嘉坡政治事。下午記事後，約亞洲反共同盟代表八十人，各別談話二小時，甚為費力，未知有何效果否。

六月二十二日　星期三　氣候：晴

雪恥：一、軍事會議要案：甲、大專預備軍官訓練之改進。乙、陸軍服役改為三年制之重要。丙、普通大專教育與軍事訓練之關係。丁、預備軍官之資格，其考績不及者，大專畢業後仍應征召服兵役。

上午召見孟緝、羅列[4]等研討金門此次共匪砲戰方法情勢，予以指示我軍修正要旨，並召見俞樵峯、何驤[5]等檢交中央銀行各種密件，乃發給鴻鈞家屬特恤費貳萬美金。主持中央常會。下午準備軍事會議開會訓詞，六時孝文新夫婦[6]來寓敬禮後，與妻及孝章[7]車遊山上一匝，晚觀影劇。

1　狄培理（William Theodore de Bary），又譯狄別瑞，1949 年起任職哥倫比亞大學，投入東亞研究，並開始大量發表關於東亞宗教文學思想的文章。1960 年擔任哥倫比亞大學東亞語言及文化系系主任，並成為國防語言及地區研究中心主任。

2　慕沙亞雅（Moussa Yaya），喀麥隆國會副議長。

3　林有福，新加坡華裔，1954 年與大衛馬紹爾等合組勞工陣線。1955 年出任勞工及福利部部長。1956 年出任第二任新加坡首席部長。1959 年成立人民聯盟，在大選中重挫，6 月卸任首席部長，淡出政壇。

4　羅列，原名先發，號冷梅，福建長汀人。1954 年改任國防部參謀次長。1955 年 7 月升任副參謀總長，1957 年 6 月調任第一軍團司令。1959 年 6 月升任陸軍總司令。1961 年 9 月，調任國防部聯合作戰研究督察委員會主任委員。

5　何驤，浙江杭州人。曾任中央銀行發行局副局長、工礦公司總經理。時任中央銀行秘書處處長。

6　蔣孝文與徐乃錦剛在美國舊金山完婚。徐乃錦，浙江紹興人。徐錫麟之孫女，父親徐學文早年留學德國，曾任公賣局局長，母親徐曼麗（Maria Henriette Margarete Bordan）是德國人。在美留學期間，與蔣孝文相戀結婚，生女蔣友梅。返臺灣後擔任臺北市女青年會會長，從事慈善活動。

7　蔣孝章，蔣中正孫女、蔣經國之女，於 1960 年 8 月在美國舊金山與國防部部長俞大維之子俞揚和結婚，婚禮由蔣方良主持。1961 年 5 月 9 日產子，命名俞祖聲。

六月二十三日　星期四　氣候：晴

雪恥：一、美日安全同盟條約已於美參議院通過，七小時後即在東京交換批准書，完成其有效手續，此實出於日共及其同路人社會黨之意外，亦為美國之勝利，以達成其不放棄軍事重要基地之目的。

上午九時起主持本年度軍事會議開會典禮與致詞後，終日在會（國防研究院）聽取陸、海、空、勤與警備等五總司令之報告，仍以空軍陳嘉尚為最佳也。

六月二十四日　星期五　氣候：晴

雪恥：一、黑魔[1]在羅馬尼亞共黨大會上演說，與匪共之關係如何：子、匪、俄關係不變。丑、黑說是掩護匪共向外軍事（地方性）行動之前奏。寅、掩護其俄軍對美奇襲。

上午九時到軍會，聽取彭總長[2]整建軍事十年來之總報告（得體）約二小時完，召見趙國標[3]、張成仁[4]、馬公亮。下午聽取上年度各軍校閱成績總報告等四專案檢討報告，三小時完，晡車遊回，沐浴。

1　黑魔即赫魯雪夫（Nikita Khrushchyov）。

2　彭總長即參謀總長彭孟緝。

3　趙國標，又名臬，浙江諸暨人。1957 年 7 月任國防部參謀總長辦公室主任，後任國防部諮議官派空軍總司令部服務。時為國防研究院研究員，後再任空軍指揮參謀學校校長。1962 年任金門防衛司令部副司令。

4　張成仁，字達人，福建長汀人。1957 年 7 月任陸軍總司令部第二署副署長，時任署長，1961 年 2 月任第九師師長。

六月二十五日　星期六　氣候：晴

雪恥：一、戴高樂派前總理（佛爾[1]）將往北平考察，該「佛爾」且已於一九五七年訪問過北平者，六月十四日戴、佛已商討中共問題，又法經濟部高級官不久將往北平作為期兩月之視察，應加注意。

上午在軍會聽取王永樹等反攻時戰地政務綱要，與施政計畫制度及動員制度等四報告，下午聽取毛景彪等留美考察六報告，晚參加軍會娛樂晚會，國光歌舞團表演頗佳。

上星期反省錄

一、愛克來華訪問，其結果比之預想者為優，甚望其能對我澈底精誠認識也。

二、亞洲反共聯盟會完滿開成。

三、金門受匪砲擊後損傷情形之檢討，對於加強防務與戰法有益。

四、本年度軍事會議開幕。

五、美日安保條約手續完成。

六、羅馬尼亞共黨大會，黑魔[2]發表其和平共存之理論，與匪、俄矛盾之形式化。

1 佛爾（Edgar-Jean Faure），隸屬法國激進社會黨。1952 年 1 月 20 日至 1952 年 3 月 8 日、1955 年 2 月 22 日至 1956 年 2 月 1 日，兩次擔任第四共和總理。1958 年戴高樂重新掌權，是為第五共和，被委派至國外從事重要任務。

2 黑魔即赫魯雪夫（Nikita Khrushchev）。

六月二十六日　星期日 氣候：晴

雪恥：一、科學的學庸定為高中教科書之一，並列為考大學的課題之一。二、強調心理作戰之重要與人性研究，並為重要軍事課題。

上午與加拿大記者[1]在研究院談話後，與妻帶武、勇二孫禮拜。正午為孝文新夫婦在後草廬設宴，約親戚十餘人聚餐。下午整理三日來軍會所聽取各報告後，車遊後公園之後山新公路一匝回。

六月二十七日　星期一　氣候：晴

雪恥：一、共產最大之弱點，非向外侵略擴充，即不能在內控制與生存。二、共產匪軍最恐懼的就是中華民國的主義與領袖對其人民之吸引向心力，此為自然，而非人為所能改變或擊滅之武器。三、大陸人民心理（匪黨政軍人在內）對匪之積恨深仇與其人民公社等制度，乃是其自掘墳墓之組織，實為其根本弱點與恐懼心理所在。

上午紀念周（軍會）訓話後，聽取專題報告三種。下午聽取劉廣凱[2]在美見學之報告與空軍十年來換裝之經過，正午約美空軍組長狄恩[3]全家聚餐。晡屬妻召張學良來寓，屬其自覓住宅，準備任其自由也。

1　韓德生（A. Maxwell Henderson），加拿大作家兼電視記者。

2　劉廣凱，字孟實，遼寧海城人。1948 年至 1950 年為海軍海防第一艦隊代司令，1950 年至 1954 年任海軍海防第一艦隊司令。時任海軍總司令部副總司令。

3　狄恩（Fred M. Dean），1957 年 3 月任美國空軍第十三特遣部隊指揮官、美軍駐華顧問團空軍組組長。

六月二十八日　星期二　氣候：晴　溫度：八十五
地點：陽明山

雪恥：一、俄共宣布退出日內瓦十國裁軍會議。二、愛克由遠東回美後，發表對遠東訪問感想報告，所應注意之點，稱：「在目前環境下，一項等待情勢澄清的遠東政策，將不能適應自由世界的需要。」其意究竟如何，其果對匪共綏靖政策變更乎。

上午接見越南致敬團黃南雄[1]等後，召見王庭箎[2]等畢，聽取蔣堅忍[3]等訪美報告三小時。下午整理、聽報與審核匪共「四大問題」之意見頗切。晡與妻帶章孫車遊淡水道上。

六月二十九日　星期三　氣候：晴　溫度：八十六

雪恥：一、匪共與俄共的鬥爭已由理論而至政策相反的階段，這一新因素的發現，乃對匪、俄關係的發展不能不從新檢討。二、匪、蒙新的友好協定在上月杪成立之意義，其對匪、俄雙方之作用與關係究竟如何，應特加注意。

上午在軍事會議聽取：甲、洲際飛彈之防禦。乙、原子時代後勤之研究。丙、兵工發展趨勢等報告皆甚有益。下午整理會中記錄與草擬明日軍會總講評稿三小時餘，著作用心，尚不甚疲倦為慰。

1　黃南雄，越南復國同盟會中央執行委員會主席、越南孔孟學會會長。時為越華會慶祝總統致敬團團長。

2　王庭箎，號筠仲，江蘇江寧人。1957 年 8 月任驅逐艦第十二戰隊戰隊長。1960 年 11 月 17 日接收美艦，命名為東海艦，編號 LSD-191，擔任首任艦長。

3　蔣堅忍，字孝全，浙江奉化人。1956 年 7 月任國防部總政治部主任，1961 年 1 月調升國防部常務次長。

六月三十日　星期四　氣候：晴

雪恥：一、俄黑在羅馬尼亞大會後，發表共產集團和平共存宣言，匪共彭真[1]亦簽名在內，惟南斯拉夫並未被約參加。二、羅馬尼亞在年初邀約劉少奇[2]參加此次大會，劉匪亦早宣布訪羅，而屆時並未親往，只派彭真代往。此一行動乃表現劉亦與俄相反的態度，往日總以為劉匪是親俄第一號人物之觀念不能不從新研究，此乃比毛酋與俄黑矛盾之性質更為重大也。

上午在軍會聽取大會討論與審議結果之七案，及對共匪四大問題之結論等報告三小時餘。下午聽取司馬德與唐團長[3]報告，頗佳。四時後在閉會前作總講評一小時半以上，晚在中山堂聚餐，精神興奮，不覺其暑中之熱也，九時回。

1　彭真，原名傅懋恭，山西曲沃人。1954年12月任全國政協副主席，1955年在北京市委第一書記，掌管首都北京黨政工作。1960年6月24至26日，率中共代表團參加社會主義國家共產黨和工人黨布加勒斯特會議，會上與蘇聯領導人赫魯雪夫發生激烈言語衝突。7月，赫魯雪夫召回全部蘇聯在華專家。

2　劉少奇，字渭璜，生於湖南寧鄉。中華人民共和國成立後，先後任中共中央政治局常委、中共中央副主席、全國人大常委會委員長和中華人民共和國主席。

3　杜安（Leander L. Doan），日記中有時記為唐團長，美國陸軍將領，駐華美軍顧問團團長，1958年7月14日到任，1960年8月21日離任。

上月反省錄

一、俄黑在羅馬尼亞（廿六日）宴會中說：「我們將使帝國主義者像熱鍋上的螞蟻一樣的坐立不安。」他又說：「帝國主義者經常設法刺激社會主義國家，但是如果社會主義國家陣營的團結堅強，他們的煽動宣傳就一定失敗。」

一、羅馬尼亞的共產國際宣言，為俄共與毛匪的矛盾鬥爭之折中和解，在形式上告一段落乎。

一、黑酋大唱其和平共存濫調，是為掩飾其今後對美奇襲之張本。

一、俄退出日內瓦十國裁軍會議。

一、西藏抗暴反共戰爭在其西部復起。

一、中、美特種作戰部隊聯合演習五月開始，至本月中完成。

一、美發明子午儀人造衛星放射成功。

一、日共在日持久示威暴動，最後卒致愛克中止訪日，但美、日安保條約仍如期訂成。

一、大陸北平開世界工會聯合會，此為俄共所操縱之工具也。

一、匪共在大陸廿一－廿八日發動仇美週，作各地民兵示威遊行運動，甚猛烈。

一、愛克訪華期間，匪軍對我金門連射十七萬顆大砲彈，我軍死亡七人。

一、愛克訪華，其對我社會與軍事之進步或有新觀感，美對我政策或較前積極乎。

一、俄宣布其於七月五日起，在中太平洋作其第二次試射飛彈之公告。

上半年六個月中之總結自評

（壹）六個月來，自大選完結、地方選舉如期舉行，以至六月中旬愛克來訪之結束，實為遷臺以來反攻復國計畫與工作第一階段之結束，是亦雪恥圖強的志節之端緒已獲其有效之保證乎？

（貳）俄匪矛盾及其理論與政策鬥爭已至表面化，匪共之勢日蹙。

（參）國際間十五年來冷戰，乃至五月間巴黎最高會議之崩潰，實接近了戰爭無法再事避免之事實矣。

一、俞鴻鈞同志月初逝世，喪我股肱，甚慟。

一、軍事會議八日，每日親自參加，其對建軍當有重大關係，但自感多不如意也。

一、對愛克談話之準備，仍未獲得重點要領，又犯前年與杜勒斯談話之缺點為憾，惟對其宴會歡迎詞與聯合公報皆能有效也。

一、四月間（十七－廿三日）匪軍進犯我外島之行動臨時中止，其果為受俄的利害所勸阻與屈服乎？

一、五月杪匪機傳達密令（自廿五至卅日），由北平經杭州轉龍溪一次，又由北平至福州一次，此必為其又一次重要行動之轉變乎。

一、毛匪在匪區權勢已經恢復，對俄表示不屈？

一、立法院否決預算修正案，辭修憤怒不平。

一、審閱將領讀書（李德哈達戰略論）心得十五篇，評定後並自作總評，覺有益也。

七月

蔣中正日記
Chiang Kai-shek Diaries

民國四十九年七月

本月大事預定表

1. 本黨全國代表大會日期與政策。
2. 召見大專學〔院〕教授。
3. 召見反動與中立分子。
4. 對匪、俄最近發展關係之檢討。
5. 中央日報社長、新聞局長人選。
6. 高級將領調職。
7. 行政與立法及國大代會之關係調整。
8. 侍衛長調職。
9. 中央銀行總裁人選之決定。
10. 黃杰、陳大慶晉升。
11. 凡最無用之部屬、軍官，應先退除役。
12. 處理陸總部地產與在臺北兩監獄標賣案。

七月一日　星期五　氣候：晴

雪恥：一、函勸辭修須適心修養。二、如何使辭修性情寬和冷靜？

朝課後，手擬匪共四大問題講評與指示要旨二小時餘。十時舉行陸參大十三期畢業典禮畢，講解共匪的恐懼與優點、弱點及戰術等四個問題，約一小時餘，聚餐後點名四百餘員，並未疲倦也。下午補記前、昨二日事，整理訓詞要目。晡車遊山下一匝回，晚月下散步，今夜熟睡為樂。

七月二日　星期六　氣候：晴

雪恥：一、匪幹下放對公社之控制，與我對戰地鄉村幹部之訓練方法與方針及準備計畫之重要。二、辭修好聽小肖之謠言與細言，而生煩惱與苦悶、灰心，實足大憂。

上午記事。十時在研究院，召見各軍團司令與軍長及外島各司令二小時餘，得益頗多，馬安瀾[1]與張立夫[2]最有望也。下午聽讀對匪、俄矛盾有關及匪共社論足供研究之重要資料，可說匪、俄理論與政策皆有顯著衝突，但其基本與關係決不致破裂則可斷言。

上星期反省錄

一、近日研究匪、俄關係及其動向：甲、共產本質：子、極權、專制不能並存。丑、階級鬥爭、暴力（專政）奪取政權及統治世界的目的不能轉移。寅、非向外侵略擴張，不能維持其生存與對內之安全。卯、言行非表裡相反，不能騙人欺世。辰、製造矛盾與質變，不能使對方與全世界安定，必使其如熱鍋螞蟻跳奔難息，至死為止。己〔巳〕、只要有機可乘，決不稍留餘地與放鬆一點，更無情理可言。午、否定一切，只知實力，只有物質。

1　馬安瀾，原名青海，遼寧遼中人。1956 年 6 月調任第十師師長，1959 年 3 月入三軍聯合參謀大學第八期深造，時任第二軍軍長，1962 年 12 月升任第九軍軍長兼金門防衛司令部副司令長官。

2　張立夫，浙江嵊縣人。1957 年 9 月任陸軍步兵學校校長，1960 年 6 月調任第十軍軍長，1962 年 12 月兼東引守備區指揮部指揮官、反共救國軍指揮部指揮官。

本星期預定工作課目

1. 約宴諮〔資〕政、顧問與行政院、省政府日期。
2. 天馬計畫之檢討。
3. 對匪區民兵師及其下放幹部之研究。
4. 陸總與市內監獄遷出與出售計畫。
5. 解決民意機關與人事之根本問題？甲、積極領導。乙、個別說服。丙、統一組織。丁、領導方法之研究。戊、原則領導之意義。
6. 憲政研討會之綜合小組與任務。
7. 每一幹部對黨員聯系與責任及組織關係。
8. 說服為主，聯系為重，再求團結與守紀。

七月三日　星期日　氣候：晴　溫度：八十六

雪恥：一、匪、俄關係之研究：甲、匪在四月十八至廿三日之間向我外島進犯之計畫，為何至廿三日最後一刻忽而中止的原因何在，此為匪、俄矛盾與和解之轉捩點：子、俄允匪破壞高階會議？丑、俄允匪訂立匪、蒙友好協定，准以外蒙為匪共之後方基地？而以匪停止進犯我外島為惟一條件？乙、匪、俄理論鬥爭之表面化至今猶未停止之原因何在？丙、匪、俄對金、馬、臺、澎之政策完全立於相反地位？丁、匪對東亞各國共黨之指揮關係？寅、俄黑[1]五月廿九日公開聲言，今後高層會議與裁軍會議必須有中共參加之說，此即所謂俄黑對匪共支援之姿態，而予其精神上之安定乎？

上午辭修面談勸勉，贈其讀史兵略新修附圖本一部，屬其常讀。下午批閱公文，研究匪、俄。

1　俄黑即赫魯雪夫（Nikita Khrushchev）。

七月四日　星期一　氣候：晴　溫度：八十六

雪恥：二、匪、俄關係矛盾之中心點在毛酋，此乃成為匪、俄間之死結，如毛酋一日控制匪黨，將為俄共最後之威脅，故俄對共匪不惟不能全力培養，成為其東方惟一後備基地，而且必將竭力防制與削弱匪共之力量，但俄決不能放棄中共，任其自生自滅，故必繼續設法倒毛，甚至害毛之陰謀將無所不用其極，如此則其對於我之利害與我反攻大陸之時間緩急、利害如何，應加考慮。

上午在後草廬研究過去六個月內工作與時局之發展，手擬上月反省錄三小時餘。下午研究匪、俄關係之究竟二小時餘，可信匪、俄已在政策利害上發生重大矛盾，俄共恐懼其對匪無法控制，且對毛個人已成勢不兩立之程度，但決不破裂也。

七月五日　星期二　氣候：晴　溫度：八十六

雪恥：三、匪、俄關係之新因素，劉匪少奇對俄矛盾，不能離毛而臣俄的一點，其最近之事實表現必將使俄失望，且為俄共對中共統制之失敗的明證。劉匪在年初本已聲明接受羅馬尼亞之邀約訪羅，不料此次羅國共黨會議劉匪拒不赴會，並以派一彭真代之，此實為匪、俄矛盾之進一步的表現，而不僅為毛酋一人問題而已，應特注意。

上午會客六人，「薛伯來[1]」（美軍援團參長）特提技術人才培植之重要。主持宣傳會談，討論西藏反共與匪在藏趕築侵印基地及對匪、俄最近關係，未作結論。下午為立院對國代待遇再三刁難情形，予以嚴厲警告，屬道藩轉達此意於立院之黨員，不得倒陳[2]。

1　薛伯來（Thomas N. Sibley），美國陸軍將領，1959 年 9 月 1 日至 1960 年 7 月 1 日任美國軍事援助顧問團參謀長。

2　陳即陳誠。

七月六日　星期三　氣候：晴　溫度：八十六

雪恥：四、匪、俄關係：以毛、劉[1]二匪一致在去年四月毛酋倒臺以後，經過一年之對內部署，至本年春確已恢復其對匪黨控制之權勢，軍政自亦受其支配，此可於半年來重提學習毛澤東思想繼續強調中見之，因之俄共對匪黨漸失去其控制與支配之權力，此乃匪、俄矛盾之惟一關鍵，而不能不形成表面化，其或將至白熱化之程度乎？

上午主持中央常會三小時回，試閱讀史兵略，對文字頗費解也。下午研究匪、俄關係甚切。與岳軍談中央銀行總裁人選，決任徐柏園繼任也。

七月七日　星期四　氣候：晴　溫度：八十六

雪恥：五、匪、俄關係：羅馬尼亞之共產會議之結果，黑魔[2]最初表示局部戰爭亦可避免之說，而其最後承認局部戰爭不能避免，以遷就匪共代表彭真，所謂避免戰爭乃指核子大戰而言，是其強勉承認在東亞發動戰爭乎。又匪共一面強調反美，而一面又強調以俄共為首之共產集團必須團結與一致的語句，必將再三反覆的高唱，可知其對俄疑懼與依賴之心理為如何矣。聞孝文借搭敞篷汽車往日月潭密〔蜜〕月，心甚不悅，即令該車當日回來，恐其招搖遊逸，為世詬病，且不能成材也。

朝課後手書辭修函，規勸其慎言寡尤也。上午召見陸參大前十名畢業生及岑維休[3]、徐柏園。正午約宴胡適等赴美會議學者廿一人，下午批閱。

1　毛、劉即毛澤東、劉少奇。

2　黑魔即赫魯雪夫（Nikita Khrushchev）。

3　岑維休，1925 年 6 月創刊香港《華僑日報》（*Overseas Chinese Daily News*），時任該報社長。

七月八日　星期五　氣候：晴　溫度：七十八

雪恥：六、匪共關係：目前所謂理論與思想之爭乃是形式，而其內容實為政策與利害上之衝突。今日匪共對俄共之心理：甲、要求其援助攻臺為第一急務。乙、威脅俄共如其所求不隨〔遂〕，則將各行其是，自由行動？丙、恐懼又嚴防俄黑[1]對匪消極或遺棄與顛覆。丁、對俄軍經援助之無誠與虛偽，其憤恨積怨之深，實敢怒而不敢言耳。

上午召見美海軍組顧問包義德[2]後，又召見調職三員及謝耿民[3]，主持情報會談，共匪一年來接受俄援武器，僅在換裝而無新型與遠程武器乎。下午批閱公文，續閱讀史兵略，文句深古，殊不適於今日將領之閱讀也。

俄在中太平洋上發射導彈、多節飛彈，五日與七日兩次完成。

七月九日　星期六　氣候：晴　溫度：八十

雪恥：一、俄共對匪之剝削、欺弄、強制、干涉、壓迫、妨礙其建設，防制其進步，反對其公社制，妒嫉其大躍進，控制匪黨組織與情報機構，把持其經濟、科學事業以及其軍事教育等，決非短期內所能擺脫，毛酋雖意欲爭取平行，亦不可得，何能叛離俄共乎。

上午土耳其新大使[4]呈遞國書後，為日本朝日新聞請求重播抗戰勝利的廣播全文，甚有所感。主持軍事會談後，研究俄西比利亞地圖，續閱讀史兵略二篇，仍感費力多而獲益少，不適於今日所需要之戰史也。晚與妻帶武、勇二孫及

1　俄黑即赫魯雪夫（Nikita Khrushchev）。

2　包義德（A. M. Boyd, Jr.），美國海軍軍官，1958 年 12 月至 1960 年 7 月任駐華軍事顧問團海軍組組長。

3　謝耿民，浙江餘姚人。1954 年 9 月任財政部常務次長，1960 年 6 月任臺灣省政府委員兼財政廳廳長，1962 年 11 月任財政部政務次長。

4　基馬利（Tevfik Kâzım Kemahlı），土耳其駐華大使，1960 年 5 月 27 日到任，7 月 9 日呈遞到任國書，1963 年 5 月 2 日離任。

熊、虎二侄[1]野餐。

上星期反省錄

一、上周每晨研究匪、俄關係甚切，自覺亦頗有得也。

二、俄共在中太平洋為目標（五日、七日）射試其多節飛彈二次完結。

三、美減少古巴糖進口，美、古交惡更進一步，俄藉此援古脅美，挑動戰機。

四、中非洲「剛果」獨立之日陸軍兵變，排斥白人加以殺害，且正在發展中。

五、為立法院對調正〔整〕待遇案仍與陳[2]院長為難，乃召集道藩與文亞[3]等，令其轉達余最後之警告，速作改正。

六、力勸辭修忍耐持重，慎言寡尤，並屬其暫飛金門休養省察，不料其穿着軍裝前往，頗為詫異。以彼十年來已卸軍裝，自命退役從政也，以此乃可窺察其神經失常為憂。

七月十日　星期日　氣候：晴

雪恥：一、今後毛酋之環境：甲、俄共已發覺其野心難馭，故力加防制，且將延緩或減少其援助。乙、美國因其古巴與日本的煽動「反美」之實際行動，自將對匪不能不採取積極行動，甚至作根本解決之計。丙、大陸反共之心理

1　宋伯熊、宋仲虎，宋子安之子。

2　陳即陳誠。

3　倪文亞，浙江樂清人。1948 年當選第一屆立法委員，1950 年 10 月任中國國民黨臺灣省改造委員會主任委員，1951 年 5 月任中國國民黨臺灣省黨部主任委員。1957 年 10 月獲選為中國國民黨第八屆中央委員，並任中央第一組主任。1961 年 2 月當選立法院副院長。

與行動必將日益發展。丁、匪黨軍政內，尤其中下級幹部，是否能長期控制而不致眾叛親離？此皆對我反攻復國之行動與時間的決定大有關係，吾認為如作二年之充分準備再作行動，當不致過晚，甚至愈遲愈易也。

上午聽報二小時後，研究匪、俄最近關係與發展形勢。正午宴子安夫妻[1]，令經、緯兩家作陪。下午審核去年日記與美、俄、匪經過之情形，頗為有益。

七月十一日　星期一　氣候：晴

雪恥：二、續昨。應再等待匪共「多行不義必自斃」者：甲、匪、俄矛盾再進一步之擴大。乙、匪共對印度等邊區行動再進一步之發展。丙、大陸經濟社會再進一步之惡化。丁、由經濟社會之惡化，使其匪黨幹部與匪軍官兵由憤激，衝突，鬥爭而上動搖與崩潰之途而至表面化。戊、我武漢計畫實施之發生功效，演成無法控制之局勢，但須作持久不斷的、半年以上的經常計畫，以促成之。

五時後起床，朝課後手擬國際形勢與匪、俄關係講稿要旨三小時完。上午在研究院紀念周講話一小時半畢，與唐、谷、鄭[2]研討自由中國半月刊問題與選舉訟案。下午手擬四十八年總反省錄未完，與文亞談立院黨員情形。

1　宋子安，原籍廣東文昌，生於上海。宋嘉樹、倪桂珍之子。兄子文、子良，姊靄齡、慶齡、美齡。曾任中國國貨公司董事、廣州銀行董事會主席、西南運輸公司總經理等職，1948 年經香港轉美國舊金山定居。與妻子胡其瑛育有伯熊、仲虎二子。

2　唐、谷、鄭即唐縱、谷鳳翔、鄭彥棻。鄭彥棻，廣東順德人。1952 年 4 月出任行政院政務委員兼僑務委員會委員長（至 1958 年 8 月），10 月當選中國國民黨第七屆中央委員，並兼中央第三組主任（1962 年 11 月免兼）。1960 年 6 月調任司法行政部部長。

七月十二日　星期二　氣候：晴

雪恥：一、技術人員：飛彈、電子、通信與機器修護人才與管理制度及其人才之培養。二、退除役官兵就業問題。三、高射砲與飛彈營的人才互調使用。四、匪共非反美與高唱以蘇俄為首的社會主義陣營的團結不能生存。五、匪共反對修正主義的對象不明，究指狄托[1]抑指黑酋[2]，不敢明言之故？

上午召見查良釗、謝貫一[3]等後，又召集滕傑[4]等研討國民大會代表之組織問題，頗有見解，多可採納。正午批閱公文，下午續擬四八年日記總反省錄之自我部分，頗得自慰。晡約道藩談話一小時半，報告其立法院各派現況與辭修對立法委員之言行，不勝憂愁之至。

七月十三日　星期三　氣候：晴

雪恥：一、大陸匪共公社制成立後，其與原有軍事與經濟、社會之基本關係完全改變，對於反攻復土時之地方組織應重新研究，尤其對戰地無數來歸難民之收容與組訓及食糧的問題，更應作從新研究。二、三民主義為今後文化主流之設計工作，應切實研究。

上午審研去年日記之大事表，獲益最多。主持中央常會，對目前反黨各派之動態加以研討，以及對外、對內工作予以指示方針。下午續記去年總反省錄自我工作部分後，召見國防研究員十二人後，再與曾力民談緬北事。

1　狄托（Josip Broz Tito），南斯拉夫共黨總書記，1953 年起擔任總統。二戰後採「狄托主義」，指依據本國情況，拋棄冷戰思維，以國家民族利益為尺度，獨立自主的處理本國事務，不受蘇俄的干涉與控制。

2　黑酋即赫魯雪夫（Nikita Khrushchev）。

3　謝貫一，原名國瑛，字貫一，湖南新化人。1949 年 6 月出任官派基隆市市長。1950 年當選基隆市首位民選市長，1954 年和 1957 年兩度連任，前後共三屆九年。1960 年任中國國民黨中央設計考核委員會委員。

4　滕傑，號俊夫，江蘇阜寧人。第一屆國民大會代表。1948 年 12 月出任南京市市長兼南京市黨部主任委員。到臺灣後，擔任中國國民黨國民大會黨部書記長。

七月十四日　星期四　氣候：晴

雪恥：一、大陸第一反攻基地之鞏固與運輸設備，及部隊組訓之加強計畫與限期標準。二、空投計畫分遠程、中程與近程三種地區計畫。三、武漢計畫之重新檢討。四、康定與大渡河左、右岸之地位。五、匪情之整個與全體的檢討。六、人民公社實情與奇襲如何成功之研究。

上午約見新疆回民土藉〔籍〕來臺者「韓木札」、「華禮伯克」、「海利法」三人[1]後，召見四人畢，主持作戰會談。下午批閱後，召見國防研究員十二人後，再見柳元麟，聽取緬北游擊隊近情半小時完，並予慰勉。

七月十五日　星期五　氣候：晴

雪恥：一、初聞美〔民〕主黨大會推選肯尼地[2]為其總統候選人而喜，後聞強生[3]已允為其副總統而憂，認為如此該黨南北二派合流團結，則尼克生當選成分減少也。其實政治情勢與環境朝夕不同，對於我國政策之利害並無重大關係，以自我反共復國基業已定，凡事只要盡其在我，則外援得失皆是次要問題，何況一切成敗最後必決之於天命乎。

上午朝課後，手擬西南反攻新區計畫後，召見上年度政軍優等人員三百餘人訓話，照相。對昌煥指示法國外交與外交政策後，與美記者太勒[4]談話，召見

1　韓木札，新疆哈薩克族首領，1947 年當選第一屆國民大會新疆省代表，1950 年 4 月，帶領族人逃離大陸，最後在土耳其定居。與華禮伯克、海利法經亞洲人民反共聯盟中華民國總會邀請，於 6 月 17 日來臺訪問。

2　甘迺迪（John F. Kennedy），又譯康納第、肯尼地、肯尼第、甘乃第、甘乃迪，美國民主黨人，來自麻薩諸塞州，1946 年至 1960 年期間先後擔任美國眾議員和參議員，1961 年 1 月就任美國第三十五任總統，1963 年 11 月 22 日遇刺身亡。

3　詹森（Lyndon B. Johnson），又譯詹生、強生，美國民主黨人，來自德克薩斯州，1937 年至 1949 年任眾議員，1949 年至 1961 年任參議員。1961 年 1 月任第三十七任美國副總統。1963 年 11 月任第三十六任美國總統。

4　太勒（Henry Taylor），又譯泰勒，美國霍華德報系駐華府特派員。

研究員，下午續召研究員十六名。鄒雲亭[1]儀容全非為駭。

七月十六日　星期六　氣候：晴

雪恥：一、軍事與國防、外交教育應以儀容、態度、行動的合度教育為第一，莊嚴厚重、和平確實為本，而以自卑、笑面、輕浮、迫促為戒。二、普通教育與軍訓講旨，要加強匪情宣傳與共產在自由世界的滲透、挑撥、分化的手段，以達到其煽動、擾亂與顛覆的目的。三、民意機關之組織，務以中央訓練團與實踐研究院學院為中心。

上午召見菲國與泰國各軍事與情報人員後批閱，十一時主持軍事會談。下午續記去年總反省錄後，召見國防研究員十六名完，並見沈君怡，彼從泰國來就新職也。朝課後，手擬收復雲南之崑崙計畫[2]完成。

上星期反省錄

一、國際近情：甲、日本自民黨池田[3]當選為總裁，其政策不致變更。乙、美民主黨總統候選人已推定肯尼地，此人為左派分子，該黨政綱對俄共妥協，對金、馬不主協防之意甚明，但其當選之望甚可懷疑，則尼克生可增加當選之成分矣。丙、法國對匪共態度含混，對我冷淡，而且其駐華

---

1 鄒雲亭，字芸汀，湖南阮江人。1957 年 4 月任駐阿根廷大使館一等秘書，1960 年 12 月調任外交部專門委員兼亞西司幫辦，1963 年 12 月調任駐澳大利亞大使館參事。

2 1960 年，國防部為期望運用國軍滯留緬北地區之武裝部隊，配合武漢計畫之實施，以從西南邊區反攻大陸，蔣定此為「崑崙計畫」。

3 池田勇人，歷任日本自由黨政調會會長、自由民主黨內第二大派宏池會會長，大藏大臣、內閣總理大臣。1960 年 6 月 14 日被選為自由民主黨總裁；19 日，第一次池田內閣組成，年底提出「國民所得倍增計畫」引起廣泛注目，揭開 1960 年代日本經濟高度成長時期序幕。

代辦[1]亦他調，此種動向惡化應切實注意。總之外交冷暖最不可靠，惟在求之於己耳（十四日）。

二、俄聲言巴倫支海的七月一日美失事的偵察機是被其擊落，並俘美員二人，聲稱侵犯其領空，並提訴於聯合國，如此情勢尚能持久乎（十六日）。

三、非洲剛果獨立之日同時即反叛比利士[2]，其軍隊兵變，姦殺白人，亂象日深，由聯合國派兵維持秩序，俄共乘機利用，煽動剛果政府反對美、比，聲言支持剛果革命之義戰。

四、古巴自美宣布其限制古糖消〔銷〕美以後，俄共揚言支持古巴反美，並將以火箭援古，對美作戰，如此情勢發展，其果能長此和平乎。

五、手擬對收復西南第一陸上基地崑崙計畫。

六、審核去年日記總反省錄草擬開始。

七、對匪、俄關係之研究，至本星一日止已告段落，並作結論矣。

八、召見國防研究員六十一人完。

七月十七日　星期日　氣候：晴

雪恥：一、巴黎高階會議破裂以後，國際局勢如能持久和平而不導致戰爭，是無前例的。二、國際政治與外交實質只有利害與強權，決無公理與道義可言，更無情感作用，否則如以誠信相孚，或受人藐視無禮而生憤怒不平，則決非今世之政治家，可謂不懂政治與外交之實質者也。余對岸信介當其美、日保安條約通過時，因其在悲慘惡劣環境下予以電慰與鼓勵，而彼至今竟不之理，只歎其政府之混亂無主，故並不為怪也。

本日手擬去年日記總反省錄，草成為慰。

1　葉維琪（Georges Yacolievitch），1960 年以法國駐華大使館二等秘書暫任臨時代辦。

2　比利士即比利時。

七月十八日　星期一　氣候：晴

雪恥：一、臺南與各地退役士兵加強組織與運用。二、反攻時對大陸各地退伍官兵及匪黨匪團被其開除之黨團員，應特別收容與組訓控制。

朝題林則徐[1]先生遺像。上午主持研究員紀念周後，約見美記者泰勒，作第二次有關金門之談話一小時。下午重審「蘇俄在中國」第二編三章與第四編後，召見谷、鄭、唐、張[2]等，商討自由中國刊與雷震[3]叛徒之處置的法律問題。

七月十九日　星期二　氣候：晴

雪恥：昨晡接閱辭修來函，並閱及聯合報所載的照相與報導，甚憂其神經失常之病態嚴重，不僅對其個人前途，更為黨國之威信憂也。他本為胸襟狹窄、器量淺小之人，近來又受立法院反對派之刺激，促成其今日之現象，其實皆由其本身多言輕信、憤忿疑忌、自矜自大所造成。彼本時精細負責之優點，乃全被其以上缺點所掩沒，而毫不自反自悟，殊為黨國前途歎惜耳。

上午審閱泰勒談話稿後，主持情報工作會議開幕禮詞話畢，與岳軍入府談辭修事，不勝唏嘘，屬其往金門訪催辭修速回也。下午寫辭修信，並閱菜根譚[4]，有益。

1　林則徐（1785-1850），字元撫，又字少穆、石麟，福建福州人。清朝後期政治家、思想家。曾任湖廣總督、陝甘總督和雲貴總督，兩次受命欽差大臣；主張嚴禁鴉片及抵抗西方列強的侵略。

2　谷、鄭、唐、張即谷鳳翔、鄭彥棻、唐縱、張羣。

3　雷震，字儆寰，浙江長興人。1949 年 11 月 20 日創辦《自由中國》半月刊，為實際負責人。1958 年起參與李萬居、吳三連、高玉樹等人發起組織的「中國地方自治研究會」，1960 年連署反對蔣中正三連任總統。同年 9 月 4 日被捕，軍事法庭以「包庇匪諜、煽動叛亂」罪名判處十年徒刑。

4　《菜根譚》係明初洪應明收集編著，採儒道佛三家之精隨，以心學、禪學為核心，講述修養、人生、處世之語錄集，於人正心修身有益。

七月二十日　星期三　氣候：晴（二日來臺北及各地大雨）

雪恥：一、反攻作戰四大戰法史例圖輯與戰爭原則戰史例證二書，應令軍官團切實檢討批評，限期呈述意見與心得。二、英報導共匪集合四個軍在昆明之說。

上午記「修養」雜錄二則後，主持中央常會，對地方選舉方式討論甚詳。下午審閱張某自傳[1]，其對共匪並無真的認識，可歎。辭修與岳軍傍晚回來為慰。本日對於「自由中國」的反動刊物必欲有所處置，否則臺省基地與人民皆將為其煽動而生亂矣。

七月二十一日　星期四　氣候：晴

雪恥：一、自省平生未為敵人所欺詐，而為幹部所欺詐，亦從未受敵人之脅制，而乃為幹部所脅制，因此而為敵人所利用，竟為其間接所欺詐、所脅制，以致國事大敗，卒使大陸人民蒙受今日空前之浩劫，此乃民國二十年宋子文[2]強制管束胡展堂[3]，與二十五年張學良西安事變之故而受詐於匪共，為最顯著之事例。今日辭修之主張與手段亦無異於此，豈能重蹈覆輒〔轍〕，而許其自取敗亡公私乎？

1　張某即張學良，1960 年蔣對張的心情已有改變，邀張至官邸下棋，同去士林教會禮拜等，張並完成了「張學良自傳」十萬言，草稿且均經蔣過目。

2　宋子文，原籍廣東文昌，生於上海。歷任外交部部長、行政院院長、廣東省政府主席。1949 年 1 月蔣中正下野後辭職移居香港，1950 年起寓居美國，兩度拒絕返回臺灣，1953 年被開除國民黨黨籍。

3　胡漢民（1879-1936），名衍鴻，字展堂，號不匱室主，廣東番禺人。中國國民黨元老和早期主要領導人之一，國民政府立法院院長。

上午召見陳〔程〕其保[1]、查良鑑[2]及調職人員三人畢，主持作戰會談，重審武漢計畫，並指示東引防務與加強工事。下午記上月反省錄。晡與辭修談話二小時，彼之心神更不正常，對其自身缺點不求自反，專事掩飾，乃欲蓋彌彰矣，奈何。

七月二十二日　星期五　氣候：晴

雪恥：昨夜十時後就寢之初，尚能熟睡一小時半，及至十二時前醒後，直至今晨五時後起床，未能睡去，以辭修之狹窄虛偽，大失所望，不知國家與革命事業如何寄托矣，甚歎「以天下與人易，為天下得人難」，果如此乎。

上午召見嚴家淦與巴西報人[3]後，主持宣傳會談，以昨夜失眠，心身皆感疲乏，對批准英文中國日報事，辭修好聽細言，小題大做為痛，應促中央迅即表示政策態度，以消除反動派之煽動也。對美國大選形勢，民主黨「肯乃第」將得優勢，惟余以為時局不測，美民意向背亦不測也，只要我能自立自強，則何黨勝負，皆無重大關係耳。下午重審去年總反省錄稿，及其中反攻復國總方策各案，有益。

1　程其保，名璨，號稚秋、穉秋，江西南昌人，曾任湖北省政府委員兼教育廳廳長。1948年在大學暨獨立學院教員團體當選第一屆立法委員。1951年任聯合國文教組教育組主任，經立法院會議決議，認定兼任官吏，註銷立法委員名籍。1960年奉派出席聯合國教育科學暨文化組織第十一屆大會代表，並擔任該組織之教育處副處長。

2　查良鑑，字方季，浙江海寧人，曾任上海地方法院院長。1949年到臺灣後，初任臺灣大學法學院教授，後任司法行政部政務次長。1951年毛邦初案發生，和周宏濤專程赴美，向法院控告毛邦初。

3　唐塔斯，巴西《每日新聞》社長兼所有人。

七月二十三日　星期六　氣候：晴　下午雷雨

雪恥：一、青年教育以端正其心理為第一，以增進其自立自強意志、助人服務精神為主旨，對於戰鬥與耐苦的生活視為常事，而以袪除其自私與怯懦的心理為急務。

上午主持軍事會談，審核美軍援團所提五年軍援計畫與我國防部對策，極為重要。正午商討自由中國刊物與雷震、傅正[1]處治問題，指示方針。下午帶仲虎與孝勇上角坂山休息。

上星期反省錄

一、辭修回來後，觀其言行虛偽掩飾，惟恐人知其不誠不實，而毫無自反自修之覺悟，令人徒歎奈何。彼之最大毛病：甲、既不自知，故自尊自大又不知人，更不知余平時對彼之渾厚恕諒，而一以余為可以始終欺詐者，此為最大之不幸。乙、不明是非，不知善惡，不分大小，不審緩急，專聽細言，好弄手段，此為貽誤大局最足殷憂者也，尚意氣、無耐心，最足敗事也。

二、審閱去年日記，手草總反省錄稿初成。

三、重審「蘇俄在中國」第二、第三編，如何使美國能有所助益也。

四、美對我提出五年軍援計畫與我之對案，此乃要務也。

五、手擬西南空降的「崑崙計畫」，聞匪軍在雲南集中，未得確報為慮。

六、自由中國半月刊雷逆[2]反動挑撥臺民與政府惡劣關係，如不速即處置，即將噬臍莫及，不能不作最後決心矣。

1　傅正，號中梅，江蘇高淳人。1954 年擔任《自由中國文摘》半月刊編輯。1957 年 4 月擔任《自立晚報》主筆。1958 年任自由中國雜誌社編輯。1960 年參與「中國民主黨」組黨運動，之後與雷震同被逮捕入獄。

2　雷逆即雷震。

七、非洲剛果[1]變亂，無疑為俄共滲透所致，俄共急欲空運其部隊，乃為美國強硬對抗所阻遏，比軍亦照聯合國決議撤退其駐剛京之部隊，其勢已漸緩和，但並未解決問題也。

七月二十四日　星期日　氣候：晴

雪恥：一、辭修最近態度與心情近乎子文，以刺激、要脅與權術之對待其領導者，而領袖反被其所利用，以達到其個人慾望與目的，並為其洩私憤、報私仇，竟致最後黨國敗壞至此，乃為余一生之罪惡，後悔莫及。今辭修復襲此病，如不切實教訓，使其痛切悔悟以挽救之，則公與私俱蹶。國勢至此，何堪再增一搠也，戒之。

前、昨二夜連服安眠藥，尚得熟睡如常。上午帶仲虎、孝勇遊覽溪內瀑布，以水大，瀑形更覺雄壯，一如葫蘆狀，甚為壯觀。下午二時後回妙高臺，入浴休息後記事。晡帶兩孩散步，晚膳後送其至小學門外，令上車回去，而余獨留於此也。

七月二十五日　星期一　氣候：上陰下大雨　颱風在琉球

雪恥：一、「自由中國」半月刊之處治辦法應再加考慮乎。二、王雲五調考試院長後之人事：甲、俞大維調行政副院長。乙、至柔調國防部長。丙、經國任省主席。丁、季陸[2]調教育部。戊、銓敘與考選二部長之人選袁守謙與

1　剛果即剛果。
2　黃季陸，名陸，又名學典，四川敘永人。1958 年 7 月調任考試院考選部部長，1961 年 2 月改任教育部部長。

中央副秘長（鄧傳楷[1]、劉真[2]）及考試委員人選張邦珍[3]等。

今晨傷風，上午記上周反省錄。十一時經國來山報告其工作近情，特別對於退役士兵組織、領導與地方反動派加強注意，午膳後別去。下午記去年總反省錄綱要，並手錄李德哈達戰略論要旨。晚以大雨與傷風，九時後就寢。

七月二十六日　星期二　氣候：雨

雪恥：一、雷逆逮捕後應警告反動人士者：甲、民主自由之基礎在守法與愛國。乙、不得煽動民心，擾亂社會秩序。丙、不得違紀亂法，造謠惑眾，動搖反共基地。丁、不得抄襲匪共故技，破壞政府復國反共措施法令，挑撥全體同胞團結精神情感，效尤共匪假借民主實行顛覆政府之故技，而為匪共侵臺鋪路。其他皆可以民主精神尊重其一切自由權利。

昨夜傷風，服藥後出汗甚多，但能安眠，今晨精神尚未復元。上、下午皆審核軍事會議訓詞綜合稿未完，日間風雨交加，至晡乃晴，散步。

七月二十七日　星期三　氣候：晴

雪恥：一、表揚鴻鈞令應增補「見危受命，臨難不苟，誠為革命之強者，國家之楨幹，忠純誠信，式樹楷範」一段為要。

本日傷風已癒。上、下午皆續審軍事會議訓詞稿，作第一次之修正。

1　鄧傳楷，江蘇江陰人。1954 年 8 月出任中國國民黨中央委員會副秘書長，1961 年 3 月出任教育部政務次長。

2　劉真，字白如，安徽鳳陽人。1949 年 5 月接任臺灣省立師範學院院長，1955 年首任臺灣省立師範大學校長。1957 年 8 月改任臺灣省政府教育廳廳長，1962 年 12 月離職。

3　張邦珍，字韻璧，雲南鎮雄人。1950 年起先後任教育部特約編纂、設計委員會專任委員。1953 年出任臺灣省政府教育廳副廳長，兼任行政院設計委員。1966 年起連任考試院第四、五兩屆考試委員。

近日對於人民公社問題事，甚覺其組織內容，尤其是命令系統控制與指揮監察（秘密）、考查（配置）等方法與紀律執行之重要，決非如政治部戰地政務所設計替代辦法之簡單，特別是城市公社與鄉村公社不同性與對策，更應注意調查與研究也。

七月二十八日　星期四　氣候：晴　未刻雷雨

雪恥：一、匪共建設的三面紅旗：甲、共產主義建設總路線。乙、工、農業大躍進。丙、農村與都市的人民公社。三個編組與內容必須澈底調查研究，應成立專門委員會從事澈底研究，決定對策，如果反攻時期能對公社組織處置或利用得當，則復國問題大部已可解決矣。

本日審核軍會訓詞完，着手修改，頗費心力。晡伯熊與孝武來山陪侍，膳後同在樹林（松）下觀賞新月，其樂融融。

七月二十九日　星期五　氣候：陰雨

雪恥：孟子曰：「天下有道，小德役大德，小賢役大賢。天下無道，小役大，弱役強。斯二者天也。順天者存，逆天者亡。」齊景公[1]曰（離婁章）：「既不能令，又不受命，是絕物也……今也小國師大國而恥受命焉，是猶弟子而恥受命於先先[2]師也。」讀之深有所感。

本日上、下午皆修改軍事會議講稿對匪俄關係一章，大部皆親手修正，頗覺自慰。正午到拉合過渡接熊、武[3]，乘轎回妙高臺午膳。美尼克生當選為共和

1　齊景公（？-前490），姜姓，名杵臼，齊後莊公的異母弟，在位時有名相晏嬰輔政。

2　原文如此。

3　熊、武即宋伯熊、蔣孝武。

黨本屆總統候選人，其對俄共經驗與政治外交之老練，當非其對手肯尼第所及也。

七月三十日　星期六　氣候：晴　晚雨

雪恥：一、辭修近日神態，其對行政院「雞筋」不定的行動，乃發現其為對黨務政策與人事之主觀成見，表示事事不滿，更是對余主張懷有歧見，此其非僅為對立法院之不能容忍而已，甚覺其驕矜失常，恐難以情理所能警告悔悟也。二、行政院與自由中國刊兩個問題之處置，應有輕重先後之分，不可不重加考慮。

上午閱報，始知鴻鈞今日安葬，乃帶熊、武[1]即時起程，十二時到陽明山公墓，向其墓前致哀敬之忱後，回後草廬。下午重修講詞稿，會客。晡約張、唐、陶[2]等談自由中國刊與雷逆[3]問題，談及辭修行態，不勝奇異之至，奈何。

上星期反省錄

一、西德艾德諾訪法，與戴高樂密商西歐聯盟組織成為第三勢力，以對付美、俄的勢力，殊足重視。

二、愛克在其共和黨大會上，提出其世界上美式民主與俄式共產二種制度，由聯合國監督總投票，以判定美、俄對人心向背之根據，豈非對牛彈琴？

三、美共和黨總統候選人尼克生與洛奇[4]分別為正、副總統候選人，其對俄陣

1　熊、武即宋伯熊、蔣孝武。

2　張、唐、陶即張羣、唐縱、陶希聖。

3　雷逆即雷震。

4　洛奇（Henry Cabot Lodge Jr.），美國共和黨人，曾任參議員，時任駐聯合國常任代表，與尼克森搭檔競選正副總統。

容優於肯尼第矣，頗感欣慰。

四、本周在角畈山休養，草成去年總反省錄與本年軍會訓詞全稿三萬餘言，此二種工作皆甚重要，實未休息耳。

五、前報載周匪恩來十七日將訪俄，但至本月低〔底〕並無此消息，應加注意。

本星期預定工作課目

1. 屬妻代電尼克生，祝賀其為總統候選人，對其大會講稿應加贊許。
2. 代電共和黨領袖竇克生[1]。
3. 對辭修再作勸告。

七月三十一日　星期日　氣候：颱風

雪恥：一、葉[2]受匪諜引誘，彼隱藏其事，不肯對政府明言告發，應擬處理辦法。

本日全天風雨，但往管理局禮拜如常，上、下午皆修改軍會講詞第次[3]稿，晚與妻在風雨中車行臺北市區，消遣解愁而回。伯熊、仲虎、孝武、孝勇在家，全日熙攘跳躍、親愛熱鬧，亦足抵消苦悶也。辭修既不能自愛自重，而又恐人對其不敬不信，滿腹懷疑，無論任何善言規勸終是疑人，他都是向惡意方面猜忌，幾乎對他無言可說，只有聽之，以待其自悟矣。

1　竇克生（Everett M. Dirksen），美國共和黨人，1951 年 1 月至 1969 年 9 月為參議員（伊利諾州選出）。1959 年至 1969 年為參議院少數黨領袖。

2　葉即葉公超。

3　原文如此。

上月反省錄

一、美國兩黨總統候選人皆已決定，民主黨此次大會中，艾其生竟未見其露面發言，是以被該黨所垂〔唾〕棄，但鮑爾斯[1]與斯丁文生[2]仍將為該黨外交之主持，其左頃諂共之言行，其卑劣熱中殊為世人所不齒，豈為美國有識公民所能信任乎？余認為尼克生當選機會甚大也。

二、回憶四月間南韓選舉政潮之結果，其關鍵全在南韓軍隊為美國所操縱，不接受李承晚之指揮，是其失敗之主因也。

三、美宣布減少古巴糖入口，美、古情勢進入最後階段，惟俄聲明以武力援古巴，因之引起了中南各國對古巴之惡感，主張召開美洲外交會議，美已漸趨優勢矣。

四、本月義大利政局混亂，共黨暴動。剛果兵變，全國騷亂。日本新政府池田[3]內閣成立，其反動黨派仍在不斷示威，並無安定之象。此皆國際共黨武力暴動政策之實現也。

五、俄共於五、七兩日又在中太平洋試射飛彈，而且其於七月一日又在支倫巴[4]公海上擊落美機矣。

六、七月間本身工作：甲、立院對國代待遇預算案仍吹毛求疵，與行政院為難，余予以壓制，始告解決。乙、辭修心理病態愈烈，令人為國家前途引起重大憂慮。丙、召見國防研究員六十人與陸參大學畢業優生十人完。丁、本（七）月研究匪、俄關係最切且有結論。戊、審修軍事會訓訓[5]詞

---

1 鮑爾斯（Chester Bowles），美國民主黨人，1951 年出任駐印度大使，1959 年 1 月至 1961 年 1 月為眾議員（康乃狄克州選出），1961 年 1 月出任國務次卿。

2 史蒂文生（Adlai E. Stevenson II），又譯史丁文生、斯丁文生、史塔生，美國民主黨人。1949 年 1 月 10 日至 1953 年 1 月 12 日任伊利諾州州長。1952 年和 1956 年兩度獲得民主黨的總統候選人提名，都為共和黨艾森豪擊敗。1961 年 1 月 23 日被任命為駐聯合國常任代表。

3 池田即池田勇人。

4 支倫巴即巴倫支。

5 原文如此。

完。己、草擬去年總反省錄稿完。庚、研閱讀史兵略開始，但無心詳解。辛、中央銀行密件處理完妥，並派徐柏園任總裁矣。

七、新擬崑崙計畫促其實現。

八、國際關係：甲、德、法會議商討建立第三勢力問題。

蔣中正日記
Chiang Kai-shek Diaries

八月

民國四十九年八月

本月大事預定表

1. 召見國大主席團及各組召集人。
2. 召見實踐研究院各分組主任。
3. 林派為中國銀行董事（崇鏞〔墉〕[1]）。
4. 召見中國、交通與中央各行幹員。
5. 本黨全國代會與重新登記案之研究。
6. 重審軍事會議全部報告各案。
7. 東沙島機場之建築計畫。
8. 緬北人事與整軍組織之督導。
9. 自由中國半月刊與雷逆[2]問題之解決。
10. 考試委員與院長提名與行政副院長人選。

八月一日　星期一　氣候：雨

雪恥：一、對辭修勸告要旨：甲、下半年為對內、對外形勢最緊張，亦最危險之時期，不應如此消極拖延，以誤政局。乙、彼數年來成績與聲望乃應此

1　林崇墉，字孟工，福建閩侯人。曾任中央銀行業務局局長。1950 年任臺灣大學教授，後到美國加州大學研究。1964 年 11 月返臺出任經濟部證券管理委員會主任委員。
2　雷逆指雷震。

次暴戾狹隘之言行，造成低潮。丙、如不即日表示其積極奉公，到院負責處理公務，更引起外間猜測與謠諑，愈遲愈將陷入進退維谷之境。丁、彼最近不知不覺之間對余處事發生歧見，將使外間引起其與我不同意見之猜測，應特令注意。

朝起，聞臺中水災嚴重之報，頗感憂慮，以電信毀壞，至夜間猶未能得實在消息也。本日上、下午皆在後草廬，修改軍會訓詞第二次稿下卷未完。

八月二日　星期二　氣候：陰晴

雪恥：一、最近更感外交無義無理，而以法國戴高樂態度對共匪靠近，對余視若無睹之現狀，殊所不測，以理論共匪不僅承認其阿爾及利阿之偽政權，而且明目張膽派其顧問團，以助長其戰亂，豈其怕兇欺善一至於此乎。二、日本新政府對共匪之態度，惟恐勾結不上之醜態，更為可惡矣，惟此種冷暖厚薄如過眼浮雲，如以此而轉移其喜怒哀樂之心情，則不足以任大負重矣，何足為意。

上午修改軍會訓詞第二次稿完，約見美直接稅顧問[1]後，召見赴美考察人員五名後記事。下午記上月反省錄，晚宴霍伍德[2]上將。

八月三日　星期三　氣候：晴

雪恥：一、明示辭修彼已為元首候補者，國家前途、人民禍福，將來全屬望於彼身上，如果其心情言行一如最近數月來之表現，幾使中外友好人士皆為

1　柯洛克（Joseph P. Crocker），美籍所得稅立法專家。

2　霍伍德（Herbert G. Hopwood），又譯霍武德、霍達伍德，美國海軍將領，1958 年至 1960 年任太平洋艦隊總司令。

失望，人心無所寄托，此豈只是我個人之憂惶無措而已，能不憬悟自修乎？二、玩弄手段、施用權術只可偶一為之，則人或可諒解，如無時無地不用權術，而過去不自覺其為人所諒察，反以為人愚而我獨智，豈不危哉？

上午主持常會，對辭修加以慰勉，而未道破其缺點，使之自悟或更有益。下午續補軍會訓詞稿完而復補也，晚宴霍武德上將。

八月四日　星期四　氣候：陰

雪恥：下午續補訓詞三小時，猶覺未妥也。晚膳後獨自散步，吟詩為樂。

朝課後續補訓詞稿，九時訪霍武德作別。上午召見中國銀行各地分行長後，主持作戰會談，聽取東沙島機場地形與緬北江拉機場擴充計畫之報告，決定如計實施。正午宴諮〔資〕政、顧問百餘人，對時局與前途予以指示，並戒其以美國大選來觀察國家命運之心理糾正之，一般投機文人其用心之卑劣，至今可謂極矣，能不悲乎。

八月五日　星期五　氣候：晴

雪恥：一、特戰部隊之組織，對於訓練民種〔眾〕與審供降俘與判核情報的三部門工作，應特別加強與重視，尤其是訓練民眾的幹部之訓練方法及其課目，應事先規定。

上午主持財經會談，商討糧價與物價以及金融管制問題二小時，有益。下午批閱公文，對考試委員與院長人選頗費研究，又銓敘、考選與教育三部長人選及行政院副院長問題，皆須慎重出之。

八月六日　星期六　氣候：晴

雪恥：一、桑錫菁[1]工作。二、王鍾[2]可用。三、考試院長、行政院副院長人選之方針，及教育、考選與銓敘三部長人選。四、青、民兩黨參加政府之協商之時機。

本晨六時四十分起床，是為最晚起之一天。上午會客後主持軍事會談，對東引防務工事程度聽取報告，下午審閱軍會訓詞印本未完，約見美參議員斯巴克門[3]談一小時，晚在後公園野餐。

上星期反省錄

一、據霍武德（美海軍總司令）所說，俄共決不敢發動奇襲大戰之心理，似可代表其美軍主要人員一般之成見乎？似甚危險。至其說俄共決不給予匪共之原子武器，並慮匪共一旦有了原子武器，必將冒進，發動戰爭云。

二、法、西德戴、艾[4]上月杪在法密商西歐政治邦聯組織，建立其第三勢力之舉動，乃為對美、英外交無能與不信之表示，自在意中。

三、剛果卡坦加省獨立，拒絕聯合國部隊進駐乃必然之事，惟俄共因此對非洲之滲透干涉又多一機會，此亦由美、英無能態度所產生之必然結果也。

四、軍會訓詞三萬餘言已審修付印矣。

五、美國（八月四日）在禁止核子武器會中，提出其禁試條約草案中含有匪共亦可參加之意。

1　桑錫菁，字君儀，江蘇常熟人。歷任財政部總務司第三科科長、總務司司長、中央銀行秘書處處長，1954 年 5 月至 1958 年 7 月任行政院副秘書長，並兼任中央銀行顧問、交通銀行常務董事。

2　王鍾，字文蔚，吉林寧安人。1951 年 3 月任臺灣銀行總經理，1960 年 7 月卸任。

3　史巴克門（John J. Sparkman），又譯斯巴克門，美國民主黨人，法學家和政治家，1946 年 11 月至 1979 年 1 月為參議員（阿拉巴馬州選出），1952 年曾獲民主黨提名副總統候選人。

4　戴、艾即法國總統戴高樂（Charles de Gaulle）、西德總理艾德諾（Konrad Adenauer）。

本星期預定工作課目

1. 緬北基地之人事與方略速定。

八月七日　星期日　氣候：颱風　大雨

雪恥：一、古巴宣布沒收美在「古」財產，約值十億美金，並公開接受俄共砲兵等軍事援助，且脫離美洲國家組織。此一形勢俄共對美國之打擊，乃與其剛果問題對聯合國之打擊同時並進，是美國十五年來所自造成之後果也。美如再不積極應戰，則世界赤化必將提早實現矣。二、緬北防務加強，嚴防匪軍由滇南來攻。

上、下午皆重審軍會訓詞印成本，禮拜如常。孝章起程返美就學，甚恐其手有現款反害其前途，故仍令交其父代匯，托人保管也。

八月八日　星期一　氣候：颱風　暴雨

雪恥：一、對應看書藉〔籍〕之次序不決，則研究學術工作皆未着手為憾，茲決對讀史兵略與兵學七書展緩，當先看各書順次如下：甲、菲特烈大王研究。乙、拿破崙戰史。丙、馬漢名著精華。丁、約米尼[1]戰略論。戊、福煦[2]戰略論。己、克勞塞維茨[3]戰略論。庚、蘇俄軍事思想。以上七書重新覆述一

1　約米尼（Antoine H. Jomini, 1779-1869），瑞士軍事家，著有《戰爭藝術》（*The Art of War*）等書。

2　福煦（Ferdinand Foch, 1851-1929），法國陸軍將領，第一次世界大戰後期任協約國聯軍總司令。

3　克勞塞維茲（Carl von Clausewitz, 1781-1831），又譯考勞維治，普魯士將軍、軍事理論家，著有《戰爭論》。

遍，其他如戰略釋義與毛奇傳等亦應提前閱讀。

本晨颱風過境，大雨傾盆，乃停止紀念周。上午在寓手擬特戰部隊重要任務令稿數則，甚費心力三小時之久。下午考慮看書項目與次序甚久，召見考試委員羅時實[1]等六人後，與妻巡視市區，並未受到風災為幸。

八月九日　星期二　氣候：陰雨

雪恥：一、星四應檢討大興防務[2]。二、對人民公社之處理方針，應作三種以上之方案：甲、維持現有公社而予以改革。乙、准予人民自由抉擇，其不願在公社者，准其自謀生活，但應有具體規定，並為其設計生活與相當的控制。丙、完全解散。丁、其他臨時處理，總使其不再受共匪利用與煽動為第一方針，惟丙案必須用軍法之治的社會軍事化的設計以代替公社制度為要。

上午入府舉行韓大使白善燁[3]呈遞國書儀式後，召見考試委員與銓敘[4]、考選[5]二部長等十人。下午批閱公文，召集軍事會議，軍官宣讀基本任務之訓詞二小時，召見乃建。晚宴史巴克門與林肯（美國防部預算局長）[6]等，十時辭別。

1　羅時實，字佩秋，江西南昌人。在臺歷任考試院第二至四屆考試委員、國防研究院文化研究所所長、中國文化學院三民主義學門主任、《中華日報》常駐監察人等職。

2　國防部為空投空降支援柳元麟之緬北游擊隊，成立三八三一部隊，進行空投支援柳部計畫，經曼谷飛大興碼頭，時大興在緬甸及寮共活動範圍內，加上其跑道狹且短，飛行任務甚為艱鉅。

3　白善燁，號愚村，韓戰中歷任師長和軍長，官至陸軍參謀總長。1960 年 7 月 15 日受任韓國駐華大使，7 月 31 日到任，8 月 9 日呈遞到任國書，1961 年 7 月 8 日離任。

4　雷法章，湖北漢川人。曾任內務部次長、浙江省政府秘書長等職。1950 年至 1963 年間擔任考試院銓敘部部長。

5　考選部部長即黃季陸。

6　林肯（Franklin B. Lincoln），美國國防部預算局局長、國防部主計次長。

八月十日　星期三　氣候：上陰　下大雨傾盆

雪恥：一、為寮國傘兵營長黃連上尉昨晨在永珍叛變，[1] 佔領該首都，惟該都電臺並無其他消息。據我方情報稱，該叛軍以反對美國為惟一宣傳口號，可知此次政變完全為共匪所操縱也。如果其叛亂成功，則我在緬北陸上第一反攻基地已遭威脅，恐難如計實施，甚望其原有政府仍能恢復其政權，而敉平其叛亂耳。

上午以辭修病，乃順道訪問，並告其考試院長與考試委員本日提名之決定反慰之，主持中央常會，下午審閱腓特烈大王之研究開始，有趣有益。今日訪辭修病，是乃對其精神之慰勉，或於今後政局有益也。

八月十一日　星期四　氣候：陰

雪恥：一、烏日基地之砲兵團址應與其附近之經理大隊對調。二、譯員訓練情形如何特重紀律。三、修護基地經費應增加。四、軍紀與軍法的關係：子、軍紀是自動的，並預防犯罪於事前。丑、軍法是消極的，處治犯罪於已然，故軍紀比軍法更為重要。

上午召見許紹昌 [2] 等畢，主持情報會談，據報美情報與宣傳人員皆與此次所發起的所謂反對黨有關，殊為可痛。美國外交行動之無信不義，安能使受援各國不痛恨反對耶，其拙劣卑鄙，何能對俄不敗耶。下午續閱「腓特烈之研究」有益，以後應特別研究近代名賢事略為要。

1　1960 年 8 月 9 日，寮國中立派康列（Kong Le）上尉和他所帶領的由特種部隊訓練的王國政府局傘兵第二營六百人，通過一次不流血的政變控制首都永珍。日記中稱 Kong Le 為「黃連」或「王連」。

2　許紹昌，字持平，浙江杭州人。1958 年 8 月任駐美國大使館公使，1960 年 7 月，調任外交部政務次長。1963 年 6 月，調任駐巴西全權大使。

八月十二日　星期五　氣候：陰雨

雪恥：一、今閱腓特烈的戰略與政治不可分離之性質，自是不易之論，惟外交與戰略不可分離之性質，乃有今昔不同之感。卅年來我國外交因強鄰（日、俄）與我國勢強弱懸殊，尤其是敵人對我非投降即滅亡之政策，乃使吾人幾乎絕無外交運用之餘地為歎，但仍當於此點加以切實研究為要。

上午見尹仲容、周友端[1]、徐汝楫[2]等後，主持作戰會談，研究緬北第一反攻基地，對匪、緬、寮各方防衛與反擊計畫予以指示。下午續閱腓特烈之研究有感，約見洛奇大使[3]，暢談一小時辭去。聞孝章在美結婚，未得家長同意。

八月十三日　星期六　氣候：陰晴

雪恥：一、召見參軍。二、發朱逸〔一〕民[4]、何雪竹經費。三、見雲五與莫德惠、程天放。

上午召見趙志垚[5]、趙葆全[6]、王昇[7]、余堅[8]等，余堅似可用。主持軍事會

1　周友端，浙江臨海人。曾任臺灣金屬礦業股份有限公司董事長，1960 年 7 月至 1963 年 3 月任臺灣銀行第四任總經理。

2　徐汝楫，號子舟，雲南保山人。曾任第六軍政工處處長、高雄要塞政治部主任，1956 年 8 月任陸軍指揮參謀學校政治部主任，時任心理作戰總隊總隊長，1962 年 3 月調任第二軍團政治部主任。

3　洛奇（John D. Lodge），美國共和黨人，時任駐西班牙大使。

4　朱紹良，字一民，原籍江蘇武進，生於福建福州。1949 年任福建省政府主席兼福州綏靖公署主任。時任總統府國策顧問。

5　趙志垚，原名趙淳如，字玉麟，號志垚，浙江青田人。歷任國防部預算局局長、臺灣銀行常務董事、菲律賓交通銀行副董事長等職務。時任交通銀行董事長。

6　趙葆全，號抱泉，江蘇江陰人。曾任農林部農村經濟司司長，到臺灣後任中國農民銀行協理、總經理，時任交通銀行總經理。

7　王昇，字化行，江西龍南人。1955 年 12 月出任政工幹部學校校長，1960 年 5 月出任國防部總政治部副主任。

8　余堅，號廷堅，湖北沔陽人。曾任裝甲兵學校政治部副主任，後赴美留學，紐約大學研究院畢業，復在哥倫比亞大學、西德波昂大學研究所研究，專攻「各國政府及政治」。時為革命實踐研究院研究員。

談，聽取外島半年來備戰與匪軍二方優劣情形，匪共技術亦頗有進步，豈俄共顧問仍在積極督導乎。下午因昨夜失眠，午睡二小時甚佳，閱腓特烈之研究後，與妻遊覽慈湖，子安、熊、虎、武、勇[1]同行，野餐後回。

上星期反省錄

一、匪、俄關係之消息日增，其間可注意各點：甲、英國每周評論：子、在非洲厄特利亞及索馬利來，匪共對該兩地支持其民族主義者，俄共對此甚為憤怒，又在烏干特及喀麥隆各新國亦形成匪、俄敵對形勢。丑、匪共在外蒙對「布利亞特」（即貝利亞圖）蒙古（貝加爾湖周圍）主張劃入外蒙，在該地之匪共人員已被俄逮捕。寅、「世界馬克斯主義者評論」的出版問題，韓、越共本已與俄同意合作，但因匪共回答須待匪、俄雙方主要思想問題解決後始可合作，因而韓、越共亦退出該刊（以上為八月九日之消息）。卯、最近數周中，有大批俄專家離開北平，其中有一個星期竟有四天發生俄人全家搬帶笨重傢具乘火車返俄，而且在東北亦有此跡象。總計約四千俄專家，自七月底以來已有數百人回俄云（十二日法新電）。由以上消息觀之，匪、俄自六月初在北平工人世界大會與六月下旬在羅京共產大會所產生的結果自有可能？

1　即宋子安、宋伯熊、宋仲虎、蔣孝武、蔣孝勇。

本星期預定工作課目

1. 余堅工作，關德懋[1]（德）。
2. 召見各參軍、劉紹棠黨部。
3. 審閱講稿。
4. 對雷逆[2]之準備（查證）。
5. 大興公司案（李萬居[3]）。

八月十四日　星期日　氣候：颱風　大雨

雪恥：一、教育應以樂觀、希望、自信與服務為養成學生精神與心理之要旨。二、腓特烈之歷史教育着重於軍事與外交，而對內政、文化為次要問題，余認為經濟與文化、科學亦應與軍事並重也，其他對軍事、政治、宗教、移民等政策與思想無一不與我相同，當然今昔時代幾隔二百年，其中變化很多不同之處，但其建國精神與基本課題，今日還有很多足為吾人效法耳。

上午複習腓特烈之研究，頗多心得，禮拜如常。下午記上周反省錄，對匪、俄關係加以特別分析，尚有心得為慰，但如何可使匪、俄公開破裂或正式衝突，並非為絕無研究餘地之問題也。

---

1 關德懋，字伯勉，安徽六安人。1946 年至 1953 年，任中國紡織建設公司購料委員會副主任委員，參與中紡撤臺復廠事宜。1955 年啣命赴德，聯繫自由俄聯及安排德國議員訪華。時為國家安全局研究委員。

2 雷逆即雷震。

3 李萬居，字孟南，臺灣雲林人。中國青年黨黨員。1946 年當選臺灣省參議會議員，並任副議長。1947 年 10 月創辦《臺灣公論報》。1950 年與雷震等籌組中國民主黨，未成。1953 年當選臺灣省議員，連任四屆。1958 年起參與發起組織「中國地方自治研究會」。

八月十五日　星期一　氣候：晴　晡雨

雪恥：一、繼任行政院長人選，王雲五、周至柔皆可在備選之列，但王非黨員，應否徵求其事先或事後入黨，須加研究。

本日為國軍政工改制第十周年，上午在政工幹部主持政工會議開幕，訓話卅分時畢，召見經國與柏亭[1]、達雲、彥棻後，參觀政工歷史陳列室。下午批閱，約檀香山僑領李日和[2]、譚福善[3]等茶會後，往蒔林檢閱毛奇與俾斯麥傳，攜回備讀。

八月十六日　星期二　氣候：風雨

雪恥：一、匪、俄交惡與矛盾日烈，甚至有俄停止匪共援助之現象。如果至此情勢，美左派更將主張姑息匪共，力求妥協，假如民主黨大選勝利，更將實現此一政策無疑，應預作準備。惟臺灣問題，匪必要求其所謂「歸還統一」，美民主黨果能承認乎。二、美大選如果民主黨當政時，對我不利之形勢究至如何程度，自我內部應如何加強其組織與基礎，當早為綢繆。

上午宣傳會談，對陶希聖等開放報禁之無知言行悲憤積鬱，發怒無狀，此又是最近不能養氣，不知自重，而自損威信之重大過犯，應切戒之。其實低聲輕言指斥批評則更為有效，望勿再犯。下午批閱後，審閱毛奇評傳開始。

1　張柏亭，字相豪，上海市人。原任第三十二師師長，1953 年任實踐學社研究專員，1956 年 4 月升為副主任，研究各種戰略、戰史。

2　李日和（James K. Kealoha），美國檀香山華僑領袖，曾獲選為夏威夷領地眾議員、參議員、參議會主席等。1959 年獲選為夏威夷州副州長，擔任此次夏威夷親善訪華團團長。

3　譚福善（Eddie Tam），美國檀香山華僑領袖，美國民主黨人。1942 年當選為夏威夷領地茂宜郡行政委員會委員。時為茂宜島行政長。

八月十七日　星期三　氣候：風雨

雪恥：一、費爾特[1]（美太平洋總司令）仍想強迫我裁減大量軍隊，郝樂生（美合作署駐華代表）強迫我必須照其辦法增加電費，否則軍援與借款拒絕商談之情勢，殊為強人之所不能為者，而美員必欲強迫非此不可，此種優越高壓態度，安能不使人反對甚至怨憤，此美之外交惟有不敗者。尤其是對各國外交政策，乃先由其下級之報告而決定，而並非由其政府先有方針，再令其下級計畫實施，此美國在國際上除了為英國利用與俄共脅制以外，再無其他結果也，對此美政能不再求自立之道乎？

八月十八日　星期四　氣候：風雨未止

雪恥：昨（十七）日上午主持中央常會，對陶希聖提案與作為無常識，殊為痛苦，不能不令人忿憤，此又余不能深沉之過也。其實一切不如意之事，無須氣憤即可改正，而憤怒反有害也，今後更應以溫慈和樂之態度處理一切也。下午續讀毛奇評傳，對毛奇寬裕沉默之精神與性格，更令余欽佩矣。

本（十八）日上午召見劉紹唐[2]及參軍六員，主持作戰會談，聽取昆崙計畫六個目標區情形之報告，二小時完。下午續閱毛奇評傳，甚能增益，對歐洲近代史更增智識。

1　費爾德（Harry D. Felt），又譯費爾達、費爾得，美國海軍將領，1958 年至 1964 年任太平洋區總司令。

2　劉紹唐，原名宗向，原籍河北蘆臺、生於遼寧錦州。1949 年 1 月參加「南下工作團」先遣工作隊第三小組，4 月任新華社第四野戰軍總分社隨軍記者，5 月調任第四野戰軍宣傳部秘書。1950 年秘密出走香港，冬來臺。1951 年 2 月，將前撰短文彙刊為《紅色中國的叛徒》。1954 年 6 月，任國防部新中國出版社編輯，主編《國魂月刊》。時任中國國民黨中央設計考核委員會編審，後升總幹事。

八月十九日　星期五　氣候：風雨

雪恥：一、匪、俄形勢最近之矛盾發展，如望其正面衝突或根本決裂，乃絕無可能，但可循其俄共之本質與慣性而論，則應作以下趨勢之觀察：甲、俄人最無信義。乙、共產國際絕對為一元領導。丙、俄共只為本身，而可犧牲任何附庸。丁、黑、毛[1]勢不兩立，如毛一日在中共掌權，則俄黑決不再作積極援助（軍事亦將如此）。戊、惟此時黑魔或毛匪之中有一斃命，則形勢又將轉變。己、周匪恩來狡猾投機，即使毛斃，周匪決不敢與劉匪抗衡，但其內部與俄共因素必有重大變化，其將為俄共所征服乎？此時吾人所應注意者，全在俄共對匪之實際行動如何耳。

八月二十日　星期六　氣候：風雨

雪恥：昨（十九）日上午記事後，續閱毛奇評傳，接見旅美僑胞龍岡總會[2]百餘人，召見參軍六員完，批閱。下午續閱毛奇評傳至偉大人物成就章完結，感想與心得甚多，對其人格、精力與性情的定靜安慮、誠敬溫和，更令余敬慕無已，恨不早閱耳。

本（廿）日上午召見沈伯賢，是一有為之將領也。主持軍事會談，聽取余伯泉所擬五年建軍之目標與對美五年軍援計畫之覆文，甚妥。下午綜合研究毛奇戰略作為，認為其能本於戰爭原則指導作戰，但無戰略一定之方式也。十七時約監察委員茶會。

1　黑、毛即赫魯雪夫（Nikita Khrushchev）、毛澤東。

2　旅美僑胞龍岡總會，源於廣東開平供奉劉、關、張、趙四先祖之龍岡古廟。光緒初僑居美國之四姓宗親組成龍岡總會，1910 年於美舊金山成立龍岡公所，作為四姓僑胞聯絡中心。

上星期反省錄

一、美國所謂外交家，如鮑爾斯之著文與史汀文生之主張以及韓福瑞[1]之講演，皆與十年前之艾其生、馬歇爾，不僅對共黨本質至今尚茫無所知，而且幼稚糊塗，毫無國際智識與外交實際問題之研究，無不是一邱〔丘〕之貉。如果民主黨大選當政，則世界必將為俄共所赤化統治，人類亦無焦〔噍〕類。如美國民眾果有其愛國自尊之常識與精神，則其民主黨自無當選之可能也。

二、美國在空中收回太空囊與收回其發現者十三號所彈出的資料艙，此實為太空研究之又一新的進步。

三、聯合國召集裁軍會議三日，無結果而散。

四、美洲國家外長會議譴責多明尼加，但對古巴問題尚未討論。

五、寮國原來國防部長傅彌[2]，似對永珍叛亂者黃連以美國暗中支持，將提兵討伐。

六、剛果情勢混亂未定。

七、韓國總統[3]與總理[4]皆已選出。

八、克來因由美回臺，聞愛克對天馬計畫已經批准，此為對我之重要消息也。

九、本周審閱毛奇評傳完結，實對我又一重要收獲也。

十、考試委員提名通過。

---

1 韓福瑞（Hubert Horatio Humphrey, Jr.），美國民主黨人。1949 年 1 月至 1964 年 12 月為參議員（明尼蘇達州選出）。1960 年參加民主黨總統提名，1965 年至 1969 年出任第三十八任副總統。

2 富米（Phoumi Nosavan），又譯傅彌，寮國的右翼人物，寮國內戰中的反共軍人。曾在泰國、美國的支持下一度建立寮國軍事獨裁政府，1960 年擔任副首相兼國防大臣，掌握實權。1964 年遭遇軍事政變被推翻。1965 年重新奪權失敗，流亡泰國。

3 尹潽善，字敬天，號海葦。1960 年 8 月至 1962 年 3 月任韓國大統領。

4 張勉，號雲石，字志兌。在美國軍管時期，曾出任大韓民國臨時政府駐美國大使，1956 年 5 月至 1960 年 4 月擔任韓國副總統。1950 年 11 月至 1952 年 4 月、1960 年 8 月至 1961 年 5 月兩次出任韓國總理。

八月二十一日　星期日　氣候：風雨

雪恥：一、緬北計畫與組織，召見柳元麟等。二、雷、傅[1]叛逆案。三、研究俾斯麥傳。四、歐美各國史之講期。五、招待松野鶴平[2]。

上午記事，記上周反省錄，禮拜如常。下午重研腓特烈大王歷史，余對其人以「剛毅高明」的性情表示敬意，但其亦有褊激不衡之時，至其思想與行動無不與我相合，故皆足為我借鑒也。

八月二十二日　星期一　氣候：晴

雪恥：一、匪、俄關係：甲、俄軍事顧問亦隨其他俄專家顧問撤退返俄。乙、周匪[3]近日屢次聲言，願與美國坐下來談臺海不用武力的和平商談。丙、俄黑[4]聲言九月訪問北韓，據說有意訪問北平。丁、月初匪諜又來函試探和談，據最近各種跡象，匪、俄交惡已至不可掩飾，甚至等於公開此一情勢，對於匪俄、匪美以及對我今後利害關係，應切實注意研究，以及我的處理急應考慮。

上午重研腓特烈大王之軍事思想，主持研究院紀念周，召見谷鳳翔。下午帶伯熊、仲虎、孝武、孝勇遊覽烏來觀瀑，茶亭污極。

1　雷、傅即雷震、傅正。

2　松野鶴平，曾為日本眾議員、政友會幹事長。1952 年當選參議院議員，後連續三次當選。1956 年 4 月至 1962 年 8 月任參議院議長。

3　周匪即周恩來。

4　俄黑即赫魯雪夫（Nikita Khrushchev）。

八月二十三日　星期二　氣候：風雨

雪恥：一、月中莫斯科所召開的「遠東學者會議」，各國（連美國卅餘人）參加者千餘人，惟匪共無一人參加，此一形勢在匪、俄關係來說，實有重大性質，不可忽視。為何匪共必欲擺此姿態，對俄敢如此公開攤牌式的鬥爭，不留餘地也，果於匪共有利乎？其利究在何處？其作用何在？應加研究。

上午重習腓特烈之研究，入府主持月會，接見松野鶴平等日議員訪問團後，批閱公文。下午記事後，研閱俾士麥傳開始，甚感興趣。

八月二十四日　星期三　氣候：風雨

雪恥：一、武端卿[1]再召見，問恩施、來鳳地形。二、匪、俄關係之專門研究。三、寮國形勢拖延不決，將為共匪利用，其利害禍福尚難判定。

上午主持中央常會，對於三中全會與第九屆全代大會日期皆未決定。下午審閱俾士麥傳至第八章出使俄國止。晚宴松野鶴平等，相敘甚得，此老精力識見恐在日本政界中無出其右者，尤其慷慨直爽，更為難得。

八月二十五日　星期四　氣候：雨

雪恥：一、約見美大使莊乃德，問愛克有否回音。二、如匪、俄萬一破裂，則美對華政策可能各種問題之研究。

上午續閱俾士麥傳，十一時見林有福等六人，批閱公文。下午續閱俾士麥傳

1　武端卿，號修斌，湖北沔陽人，歷任國防部第一廳參謀、陸軍軍官學校第一處處長、臺中市團管區司令部司令、臺中師管區司令部參謀長、副司令、司令兼中部地區警備司令部司令。

至普奧戰爭上章止。批示特種作戰教程要旨與三角形攻擊戰鬥群作戰教令草案，甚重要。

八月二十六日　星期五　氣候：陰雨

雪恥：一、俄共通令其各地共黨加強指斥毛匪主戰路線。二、匪共亦將通令指責俄黑和平之說。三、寮國王連之叛變，乃為共黨之指使絕無懷疑。

上午十一時後在大溪與松野[1]談論共匪與中、日問題約三小時，彼豪爽誠摯乃為日本政壇第一人，但其對中共之力量亦估計過高也。下午回陽明山記事，續閱俾士麥傳至普奧戰爭下章止。

八月二十七日　星期六　氣候：晴　申刻雨

雪恥：一、對自由中國半月刊問題的處理方針：甲、以寬容與不得已的態度出之，非此不能保證反共基地的秩序安全，否則行將以此一線生機之國脈，被殉於假借民主自由的共產鋪路者之手。乙、該半月刊雷某[2]所言所行，完全如在大陸上卅六、七年時期的民主同盟的口號、行動如出一輒〔轍〕。丙、三中全會決定聯合反共救國的方針。丁、只要依循合法的行動，中央決不妨礙言論、結社之自由。

上午召見柳元麟等緬北將領，指示與照相紀念，在蒔林為英國記者[3]錄音，照相後，接見松野鶴平等七人，又見日眾議員四人畢，回後草廬。下午續記事，經兒來談孝文工作事及美對天馬計畫具體進行情形後，帶武、勇上角畈。

1　松野即松野鶴平。

2　雷某即雷震。

3　麥斯曼，英國國家廣播公司（British Broadcasting Corporation, BBC）記者，來臺拍攝蔣中正夫婦生活錄影。

上星期反省錄

一、俄共調莫洛托夫由外蒙大使至維也納任原子會代表，此乃匪、俄間分裂之證兆，亦是俄對匪不可綏靖之地步乎。

二、松野鶴平乃一豪爽之士，並非政治家也。

三、美對我所希望的天馬計畫與安置殘弱官兵四萬八千人案，已表示其誠意進行也。

四、緬北游擊部隊之編組及計畫已經親自決定實施，此乃陸上反攻基地之基礎也。

本星期預定工作課目

1. 處治雷逆[1]案之審慎決定。
2. 對雷案發表文告。
3. 審閱俄國簡史。
4. 三中全會召開日期。
5. 黨員重新登記之準備。
6. 反共救國會議召開之政策。
7. 憲政研討會之常委人選。
8. 侍衛長人選。

---

1 雷逆即雷震。

八月二十八日　星期日　氣候：晴

雪恥：大學右傳八章，所謂齊其家在修其身者：人之其所親愛而辟焉……故好而知其惡，惡而知其美者，鮮矣！故諺有之曰：人莫知其子之惡，莫知其苗之碩。註云：溺愛者不明，貪得者無厭，是則偏之為害，而家之所以不齊也。讀此甚感經國之溺愛其子女孝文、孝章，此乃明於察世而昧於治家，是亦辟（偏也）與私之過乎，不勝慨歎，甚望對孝武、孝勇之教養能不再蹈此覆輒〔轍〕耳。

上、下午皆續閱俾士麥傳第廿二章（陰謀與專制），至晚又閱君臣衝突一章，甚有所感。晡至三民村視察新築至大埔公路工程，進度甚緩。

八月二十九日　星期一　氣候：晴陰

雪恥：一、守法負責為國民之天職。二、亂法毀紀為社會之公敵。三、臺省不僅為反共抗俄基地，而且為國脈民命所繫一線之生機。四、不應效尤在大陸淪陷前匪共工具的口號行動，以致大陸人民至今陷於空前浩劫而無法自拔之覆輒〔轍〕。五、挑撥政府與人民之隔閡，造成省區同胞之惡感。六、以流血叛亂之鼓動民眾，再造二二八事變為目的之陰謀，如再不予處治，將為匪共製造其和平解放臺灣之良機。

本日傷風，在終日在妙高臺書室續審閱俾士麥傳完，感想萬千，更為德國民族精神企仰不置，乃不僅為俾士麥大公無私、忠君愛國之人格敬服而已。

八月三十日　星期二　氣候：上晴　下大雨

雪恥：一、公告中應說明今日臺灣之環境與現狀，外為匪軍時刻所窺伺進犯，內為匪諜到處隱伏滲透，造謠煽惑，無孔不入的作他破壞顛覆運動，挑撥分化。無論政府每一機構，應具備其隨時應戰的組織，而每一負責公民與團體，亦應隨時防範為匪諜滲透與叛亂所陷害的警惕，作反共消患的準備，方能確保此一片乾淨土，以免受大陸匪禍浩劫，此應為政府與社會共同之責任。

上午記事後，唐乃建來談時局與黨務，決定下月杪或十月初召開三中全會與對雷震、傅正之處治時期，並與其同遊望月臺新亭。下午口授文告稿要旨，聽報，讀史。晚審閱俄國歷史開始，並觀影劇。

八月三十一日　星期三　氣候：上晴　下雨

雪恥：一、雷逆[1]逮捕後，胡適如出而干涉或其在美公開反對政府時應有所準備：甲、置之不理。乙、間接警告其不宜返國。二、對美間接通知其逮雷原因，以免誤會。三、談話公告應先譯英文。四、何時談話為宜，以何種方式亦應考慮：甲、紀念周訓詞方式。乙、對中央社記者談話方式。

上午續閱俄史後，增補文稿要旨與批閱對日記者問答稿。下午手訂三角形攻擊戰鬥群教令總則，批閱公文與談話文稿。晚聞辭修噎病已痊為慰。立院通過獎勵投資條例，此乃黨政協調之先聲也。

1　雷逆即雷震。

上月反省錄

一、內政與工作：甲、獎勵投資條例，立法院在月杪閉會前通過，此為立法與行政兩院數月來之惡感消解之開始步驟。乙、監察院對考試院長與委員皆如所提名單通過。丙、辭修仍未到行政院辦公，殊為最大之損失。丁、天馬計畫愛克正式同意，此其為數年來對我反攻計畫第一次態度之表示也。戊、美費爾特總司令總想我裁減軍額，與郝樂生合作分署長強制我減少預算，且其言行傲慢，損害我政府威聲可痛。己、緬北柳部人事與整建已經加強。庚、雷震逮捕之考慮不厭其詳。辛、軍會訓詞三萬字修整完，毛奇與俾士麥傳看完。

二、國際形勢：甲、剛果動亂未已，俄共從中煽動操縱，其內亂方殷未艾。乙、美洲國家外長會議對多國反共政府絕交，而對古巴反不明文譴責，僅對俄匪干涉美洲斥責而已。丙、寮國政情尚未定局，恐將為匪共所滲透顛覆耳。丁、俄要求聯合國召集裁軍會議，三日無結果而散。戊、美對太空研究六項進步之聲言。己、俄發射太空狗歸回地面。庚、俄判決美 U.2 偵探機師十年徒刑。辛、美要求俄釋放其在北海擊落偵察機師生存者二名，俄置之不理。壬、義大利自前月共黨全國暴動後，其各政黨皆已一致合作，反對共黨之形勢似已轉危為安矣。癸、美在禁核子會議中之聲明，其對匪共亦可參加會議之含義甚明。

三、匪、俄關係之發展：甲、俄在匪區顧問確已絡續撤回。乙、莫洛托夫已由外蒙調為駐維也納原子會代表。丙、俄共通令其各黨部對匪問題之研究與指責。丁、俄共在非洲各國對匪行動與磨擦顯露。丁[1]、俄共在古巴聲言，對匪區顧問之撤離是為期限調職之常事，其為欲蓋彌彰乎。戊、匪對外蒙宣傳，其貝加爾湖周邊的布利亞特，蒙古應劃歸外蒙領域，而

1　原文如此。

俄共在該區逮捕匪共人員。己、八月中旬莫斯科召開遠東學者會議，歐美各國皆派代表參加，而匪共未派一人為代表，此意義實非尋常。

九月

蔣中正日記

Chiang Kai-shek Diaries

民國四十九年九月

九月一日　星期四　氣候：上晴

雪恥：俾士麥之能建立其德意志帝國而統一其全民族者，乃在其負責盡忠而已，即武侯[1]之鞠躬盡瘁，死而後已之精神耳。

本日為陸軍參謀大學開學之日，因余在角畈山未回臺北，故暫延期，惟可如期開課也。上午重修文告稿，下午三時後帶孝勇下山，途遇大雨，五時後回後草廬，入浴。晚研考俾士麥傳，余對其為人剛膽鐵腕、雄魄壯志、丹心熱忱，尤其對皇族與國家之忠貞不貳，公明無私，及其對政治、外交握權制機，深謀英斷，更足欽敬，人謂其驕傲怨恨成性，乃不足以蔽其崇高之人格與美德耳。

九月二日　星期五　氣候：晴

雪恥：一、西人以為匪、俄關係矛盾日深，如其西方能對西柏林問題讓步解決，則可使俄黑[2]在其國內與國際共產集中抬頭，以促成匪、俄間之分裂。此種幻想之發生或由於俄共有計畫之宣傳所致，不能令人無疑此次匪、俄所表

1　諸葛亮（181-234），字孔明，號臥龍，琅琊郡陽都縣人。三國時期蜀漢（季漢）丞相，輔助劉備及後主劉禪，以丞相封武鄉侯，兼領益州牧，「鞠躬盡瘁、死而後已」。曾發明木牛流馬，諸葛連弩等。被後世認為是智慧和忠義的典範。尊其為武侯、諸葛武侯。

2　俄黑即赫魯雪夫（Nikita Khrushchev）。

現之矛盾，其真偽成分究竟如何耳。二、所謂反對黨之活動與進行，乃以美國與胡適為其招搖號召之標幟。

朝課後補編毛奇評傳兩段，幾費二小時之久。上午會客後，主持宣傳會談，對匪、俄矛盾關係又有新資料參考。下午重修處治自由中國半月刊之文告稿，與岳軍、達雲、乃建研討對雷逆[1]之手續，聞辭修必欲由其行政院負責承辦，余乃允之。

九月三日　星期六　氣候：晴　晚陣雨

雪恥：一、古巴卡斯楚[2]在群眾大會先聲明將與匪共建交，而與我國絕交，但其並未正式通知我駐古大使，此種共產工具瘋狂無常，我乃自動先聲明與古巴絕交，正式通知其政府，但我不對古巴駁斥其極不正當與無理之狂態，乃我古訓絕交不出惡言之意也。二、決定逮捕叛逆雷震等反動不法分子，此為安定臺灣必要之舉也。

上午重修文告稿後，十時到忠烈祠秋祭，以今日為日本投降十五年之紀念，感慨無已。入府接見克蘭英[3]，轉遞其愛克批准天馬計畫之備忘錄，頗為欣慰。下午記事後修稿，與妻車遊士林後山新修公路，晚批閱公文。

1　雷逆即雷震。

2　卡斯楚（Fidel Alejandro Castro Ruz），又譯卡斯托羅，古巴共產黨、社會主義古巴和古巴革命武力的主要締造者，曾任古巴共產黨中央委員會第一書記、古巴國務委員會主席和古巴部長會議主席。

3　克蘭英即克來因（Ray S. Cline）。

上星期反省錄

一、東德封鎖西柏林與西德交通路，西柏林即開始利用空中走廊實施小形空運旅客。

二、約旦內閣總理[1]被埃及主謀的定時炸彈所中致死，約旦國王[2]幸免於難。

三、本周對雷逆[3]法辦之計畫再三考慮，並手擬公告，期安人心，自覺謹慎周詳，比之二十年前對此等案件之快斷速決之情形不可同日而語，此乃環境與年齡之因素大有關係也。

四、古巴投共，星六日我聲明對古絕交。

五、愛克批准「天馬計畫」正式備忘錄已經交遞，此為美國十年來對我反攻計畫第一次之首肯也。

九月四日　星期日　氣候：晴

雪恥：國際形勢紛亂，自五月以來愈演愈劇，只要我內部穩定，則我復國時機亦將愈為迫近矣。

上午重審文告稿，以幹部認雷案為法律而不涉政治問題，無需由余發表文告，故暫作罷。九時半逮捕雷震、傅正等交軍法審判，禮拜後記事，記上周反省錄。下午閱讀華盛頓傳開始，晡與妻至蒔林檢取林肯傳。晚獨步後公園觀月自得，十時後寢。

1　哈扎・馬賈利（Hazza' al-Majali, 1919-1960），1959 年 5 月 6 日第三度出任約旦首相，1960 年 8 月 29 日遇刺身亡。

2　胡笙（Hussein bin Talal），又稱胡笙一世（King Hussein I），為約旦國王，在位期間自 1952 年到 1999 年。

3　雷逆即雷震。

九月五日　星期一　氣候：晴

雪恥：今晨五時起床觀月，浩魄當空，大地靜寂，無異仙境，靜觀二十分時，寶鏡西沉，即為觀音山巔峰所掩，天亦拂曉，余始照常朝課。今為舊歷七月十五，如無閏六月則今即中秋矣，想念故鄉墓廬，思親不置，未知何日果得還鄉掃墓賞月矣。

上午在研究院紀念周指示時局與安定臺灣基地之道，約一小時，未用日前文告也，與正綱談憲政檢討會常委人選。下午閱讀華盛頓傳至第六章彭克山戰役止，往實踐學社視察科學儲訓班及指示拿翁傳編法。晚觀影劇（美、俄情報工作戰）後，帶武、勇觀月為樂。

九月六日　星期二　氣候：晴

雪恥：今為舊歷七月十六日，常想十一歲時先慈在宗祠成立新蘭盆會情景，是夕放燄口超度眾生，由先慈領導會眾與處理會務有條不紊，至今回憶猶在目前，惜乎慈容慈音已渺不可及矣。

今晨仍五時起床，靜觀月明如鏡，泉聲如琴，天籟成瑟，白雲成湖，此景此情乃非此地此時不能領悟也，人心樂趣無踰於此矣。

上午續閱華盛頓傳後，接見日本議員木暮[1]等四人，召見張載宇[2]等畢，主持情報會談，據雷[3]案之劉子英[4]自供其由匪共派來聯絡雷逆，且其初已明告雷

1　木暮武太夫，日本政治家、實業家。1924 年初次當選眾議院眾議員，1956 年轉任參議院參議員，1960 年入閣擔任運輸大臣。此時組織國會議員東南亞訪問團，訪問臺灣。

2　張載宇，原名道燾，安徽合肥人。1958 年 7 月任陸軍供應司令部運輸署署長，1960 年 10 月調任國防部聯合作戰研究督察委員會委員，1962 年 2 月兼任國防研究院總務處處長。

3　雷即雷震。

4　劉子英，北平市人。曾任國民參政會秘書、中日文教經濟協會幹事，時任《自由中國》雜誌編輯，1960 年 9 月 4 日，以涉嫌叛亂被臺灣警備總司令部逮捕。

逆，而雷仍包蔽不檢，且容留在家，並派其為自由中國刊之會計也，其通匪之罪確立矣。

九月七日　星期三　氣候：晴　溫度：八十二

雪恥：昨下午續閱華盛頓傳至其辭職歸田止，晡美作家莫林[1]談一小時，晚仍獨步至後公園前，回途乃見寶鏡初升，山月圓明，殊非他處所能領會其真趣也。

上午記事，主持中央常會，討論三中全會議案與黨友運動案，指示乃建雷案主要問題因轉移於劉子英匪諜與雷有重大關係方面，而以其社論叛亂涉嫌為次要因素矣。下午續閱華盛頓傳，並與柏亭研究毛奇由麥次向色當轉進的戰略運動之經過情形後，入浴。

九月八日　星期四　氣候：晴　悶

雪恥：一、胡適對雷案（在美）發表其應交司法機關審判，且稱雷為反共人士而決不叛亂之聲言，此種真正的「胡說」本不足道，但有此胡說，對政府民主體制亦有其補益，否則不能表明其政治為民主矣，故仍予以容忍，但此人徒有個人而無國家，徒恃外勢而無國法，只有自私而無道義，其人格等於野犬之狂吠，余昔認為可友者，今後對察人擇交更不知其將如何審慎矣。

上午會客四人，主持作戰會談，批閱公文。下午續閱華盛頓傳完，草記上月反省錄，晚觀影劇。

1　莫林（Relman Morin），美國美聯社記者，駐紐約特派員。

九月九日　星期五　氣候：晴　溫度：八二

雪恥：一、孔子誕辰發動孔孟學會首次大會。二、技術教育、行政管理與工商企業管理教育之督導。三、地價稅法實施。

上午召見陳漢平[1]，聽取其財政廳長任內工作總報告，有益。召見齊熙[2]，有望。抄擬上月反省錄。下午批閱，研究美國開國人物與地理，甚感過去智識淺薄為憾，約見洛山磯大學老校長（范格來的密先生）[3]，誠仁厚學者，不勝羨慕，國家必須有如此老教育家，方能富強發展也。

九月十日　星期六　氣候：晴

雪恥：一、法訪華團之注意。二、孔孟學會大會之籌備。三、雷案之速結。四、李案[4]之研究。五、美運機 C-133A 之渦輪螺旋式與 C130 機之研究。

上午朝課後，手書華盛頓傳讀後記要，甚感其中人之材所以能成為近世創造民主國家範型之第一偉人者，是其精神、性情與人格之公正所造成也。召見嚴家淦等，主持軍事會談。下午重研美國與俄國歷史後，獨往後公園內小築前，觀雲聽泉約卅分時，乃與妻車遊後山新路。

1　陳漢平，字建之，湖南長沙人。1952 年 4 月任財政部常務次長，1954 年 6 月調任臺灣省政府委員兼財政廳廳長，1960 年 6 月回任財政部常務次長，並於次年接任中央信託局局長。

2　齊熙，號子熙，河北高陽人。曾任臺灣造船公司總工程師。時任般臺公司總工程師，著有《潛水艇的演進》一書。

3　范格來的密（Rufus B. von KleinSmid），又譯范格蘭斯密，1921 年至 1947 年任美國南加州大學校長。退休後仍為該校終身校長。

4　李案即李萬居的大興建設公司承租臺北鐵路飯店基地，拆除四十餘戶房屋，遭住戶代表劉盛國、陳雲溪等十人陳請援助案。

上星期反省錄

一、閱讀華盛頓傳完，並手撰讀傳後感想一篇。

二、研究俄國歷代帝王要略，及其向東方西比利亞與白令海峽及阿拉斯加經營時期之經過，自感有得。

三、東沙島機場修築之決定。

四、雷案中劉之〔子〕英已自認其為匪諜，此一發現甚為重要。

五、國際紛亂至今為劇，廖國[1]、剛果與古巴形勢將無了局，尤其是俄黑[2]親自出席聯合國大會，而一般中立主義之印尼、印度、埃及、南斯拉夫等投機分子皆亦隨從出席。如此形勢，大戰果能避免不發乎，余以為隨時可以爆發世界大戰也。

九月十一日　星期日　氣候：晴

雪恥：一、我對美聯社記者[3]上周二日發表匪、俄關係談話後，匪與俄皆亦發表其匪、俄並非矛盾之遁辭，是其欲蓋彌彰矣。二、陸參訓詞要旨：甲、貫澈命令、達成任務之負責精神不足。乙、主動、服務、樂觀與自信為教育的宗旨。丙、為我與為人、自私與公正、目前與永生、現實與理想、肉體與心靈、軀殼與精神、宗教與科學、哲學與藝術、物質與靈魂、有神與無神，引而上學（天）與（理），引而下學（人）與（物）。丁、天路歷程。戊、信與疑、人格與品性。己、外國戰史紀要之介紹。

1　廖國即寮國。
2　俄黑即赫魯雪夫（Nikita Khrushchev）。
3　美聯社記者即莫林（Relman Morin）。

上午召集雷案小組談話後禮拜。下午詳研俄國歷史，至夜仍在考慮。今窮一日心力，已將其伊凡一世[1]至其俄共執政時止之略史始識其概要矣。

九月十二日　星期一　氣候：晴

雪恥：一、魏莫斯氏新約譯本羅馬書八章六節，保羅說：「由肉體慾望所形成的思想就是死亡，由崇高精神所形成的思想便是生命與平安。」余認為譯意較原文正確易解，但其中「崇高」二字，余以為改作「聖靈」或「靈性」則更妥乎。二、天的解釋，固為天是無體無形，無聲無臭，不可形容或指示的，而其只是代表公理正義與人性道心的象徵，故人生不可須臾離此天道，否則即成為形器之私了。

上午主持陸參大開學典禮後，研討雷[2]案發展情勢與方針。下午批閱公文，審閱納爾生傳開始。晡召見小組，據報所謂民主黨發起人李、高[3]等發表營救雷震宣言，余認為時機已到，再不可忍辱，必須予以反擊矣。

1　伊凡一世（Ivan I, 1288-1340），富於謀略，利用莫斯科優越的地理形勢，取得替蒙古人徵稅的權力，並擊敗勁敵特維爾大公國，取得弗拉基米爾大公封號，1328 年又把作為俄羅斯統一象徵的弗拉基米爾主教也遷至莫斯科。

2　雷即雷震。

3　李、高即李萬居、高玉樹。高玉樹，臺北市人。1954 年以無黨籍身分競選臺北市市長成功，任內拓寬羅斯福路、開闢南京東路、拓寬松江路和重慶北路，興建中山北路復興橋。1957 年 4 月競選連任第三屆臺北市長失敗。1958 年起參與發起組織「中國地方自治研究會」。

九月十三日　星期二　氣候：晴

雪恥：一、人生哲學：樂與憂、生與死、公與私、功與罪、神與人、聖與凡、目前與將來、暫時與永生、精神與軀殼、心靈與肉體、仁與忍的分析，皆應使青年特別是學生與士兵能夠澈底了解。

上午約見法國會訪華團[1]談三刻時，又召見監察委員一人[2]後，主持宣傳會談，自由中國半月刊雷震案，今日反動分子李萬居、高玉樹等發表其所謂籌黨委員會救雷宣言等，其形勢達到頂點矣。下午批閱後，接見美國西部新聞記者等二十人[3]，問答約一小時餘，辭去後與妻車遊山下一匝。

九月十四日　星期三　氣候：晴　溫度：八十六

雪恥：一、據報美國務院已對我駐美大使館為雷震案作變相警告，可鄙。

上午八時半起飛至岡山空軍官校，舉行第卅九期開學與空軍參大十九期畢業典禮，召見桑鵬[4]少將等空軍顧問，余妻為空軍史績館開館剪綵後，巡視史績，想見當時子弟抗戰忠勇神績，不勝悲傷。聚餐後到高雄澄清樓駐節，晡由經兒陪往柴山義大利製潛水器（艇）訓練基地視察，此為反共偵運中新的利器乎。

1　法國會訪問團即由法國眾議院副議長夏蒙（Jean Chamant）率領眾議院議員亞理基（Pascal Arrighi）、白祿（Jean Baylot）、黎比愛（René Ribière）、耶克森（William Jacson）、蒲喬亞（Pierre Bourgeois）、陸茜（André Rossi）、夏萊（Édouard Charret）等七人，於1960年9月10日至17日訪華。

2　陶百川，浙江紹興人。1948年上海市選出之第一屆監察委員，任職三十年，以1955年與九位監委聯名彈劾行政院院長俞鴻鈞案，名聲最著。1960年又提案廢除報禁。

3　全稱美國西海岸九大城市新聞訪問團，由美軍協防臺灣司令部司令史慕德陪同拜會。

4　桑鵬（Kenneth O. Sanborn），美國空軍將領，原任美國第四十二航空師指揮官，1960年來臺擔任空軍顧問，1962年8月升任美軍援華顧問團團長兼任美軍協防臺灣司令部陸軍顧問組組長及駐臺美國陸軍司令官。

九月十五日　星期四　氣候：上晴　晡風雨　地點：臺北

雪恥：昨下午妻由陳總司令夫婦[1]陪同，視察屏東與臺南軍眷住宅，氣候炎暑中不覺疲倦，至夜暗始回，對空軍士氣必有重大助益也。

本（十五）日朝課後，視察海灘，深入灣內十餘丈，已變舊時灘形矣。九時半與妻到鳳山陸軍館校舉行二十九期畢業典禮，此為新制之第二期生，紀律、學課皆比舊制進步，但體力不佳，在典禮中不到卅分時倒下見有五生，此為軍校從來所未有之劣績也。聚餐後起飛至臺中，對大專學校集訓學生四千人訓話，並參觀智力測驗訓練後，續飛回臺北，氣候頗冷，與高雄幾差二十度也。

九月十六日　星期五　氣候：風雨

雪恥：一、雷案以懲治叛亂條例處理，不能移轉司法機構審叛〔判〕。二、取消戒嚴法或請求開釋匪諜有關嫌疑犯，乃是要解除政府反共武裝，並以民主反共為名，而以救共亂國為實，再進一步即可實現其投共陷臺的故技，大陸殷鑒能不警惕，能不寒心。

上午辭修來見，談雷案應注意其與共匪統戰關係上更重要，余然其說，惟證據難覓，即有人證亦無法定罪該案，對煽動軍心與毀損軍譽上實應注重。約見西德國會外交委長柯普敦[2]後，召見雷案小組，商討起訴書要旨。下午閱報，記上周反省錄，晚宴法議員訪華團，相談甚洽。

1　陳即陳嘉尚，其妻傅企弘，時任空軍婦聯分會主任委員。

2　柯普敦（Hermann Kopf），又譯柯樸夫，西德基督教民主聯盟成員，西德聯邦參議院議員，1960 年至 1969 年間，為西德國會外交委員會主席。

九月十七日　星期六　氣候：雨

雪恥：一、美軍援團長對國軍之缺點看法：甲、中下級幹部欠缺積極負責與自動服務盡職的熱情，尤其對於督導考核的領導精神不夠，仍多敷衍塞責，不肯任怨任勞。乙、加給制度引起官兵消極被動的心理，應加注意。

上午召見杜安將軍，聽取其二年來在華服務期間，作臨別之總報告一小時半以上。下午往軍醫院療牙一小時餘回，考慮雷案提審結案時期與聯合國大會關係。

上星期反省錄

一、雷案已由美國務院對我大使提出警告以示恫嚇，而且美時代雜誌對我素表同情者，此次亦特作不義之社論，此為胡適之關係，其他如紐約時報與華府郵報之惡評更無論矣，但此次霍華德系報紙對我反無批評，而其對我代表權問題且作支持，可知美國輿論對我不利者，只是與中國自由主義者與其美國左派有關之少數報刊而已，此為余事前所預料者，而至上周乃為反動之巔點乎。惟此次顧慮周詳，決心堅定，毫不為內外反動之邪惡評論與美國壓力所動搖，以理與力皆甚充足耳，不過高級幹部亦有搖撼之象，不足為怪也。經此一考驗，更知外國之良友皆無公義情感可言，一如其政府以強權與帝王凌人，而本國所謂自由分子如胡適者，實昧良之洋奴而已。

二、陸參大開學與空參大畢業及其官校新制開學，又對大專夏季軍訓學生四千人訓話，皆如計實施為慰。

三、陸官校廿九期，即新制第三期八十餘生畢業，在典禮訓話中倒臥不支者計有五人，此為本校從未有過之恥辱，可知該校徐[1]校長之不力無能，應速撤換為要。

四、剛果陸軍發動政變，驅除其總理盧猛巴[2]及俄國大使，與寮國富米反對永珍親共總理富嗎[3]，其對立已甚明顯，此或自由世界反共國家略現一線之曙光乎。

五、下周俄黑[4]到美聯合國與美作激烈之冷戰，以及美國朝野自顧不遑之際，正為我政府解決雷案之良機乎。

九月十八日　星期日　氣候：陰雨

雪恥：一、對立委講話要旨：甲、當黨國艱危之際，黨員更應表示其對黨的忠誠，古訓「士窮見節義，疾風知勁草」。乙、外患與敵侮不足計，更不足畏，而惟內部自侮自訌最足令人傷心短氣，古訓「兄弟鬩牆，外侮其禦」。丙、黨國存亡就在此一年之中，團結一致則存，分歧矛盾則亡。丁、藉敵自重、重外輕內、舍本逐末的投機敗類必須清除。戊、發揚正氣、主持公道乃立委當務之急，切勿使十五年以來在大陸正氣消沉、是非倒置，卒使匪奸梟張，人民遭受空前浩劫。己、立法院必須與行政院澈底合作，黨員更須絕對擁護本黨政策，方能渡此艱危，達成復國雪恥的任務。庚、固有倫理與傳統民族精神必須實踐，方能奠定建國基礎。

昨夜夢在危梯中登上高樓，穩固不撼，其與卅二年來赴開羅途中之夢完全相反。

1　徐即徐汝誠。

2　魯孟巴（Patrice Lumumba），又譯盧猛巴、盧蒙巴、魯門巴、盧蒙巴，1960 年 6 月 24 日任剛果總理，並尋求蘇聯協助，與總統卡薩伏部對立，但至 9 月 5 日即被罷免。

3　富馬（Souvanna Phouma），又譯富嗎、佛瑪，1960 年 8 月 30 日出任寮國政變後任首相，12 月 13 日被國王解職，但仍獲社會主義國家承認。

4　俄黑即赫魯雪夫（Nikita Khrushchev）。

九月十九日　星期一　氣候：雨

雪恥：昨（十八）日上午記上周反省錄，禮拜如常，批閱公文，清理積案。下午續閱納爾生傳後，與妻車遊淡水，晚武、勇二孫同來觀影劇（魯德記）甚佳，家中一團和氣愛心，實為人生最大樂事，亦是最大幸福。

本（十九）日上午記事後，召見楊傳廣[1]、魏振武[2]等予以嘉勉。見辭修談下午茶會講話要旨，彼對雷案似有待軍法判決後再予寬免之意，余不作表示。正午手繪大溪頭寮資料室新屋地圖。下午四時半到中山堂與副總裁約立法委員本黨藉〔籍〕者茶會，以上次立院對行政院糾紛之故，乃以總裁與副總裁二人署名邀約，俾立院同志對辭修知所尊重也。

九月二十日　星期二　氣候：晴

雪恥：胡適挾外力以凌政府為榮，其與匪共挾俄寇以顛覆國家的心理並無二致，故其形式雖有不同，而重外輕內、忘本逐末，徒使民族遭受如此空前浩劫與無窮恥辱，其結果皆由民族精神與固有倫理式微所造成，故今日應特別強調民族主義自重自愛、自立自強之重要耳。

上午召見中國銀行總經理（陳長桐）[3]後，與嚴[4]部長談話，召見調職與出國人

1　楊傳廣，臺灣臺東馬蘭部落阿美族人。代表中華民國參加奧運十項全能競賽，獲 1960 年羅馬奧運會銀牌，為中華民國獲得的第一枚奧運獎牌，亦為十項全能史上打破九千分的紀錄保持者，綽號「亞洲鐵人」（Asian Iron Man）。獲蔣中正召見七次。

2　魏振武，天津人。曾任陸軍總司令部第五署第五組組長，1956 年 2 月任三軍球場管理主任，9 月任亞洲運動會中華民國代表團訓練組專員，1960 年任夏季奧林匹克運動會中華民國代表團田徑隊領隊及教練。

3　陳長桐，號席孫、庸孫，福建閩侯人。長期擔任中華民國駐世界銀行常任代表；後升任中國銀行董事兼副總經理、總經理、中國產物保險公司常務董事兼總經理、外匯審議委員會委員等職。

4　嚴即嚴家淦。

員十餘人畢，批閱。午後續繪頭寮經家地圖設計完，五時半約見胡文虎[1]妻、女、媳等茶會。

本屆立法院今日開會，辭修出席作政策報告，情形和偕〔諧〕為慰。

九月二十一日　星期三　氣候：陰雨

雪恥：今日為近來精神最不樂之一日，所見所聞，一般老大幹部若非澈底淘汰則無法革命也。

上午主持常會，見辭修之積極為慰，但其主觀與褊激又使人憂悶，且見常會中之老大幹部不是衰頹就是糊塗，尤其是羅家倫[2]思想以自由文化人自居，其實卑鄙自私而已，此次劉子英匪諜之隱匿，為其人事處長不僅偷安養奸而已。下午續閱納爾生傳後道藩來見，彼於前日在中山堂茶會時已覺其神經病復發為慮，但其語言尚有條理，其間亦有補益為慰，不料其本日所言對雷案處置方法之意見，可說昏庸老朽、卑怯腐劣八字實不足以盡其意矣，不勝為本黨前途悲切，痛苦萬分，此乃其所謂 CC 派之代表人物也。晡見黃杰對雷震起訴書稿，平庸無力極矣。

1　胡文虎（1882-1954），生於緬甸，祖籍福建永定，東南亞僑商。早年與弟胡文豹合創虎標萬金油、八卦丹、頭疼粉、清快水、止痛散等。並創辦過星、馬、港一帶星報系列報紙，計有《星洲日報》、《星島日報》、《英文星報》、《星暹日報》與《星檳日報》。

2　羅家倫，字志希，籍貫浙江紹興，生於江西進賢。1952 年 10 月出任中國國民黨中央委員會黨史編纂委員會主任委員，1957 年 6 月派任國史館館長。

九月二十二日　星期四　氣候：晴

雪恥：昨晚為杜安餞行，並約美國防部軍援局長潘上將[1]同宴，十時半回草廬後入浴，就寢已十一時半矣，睡眠不佳。

本（廿二）日上午詳閱雷案起草書稿並予指正，余對此案方針以雷逆[2]等已逮捕者為限，不擴大範圍，並能在黑裡雪夫未離紐約以前判決為要旨。下午召集辭修、岳軍、冠生、鳳翔等，對此案作最後之檢討，認為乙案減輕罪刑較甲案為妥，辭修仍持其擴大其統戰範圍也。晚復約鳳翔來談，對此稿再加指正也。

九月二十三日　星期五　氣候：陰

雪恥：一、見延國符[3]。二、孔誕講話要旨：甲、端正青年意志與趨向。乙、培育兒童體力，除去惡性補習。丙、樂觀、服務、愛國、合作、團結為青年教育方針。

上午入府與岳軍、乾三〔岐山〕檢討雷案起訴書後，約見菲律濱西亞斯地等，復召見調職人員四名後，批閱公文。下午審讀成吉思汗傳（馮[4]著）原序與第一章後，與妻車遊淡水道上。

1　潘默爾（Williston B. Palmer），美國陸軍將領，1955 年至 1957 年擔任陸軍副參謀長，1957 年至 1959 年擔任歐洲司令部副司令官。1959 年至 1962 年擔任國防部軍援局局長。

2　雷逆即雷震。

3　延國符，原名瑞琪，山東廣饒人。1945 年 10 月任行政院救濟總署魯青分署署長。其後擔任制憲國民大會代表、第一屆立法委員，1948 年 5 月任立法院副秘書長。1949 年到臺灣，歷任立法院立法委員、外交委員會召集委員。

4　馮承鈞（1887-1946），字子衡，湖北漢口人。歷任北京大學歷史系教授、北京師範大學歷史系教授。畢生從事中外交通史的研究，為重要歷史地理學家。著有《西域地名》、《中國南洋交通史》、《西域史地釋名》、《成吉思汗傳》等。

九月二十四日　星期六　氣候：晴

雪恥：夏秋晨光美景，非在黎明前後，不能見其清靜雄偉之奇妙。曾憶少年十歲前後未明即起，獨赴塾中讀早書之情景，更感慈母培植之苦心，未知如何報答親恩於萬一矣。

上午重核雷案起訴書稿，入府與岳軍、鳳翔（乾三〔岐山〕）商討修稿與起訴時間後，見愛爾蘭議員林賽[1]，又見劉振東[2]，可用。召見調職二人後批閱。下午審閱成吉思汗傳地名後，約澳洲工黨議員史蒂華[3]茶會畢，與妻車遊山下一匝，入浴後剪甲。

上星期反省錄

一、廿三日閱及洋奴張君勱藉洋勢以恫嚇和誣蔑之西文電報，毫不憤怒，而且反以為喜，因知雷案依法懲治之正確，加強自信，此乃修養進步之效驗也。

二、默察雷案反應，至本周尚有餘波在蕩漾之中，而高級幹部皆因美國輿論之壓力甚多動搖，尤以張道藩神經病為甚，不勝悲痛，惟辭修尚能堅定不撼耳。

三、俄黑[4]到聯合國評〔抨〕擊「哈孟少[5]」不遺餘力，愛克講詞尚稱得體，

1　林賽（Patrick J. Lindsay），愛爾蘭政治家和律師。時為愛爾蘭國會議員。

2　劉振東，號鐸山，山東黃縣人。歷任中央銀行經濟研究處專門委員、全國經濟委員會委員兼中央銀行處處長、第一屆立法委員。到臺灣後，繼任立法委員，並執業律師。

3　史蒂華（Francis E. Stewart），澳大利亞工黨人，1955 年至 1979 年任眾議員（新南威爾斯選出）。此次係應立法院院長張道藩之邀，來華訪問。

4　俄黑即赫魯雪夫（Nikita Khrushchev）。

5　哈馬紹（Dag Hammarskjöld），又譯韓馬紹、哈孟少，瑞典外交家和作家，1953 年 4 月擔任聯合國秘書長，1957 年再次當選。1961 年 9 月前往剛果停火談判途中墜機身亡，追授諾貝爾和平獎。

英首相[1]尚未到會，共產與自由二集團鬥爭將於下周作激烈之冷戰正劇乎。

四、寮國內戰已開始，南寮富米在北汕略挫，但泰已決心助富米以攻富碼，是將有積極發展之可能，余已電泰，贊助其行動與決心也。

五、近日每朝默誦學、庸，改在朝醒後床上實施，以醒時甚早，天尚未明故也。

本星期預定工作課目

1. 造就建國與愛國人才（為國家作育人才）。
2. 端正青年心理，改造社會風尚。
3. 發谷鳳翔與牙、目醫[2]節金。
4. 青年教育宗旨：甲、自信。乙、自強。丙、負責。丁、樂觀。戊、積極。己、創造。庚、力行實踐。辛、觀察判斷力。
5. 發各大專校教授節金。
6. 雷案決於星一日起訴，務期速決。
7. 三中全會開會詞尚未研究。
8. 中央日報人選與改造。
9. 政策委會秘書長與韓大使的人選。

1　英首相即英國首相兼第一財務大臣麥米倫（Harold Macmillan）。

2　目醫即林和鳴醫師。

九月二十五日　星期日　氣候：晴

雪恥：一、召見張〔章〕墨卿[1]、沈錤〔錡〕等。二、設計委會主任人選。三、全會開會詞。

上午重核雷震罪證稿中結束一段，重加修正，較前有力。十時召集乾三〔岐山〕、乃建等指示後，即重修假牙約一小時，故未往禮拜，記事。下午續閱納爾生傳後，在蒔林約美參、眾兩院出席國際議會代表孟郎尼[2]、狄克生[3]夫婦等十餘人茶會，相談一小時甚洽，彼等並未問及雷震案也。

九月二十六日　星期一　氣候：晴　溫度：八十

雪恥：全會開會詞要旨：甲、朝氣與活力。乙、創造與推動力。丙、自信與互信。丁、明是非，分敵我。戊、發揚正氣，主持公道。己、重內輕外，求本舍末。

上午重核雷案起訴書，作最後定稿，十時半入府與岳軍、乾三〔岐山〕談定稿查對訖，十一時召集辭修、冠生、昌煥等檢討雷案，作最後決定，另約正綱來談。下午召集宣傳會談，指示起訴後的宣傳計畫與要領，並徵詢意見後散會。六時由警備總部發布起訴書，因之雷案又進入一個新階段矣。

本日氣候清朗，夜間與「佩郎」散步公園前，月明星爛，甚適人意。

1　章墨卿，浙江紹興人。歷任臺灣省保安司令部軍法處軍法官、臺灣警備總司令部軍法處第一科科長、國防部軍法局第一處處長。

2　孟郎尼（A. S. Mike Monroney），美國民主黨人，1951 年 1 月至 1969 年 1 月為參議員（奧克拉荷馬州選出）。此次擔任美國國會議員訪問團副團長。

3　狄克生（Henry A. Dixon），美國共和黨人，1955 年 1 月至 1961 年 1 月為眾議員（猶他州選出）。

九月二十七日　星期二　氣候：晴　溫度：八十

雪恥：一、閉會詞旨：甲、負責與服務。乙、工作與績效。丙、權利與私心。丁、培植後進，選荐人才，創造歷史，開拓生命。戊、自信與共信，規過與互助。己、袪私袪疑。庚、建立新精神、新風氣、新生命。辛、除舊布新，重起爐灶，另建新黨，打破環境。壬、重新登記，重整紀律。癸、新智識，新觀念。

上午聽報後，再聽起訴書全文，認為完妥無缺，召見延國符、林崇鏞〔墉〕等，又見劉御凡〔馭萬〕[1]與孟緝，談西德與古巴情形。下午續閱納爾生傳後，召見乃建與胡建〔健〕中後，獨往後公園小築觀雲，讀滿江紅，頗覺自得。晡與妻視察孔廟，教妻祭孔儀式。

九月二十八日　星期三　氣候：晴　溫度：八十

雪恥：一、好惡無常、是非莫辯的淺薄幼稚之徒，不可認為知交，更不可認為患難之交，對個人如此，對國家亦是如此，此美國友人之所以難交也，應切戒之。

本日為孔子誕辰，上午在府舉行孔誕紀念後，即至陽明山研究院舉行第三次中央全會開會儀式致詞，指明本黨中央衰老之象，無力擔負今後反攻復國的革命責任之感，提出警告。下午主持全會第一次會議後，五時到中山常〔堂〕舉行大、中、小學校優良教師七百餘人茶會致詞，指示孔子為聖之時者也，所以能為萬世師也。

1　劉馭萬，湖北宜昌人。1957 年 1 月受任駐古巴公使兼駐海地公使，5 月到任，9 月駐古巴公使館升格為大使館後，又任駐古巴大使，1960 年 9 月離任。1961 年 1 月調任駐韓國大使。

九月二十九日　星期四　氣候：晴　溫度：八十二

雪恥：一、約評議與常委聚餐。二、主席團秘書長參加。三、狂狷與鄉愿。四、洋奴與漢奸。五、崇洋鄙華、侮辱國權、反抗政令、違犯法律、藐視歷史者，應以洋奴視之。

上午批閱公文，清理積案，督導雷案之進行。正午視察研究院後山新闢地面，下午續閱納爾生傳後，與妻視察新屋基地，皆非所宜。晚與妻散步，觀月，車遊蒔林即回。

九月三十日　星期五　氣候：晴　溫度：七十九

雪恥：一、閉幕詞旨：甲、藉外力以欺凌本國，挾外壓內的洋奴買辦心理不容滋長，以殖民地意識打倒民族意識，是喪心病狂的不知廉恥之徒，應予摒棄。乙、全代大會須在一年之內召開，整頓紀律，振作精神，加強新生力量，故重新登記黨藉〔籍〕，嚴整革命陣容，不可再緩。本黨能否革新，幹部能否振作，就在此一年之中考驗得之。丙、國事付之國人，對一切反共黨派均予互助提攜，只要其有相當學術與賢能，政府決不吝惜權利，亦不包攬或佔領地位，必讓賢舉能，可以中央研究院與北京大學為例。

上午主持評議委員會議，下午約美空軍副部長茶會後，在後公園小築前續閱納爾生傳。

上月反省錄

一、本月工作以雷震案為重點，自四日逮捕至廿六日起訴作為第一階段，除國內外少數反動言論外，一般反響並不如所預想之激烈，惟紐約時代雜誌乃受胡適之影響，亦作不良之評論，殊出意外。

二、本黨三中全會已於孔誕日召開，孔誕約請教師茶會七百餘人，以示尊師重道也。

三、美總統[1]對我所提「天馬」計畫已正式同意，已交換備忘錄，此為十年努力所得之結果，頗感自慰。

四、本月看書：甲、華盛頓傳。乙、俄國簡史。丙、納爾生傳，皆為有益與重要之書。

五、陸軍官校廿九期畢業學生體力不佳，可知徐[2]校長教育無方，又空軍官校四年新制開始，望更能健全完備也。

六、古巴宣布承認共匪，我乃與其絕交。

七、國際近情：甲、俄黑[3]乘船到美參加聯合國大會。乙、美、俄在聯合，愛克與黑魔皆到會演說，只是鬥爭開始，尚未進入白熱化也，惟愛克不予黑魔會晤之決心已定，此為黑魔來美最主要之目的無法達到矣，而「泥黑路」等五中立國提議愛、黑會晤以減輕國際緊張形勢之提議，最後只有自動撤回之醜劇，更表現黑魔此次參加聯大失敗之慘矣。

八、剛果陸軍參謀長莫伯杜[4]政變，推倒魯門巴內閣，此或自由世界對剛果與非洲不為俄共所陷害之一線希望乎，但此種非洲國家幼稚無能，動搖不

1　美總統即美國總統艾森豪（Dwight D. Eisenhower）。

2　徐即徐汝誠。

3　俄黑即赫魯雪夫（Nikita Khrushchev）。

4　莫伯度（Joseph-Désiré Mobutu），又譯莫柏杜、莫布杜，於剛果獨立後任魯門巴辦公室國務秘書、陸軍參謀長、國民軍總司令，得西方國家支持，發動政變，推翻魯門巴，成立新政府。

定，實不能抱有樂觀耳。

九、寮國局勢亦動搖不定，「富馬」中立，親共內閣組織開始以其政變首腦「王連」上尉始終控制永珍，故「富米」副總理未能參加，仍在寮南獨立反抗，惟其「北汕」失守後，各省軍隊漸形不穩，「桑怒」省又被寮共所陷，故寮局於月杪最為險惡，因之我在緬北之柳部亦發生憂慮，故決增強柳[1]部之計畫。如果能如計完成，則中南半島之局勢乃不難入於我掌握矣，故對該區形勢實於我反攻復國行動反有益也。

十、大陸饑餓日甚，共匪經濟已陷絕境，但其對古巴、剛果、阿爾及利亞與北韓仍大量撥款增援，且與俄共競爭，此已非外強中乾之詞所可形容，而實為喪心病狂與窮兇極惡的心理之表現也。

---

1 柳即柳元麟。

十月

蔣中正日記
Chiang Kai-shek Diaries

民國四十九年十月

十月一日　星期六　氣候：風雨

雪恥：一、閉會詞旨：甲、放棄大陸，建立臺、澎，實現反共抗俄到底之國策，造成了今日俄共對美國、共匪反俄共之局勢。乙、國權與國法不可有所假借，自立與自主的革命精神不可稍有動搖。丙、挾外制內、媚外自重的風氣與觀念不可使之滋長。丁、崇洋媚外、要求外力干涉內政的買辦觀念就是漢奸意識，必須澈底破除，依賴徼倖的自卑自賤的心理必須澈底鏟除。戊、今日媚外自豪，明日就可降共求榮，漢奸與洋奴的賣國思想並無分別。己、投機取巧、苟且偷安、模稜兩可、自私自保的心理腐敗衰頽，乃是自暴自棄、自取滅亡的心理。

十月二日　星期日　氣候：雨

雪恥：昨（一）日上午在寓修正政治報告決議文稿，總歎本黨文筆人才之貧乏也。下午到研究院召見全會中教育界十餘人，有益。

本（二）日上午手擬全會閉幕詞要旨，對於無恥文人之洋奴與漢奸思想特予鬬斥，以端正學者趨向。十一時召見傅啟學[1]、龍名登[2]、張鏡予[3]等六人，正午宴老黨員，下午整理講詞要旨，晡舉行閉會禮講演一小時餘，晚在中山堂宴全會同志三百餘人畢回。

十月三日　星期一　氣候：晴　溫度：六四

雪恥：一、「能捨乃能有取」，亦即耶穌所說：「能為我捨棄生命，即是獲得（真正）生命」之道。

上午重核講稿要旨，十時在研究院主持全會紀念周講演一小時半完，夫人認為最重要的一次講演。下午續閱納爾生傳第九章未完，約德國會副議長「馬佑義克[4]」君茶會，彼自東京特來訪余也，相談甚歡。晡與妻往軍犬訓練所看「小白」訓練也。

十月四日　星期二　氣候：晴

雪恥：一、柳元麟部與寮「富米」合作的程度。二、促成泰國援助「富米」的計畫。三、柳部警衛團之督導。四、續空運武器與人員至緬北的計畫。

上午與劉壽如談金門工事與人事問題，召見軍法審判官與檢察長等後，主

1　傅啟學，字述之，貴州貴陽人。1950 年 2 月任臺灣大學政治學系教授兼訓導長。1955 年後專任教授。

2　龍名登，湖南安鄉人。歷任革命實踐研究院秘書室秘書、中國國民黨中央委員會第二組秘書、中國青年救國團總團部文教組組長，時為政治大學兼任教授。

3　張鏡予，字經宇，浙江嵊縣人。歷任臺灣省立法商學院教授、社會學系主任。1957 年 8 月任東海大學社會學系主任兼訓導長，同時被任命為中國國民黨東海大學黨部主任委員，計達十六年之久。

4　馬尤尼克（Ernst Majonica），又譯馬佑義克、馬尤尼加，為西德國會副議長、中德友好協會主席。

持宣傳會談，指示對雷[1]案宣判前後之宣傳要領。下午續閱納爾生傳第九章完，與妻車遊山下一匝回，入浴。

十月五日　星期三　氣候：晴　夜雨

雪恥：一、雷犯以包蔽（保證）匪諜為發揚民主，以（利）為匪宣傳危害國家安全為言論自由，以勾通奸匪邵妻[2]彼此了解為匪諜保證安全為反共愛國，作其自辯自解，就是胡適的民主自由與反共愛國的巧妙意義。

上午主持常會，對所謂長期發展科學的經費作其自私殖勢之陰謀，久為學者所痛憤，而辭修推為我的意思殊為駭異，當時行政院會通過此案後報請我核奪，余即發還不批，只示其凡院會通過之案，不應再請示批核，否則余乃干涉行政違法之意，而其今日會中竟當面說謊，故不能不直說此案之經過實情也，辭修虛偽不誠蓋如此乎，可歎。

本日中秋節。

十月六日　星期四　氣候：雨

雪恥：昨下午審核秦[3]擬第二文稿，尚可修改為慰。晚令經、緯、薇美[4]各家及華秀夫婦[5]與友冰聚餐過節，頗為熱鬧，惟夜雨未能賞月耳，十時就寢。

1　雷即雷震。

2　邵妻即邵力子之妻傅學文，雷案之雷震、劉子英均為邵力子任國民參政會秘書長時之僚屬，均曾與邵力子及其妻傅學文時相過從。

3　秦即秦孝儀。

4　孫薇美，浙江奉化蕭王廟孫益甫次女，嫁蔣中正長兄蔣介卿之子蔣國炳為妻，有一子四女，分別是子蔣孝倫，女蔣靜娟，蔣志倫，蔣環倫，蔣明倫。

5　即蔣華秀、韋永成。蔣華秀，蔣中正姪女。曾任安徽省立煌縣中正小學校長兼教員，來臺後在靜心托兒所及靜心小學從事教育工作。其夫韋永成，廣西永福人，曾任安徽省財政廳廳長、華中剿匪總部高級參謀，1948 年當選第一屆立法委員，來臺後仍任立法委員。

本（六）日上午草擬第一次雙十文稿成，下午約見玻利維亞國駐西班牙大使「阿拉馬約[1]」夫婦茶點後，入府聽取寮國近情發展報告後，乃決增派特戰部隊二個大隊運緬北增強兵力應用。晚召集軍法有關人員，指示其對雷案判決書方針，擬立兩種方案候核。正午回住蒔林。

十月七日　星期五　氣候：雨

雪恥：一、法國戴高樂政府對我藐視，不願交換大使，殊不解真意所在，又在其法國報上宣布其不改變過去政策，形同侮辱，今後應不得再與法國要求此事。二、辭修咳嗽喉病又發，殊堪憂慮。三、對在美留學的軍官切實監察。

上午修正雙十文告第二稿，至正午方畢。下午入府主持軍事會談，並指示對泰國借給降落傘，使其能對寮國富米軍能積極以實力援助也。晡往三〔陸〕總醫院換裝假牙，約半小時即回，重修第三稿，至八時告成。晚散步，歌滿江紅五遍。

十月八日　星期六　氣候：陰雨

雪恥：一、天馬計畫改名為野龍計畫，應決定實施日期。二、寮國形勢之應用。

上午審核第三次文稿，作最後定稿。十時入府接受尼加拉瓜公使[2]呈遞國書後，審閱雷案判決書甲、乙、丙三稿，十一時召集辭修、岳軍、冠生、趙

1　阿拉馬約（Julio Manuel Aramayo），或譯阿拉巴約，時為玻利維亞駐西班牙大使。

2　奧貴若（Humberto Argüello Tefel），1960 年 8 月 30 日受任尼加拉瓜駐華公使，10 月 8 日呈遞到任國書，1962 年 3 月升任駐華大使，1964 年離任。

琛[1]、鳳翔等研討判決書二小時後，最後決定用第（乙）種，避免引用意圖顛覆罪之法條，而仍處以十年徒刑。下午批閱公文，晡往總醫院裝牙。

上星期反省錄

一、三中全會如期完成，收獲並不多，唐秘長[2]太無積極能力為苦，閉幕詞二次訓話或有相當效果乎。

二、對雷案審判與指導以及判決理由書，皆予悉心注意指正，或比起訴書為妥也。

三、辭修言行不實，以為人人可欺，此乃其一生大病，余在常會不能不戳穿其不實之言行，以促其反省自悟。

四、寮國政局徒供共黨利用發展，泰國積極援助其反共將領之富米，余乃立允其傘具之撥借，以促成其決心與行動，惟美國猶豫不決，可歎。

五、聯合國大會對我代表權問題，雖如舊維持美國之提案，但反對票則較去年增加，然余並不以此為慮。

本星期預定工作課目

1. 對留美軍官應加強管理。

---

1 趙琛，字韻逸，浙江東陽人。1948 年 12 月任司法行政部政務次長、代理司法行政部務。1949 年 4 月改任廣州大學、嶺南大學教授，9 月赴臺灣，任臺灣大學、陸軍大學、軍法學校、政工幹校教授。1951 年 1 月任行政院設計委員會委員兼司法組召集人。1952 年任最高法院檢察署檢察長。

2 唐秘長即中國國民黨中央委員會秘書長唐縱。

十月九日　星期日　氣候：陰

雪恥：昨日聯合國大會通過中國代表權問題，以四十二對卅四票擱置共匪參加案，為歷年來對匪票數最多者也。

上午聽報一小時餘，對於昨日雷案判決結果，美政府以此為內政問題答記者說，無所評論，其他反響不大，自覺無枉無縱，心安理得，禮拜如常。下午再將文告略加修正，乃更完美，自覺歷年雙十文告以今年為最有意義，亦所以警告西方反省也。晚廣播灌片後，武、勇二孫同觀影劇，十一時前寢。

十月十日　星期一　氣候：晴

雪恥：一、雷案判決理由書從速發表。二、憲政研討會常委名單審定。

六時起床，氣候仍密雲陰沉，至朝課靜默後約七時半已漸開朗，八時半入府已見陽光普照。九時舉行國慶典禮後，接受各國使職覲賀，十時閱兵開始至十二時，一切程度皆如計完成，乃為十年來最大成功之一次大閱也，感覺欣慰。下午檢閱各報後，與妻車遊烏來道上，以時晚，至龜山壩遊覽壩瀑後折回。晚聽杜姚國〔谷〕香[1]唱華容道與釣金龜，作國慶紀念。

十月十一日　星期二　氣候：陰晴

雪恥：一、常感侵害我大陸者乃美國為其禍首，而俄共不過為其因利乘便而已。

上午十時半入府召見鳳翔與達雲，詢其雷案判決書脫稿日期，並指示其補充

1　杜姚谷香，藝名姚玉蘭，平劇名伶，1928 年嫁給杜月笙，成為四夫人。1949 年 4 月 27 日隨杜月笙赴香港。1951 年 8 月 16 日杜月笙病逝後，遷居臺灣，受到宋美齡、孔令偉照顧。

要點後會客，見美記者莫文[1]，問放棄金門意見，甚為不快。十二時見美駐韓統帥麥克魯德[2]，談韓軍近情。午睡至四時後，神經最為放鬆懈漫自慰。晚宴美三軍將領來賀國慶者，麥克魯德、太平洋海軍司令賽茲[3]與駐日空軍孟斯[4]等十餘人，相敘詳歡，至十時半方辭去。

十月十二日　星期三　氣候：晴

雪恥：一、在大陸顛覆我政府者，實以「馬下兒[5]」為其罪魁，而共匪不過坐享其利耳。

上午主持中央總動員會報，對臺北市整理要領予以指導，對教育政策重作研究與指示。下午審核雷案判決書內容，對於其為匪作有利之宣傳，並可與匪言和合作之語意特予修改，乃加強其犯意一節甚為有力，夜間並作最之修正。臨睡已在十一時半矣，實為就寢最晚之一夜也。

十月十三日　星期四　氣候：晴

雪恥：聞胡適定於十六日回來，是其想在雷案未覆判以前要求減刑或釋放之用意甚明，此人實為一個最無品格之文化賣辦，無以名之，只可名之日「狐仙」，其乃為害國家、為害民族文化之蟊賊，彼尚不知其已為他人所鄙棄，而仍以民主自由來號召反對革命，破壞反共基地也。

1　莫文（Davis Merwin），美國考普萊通訊社（Copley News Service）記者。
2　麥克魯德（Carter B. Magruder），美國陸軍將領，1959 年 7 月 1 日至 1961 年 6 月 30 日任聯合國駐韓聯軍統帥。
3　賽茲（John H. Sides），美國海軍將領，時任太平洋艦隊總司令。
4　孟斯（Robert W. Burns），美國空軍將領，駐日美軍指揮官。
5　馬下兒即馬歇爾（George C. Marshall）。

上午為審核判決書再加補修。十時入府會客，與岳軍談日社會黨淺沼[1]被刺斃之政情，認為無變化。下午續閱納爾生傳完，有益。

十月十四日　星期五　氣候：晴

雪恥：一、當大陸未撤退以前，美、英附和俄共侵略我大陸，促成蔣介石政府之崩潰惟恐其不速，幾乎以全世界民主與共產各國之壓力集注於蔣之一身，殊不知其抵抗國際共產之禍害皆要在我一身，為世界全人類作庇護也，而美國更不知其蔣如崩潰，大陸為俄共所侵佔，則其屏障盡撤，俄共之首一目標即為美國之關係，今則十年前我所忍受共俄之一切侮辱、誣蔑與攻擊對象皆要由英、美國擔任矣。

上午核定雷案判決書後，入府會客，主持財經會談。下午約集黎巴嫩、巴西、紐西蘭與英議員等來臺參加國慶十餘人茶點，晚九時半寢。

十月十五日　星期六　氣候：晴　溫度：八十六

雪恥：二、（續昨）當大陸撤退之際，所以決心捨棄大陸，遷移臺、澎者，一則轉移俄共之攻擊目標，一則遺棄此一根骨頭，暫讓群犬俄、英、美相爭，以傍觀其爭食之結果何如耳。今則不惟俄、美為此互咬，而且匪、俄亦已開始明爭互咬矣，此乃更出乎當時所預想者之上矣，英則對大陸相爭之結果不僅毫無所得，除其在大陸上所有英產完全沒收外，更遭受匪共最難忍受之侮辱矣。

上午召見匪情研究專員外，主持軍事會談，對陸軍改為征兵三年制問題暫緩

1　淺沼稻次郎（1898-1960），歷任日本社會黨第一任書記長、第三任委員長，眾議院議員。1960 年 10 月 12 日，在東京日比谷公會堂舉行的三黨黨首選前演講會上，被十七歲的大日本愛國黨成員山口二矢刺殺。

一年之決定。下午看美國通史第七章，並為外交部對肯尼第不協防金、馬主張之駁斥漫無常識，為害國家之言行不勝憤悶，沈昌煥、許紹昌之幼稚如此，殊所不料也。

上星期反省錄

一、俄黑魔在聯大出醜，三個星期所有一切陰謀皆歸失敗，已於本星四已鎩羽而歸，此為其當政六年來在國際上最大一次無恥之慘敗也。

二、寮國富馬政權已明白親俄容共而反美矣，美或因此不能不對寮國轉變政策，而與泰國聯合以介入其內戰乎。

三、雷案等判決書正文已於星五日正式宣布。

四、雙十節閱兵典禮與程序，本年實最為完備之一年，頗覺自慰。

五、與美高級人員麥克魯德及莊乃德等談寮、韓政情與意見，或有裨益。

十月十六日　星期日　氣候：晴

雪恥：一、本年襄陽大演習，擬自在實地上統帥部常川督導，使其能逼真無偽也。

上午聽報後緯兒來見，談以前總校閱演習之欺上隱瞞各種情形，應加注意。與其巡視習藝所（士林）後之抗〔坑〕道，由支抗〔坑〕道血清研究所後院口而出，禮拜後記上周反省錄。下午續閱美國通史第八章完，晡約尼加拉瓜公使[1]茶會畢，與妻車遊山上一匝。今日以傭人蔡張才[2]懶慢不盡職守者二次，乃決心開除，但為此惱怒憤慨，又自傷元氣為憾，應加克自修養。

1　尼加拉瓜公使即奧貴若（Humberto Argüello Tefel）。

2　蔡張才，號趨正，浙江新昌人。歷任總統府侍衛室侍衛、侍從副官事務員。

十月十七日　星期一　氣候：陰晴

雪恥：一、美國人之主觀自是、不求事實，總以先入為主的劣性，自「馬下兒」以至「勞異霍華德[1]」與「享〔亨〕利羅斯[2]」，無論文武皆是一邱之鹿〔一丘之貉〕，所以對美國人共事與交涉，無論公私關係，對於正義與主權有關問題必須據理力爭，不可有絲毫遷讓，否則彼將以汝為可欺，更必受其壓迫與侮辱矣。

上午聽報後，在寓批閱公文與續閱美國通史第九章，甚感美國人之輕率粗魯與自由自負及誇張好奇，皆由其歷史所造成，當其開國初期對於西部之冒險開發精神，以及對其手邊工作比之生命及生活更為重要之習性的養成，此其民族所以有今日富強之來源也。

十月十八日　星期二　氣候：陰晴

雪恥：昨下午主持常會（中央）研討下屆縣市議員選舉與是否提名問題甚烈。晡約美第七艦隊司令葛理芬夫婦茶會，晚續修假牙後與妻車巡市區，十時後寢。

上午入府，為李萬居等所謂民主黨籌委會對雷案審判不服之抗議問題，特令軍法處加以駁斥之指示。主持宣傳會談，有以雷案減刑之主張，聞胡適已於昨由美起飛回國，其存心搗亂為難可知，而且若輩所謂自由主義之文化買辦們從中縱容無疑，應加防範，但以忍耐為主。下午續閱美國通史，晡約澳洲議員柯克[3]夫婦茶點。

1　霍華德（Roy W. Howard），又譯勞異霍華德，美國報人，霍華德報系負責人。

2　亨利羅斯即魯斯（Henry R. Luce）。

3　柯克（Joseph Alfred Cooke），澳洲工黨人，1952 年 2 月至 1965 年 6 月為參議員（西澳大利亞選出）。

十月十九日　星期三　氣候：晴

雪恥：一、親自指導本年度襄陽演習。二、演習重在「真實」之考驗，決不許預設與虛偽，特別注重登陸灘頭之動作與設施。三、半自由統裁與臨時變化之應因措置。

上午手草覆魯斯函稿交譯後，續閱美國通史第十章（區域鬥爭）完，下午續閱第十一章（兄弟之戰）未完，甚覺美史對人道與自由之重視過於其生命也，可愛可佩。晡與武孫同往總醫院修假牙。

十月二十日　星期四　氣候：晴

雪恥：近旬體力認為最佳之階段，雖有雷案受內外無聊文人之攻訐與非難，尤其胡適卑鄙之言行，皆視為常事，不感痛憤，此或不愧不怍、不憂不懼之箴言自修之效乎。

上午續閱美國通史第十一章（兄弟之戰）完，對於美國地名更多認識為快。入府對黨務優秀幹部三十餘人訓話後，召見調職人員，再催覆判局提早結束雷案，最好能在美大選以前結束也。下午批閱公文，聞胡適經日逗留，暫不回臺，或聽其友人之勸乎。

十月二十一日　星期五　氣候：陰晴

雪恥：一、寮局自美「柏生斯[1]」訪寮交涉結果後，美國發表恢復寮國軍援之聲明，而「富馬」拘捕王連上尉後，反說不知美恢復軍援之事，誠令人不解其中究賣何藥矣。二、剛果局勢「莫伯杜」與「魯孟巴」之鬥爭，亦令人更為迷離恍惚，此皆美國政策無能之表示也。

上午九時到憲政研討綜合會第一次會致詞後，回府批閱公文。召見陳大慶，聽取其視察寮、泰、越後之報告，對中南半島反共形勢無任憂慮，其解決辦法必須待我柳[2]部遊〔游〕擊隊組訓完成後，作為其中心力量乎。正午宴綜合會議委員，並聽取各委員意見二小時方完。

十月二十二日　星期六　氣候：晴

雪恥：昨下午到中山堂約回國僑胞七百餘人茶會，聽取其僑領報告後致詞，自覺今日短簡致詞最為重複與無意義為憾，或以外交部前日無知可恥之指責肯尼第之言行，懷念不忘之故歟。

上午續閱美國通史第十二章有益。入府召見薛岳[3]、賀衷寒等憲政綜核會常委後，見臺省留日學者吳主惠[4]，殊為欣慰，以其博學好文，足為留學外國之愛國模範也。主持軍事會談，對本年襄陽演習必須求真求實，不作虛偽之告戒，並對雙十閱兵之評判。下午批閱公文，晚見孝武與祖母對棋不休為快。據報胡適今晚回來也。

1　柏生斯即巴生斯（J. Graham Parsons）。

2　柳即柳元麟。

3　薛岳，原名仰岳，字伯陵，廣東樂昌人。1950 年 4 月由海南島撤退來臺，第一屆國民大會代表、總統府戰略顧問、行政院政務委員，1966 年出任光復大陸設計委員會主任委員。

4　吳主惠，出生於雲林土庫，留學日本，研究民族社會學，獲文部省授予文學博士學位，為留日臺灣學人第一人。歷任日本早稻田大學教授、中華交通學院院長、東洋大學教授及社會學系系主任，1960 年獲教育部頒發金質學術獎章。

上星期反省錄

一、美國競選不幸以金門為題，余始終慎重發言，不使牽涉其間，不料外交部許紹昌之無知鹵莽，擅自令該部發言人[1]提出書面正式意見，對肯尼第作無理之痛罵抨擊，因之不能不加重憂慮也。

二、美國如果肯尼第當選，其對我國之影響如在最不利方面，即史丁文生之流左派負其外交任務的作為：（一）承認匪共。（二）主張匪共進入聯合國。（三）兩個中國（絕不可能）。（四）減少中國軍經援助。（五）撤退金、馬外島問題尚不計在內，以此乃完全操之在我，決非美所能決定也。但此種不利情勢皆在不可知與不能定之列，蓋以上（一）、（二）兩項最早須至明年九月事，（四）項亦須在明年七月方能決定，而其現政府尚有兩月餘之時間，在其期間現在政策尤其是「野龍」計畫之可能協助之事項，當盡其可能完成也。只要能有六個月至十個月時間之裕餘，使野龍計畫果能開始有效，則一切將不難轉危為安矣。

十月二十三日　星期日　氣候：晴

雪恥：昨夜睡眠最佳，前後酣睡七小時以上，此乃家庭和愛，尤其見祖母與孫兒等對棋不休、津津有味之樂趣，更感欣慰之由乎。

朝課後散步到靜觀室（右側招待室），閒坐自得，進餐聽報。上午記上月反省錄並禮拜如常，回記事，下午續閱美國通史。晡約各僑領在寓茶會後，車遊山上。本日頗為美國競選尼克生漸趨劣勢掛念也。

1　沈劍虹，號瑞文，上海市人。1956 年經陶希聖介紹，出任總統府秘書，為蔣翻譯《蘇俄在中國》一書為英文。1959 年任外交部情報司司長兼外交部發言人。1961 年 7 月出任行政院新聞局局長。

十月二十四日　星期一　氣候：晴

雪恥：昨夜為美國大選形勢，特起懸慮，其實根本上於我無大關係，何況明日事誰亦不能預定，豈非多餘之憂乎？

上午入府約見日外交家谷正之[1]後，召見緬北柳[2]部將領八員，加以慰勉，另見客八人畢，批閱，回續閱美國通史第十二章完。下午主持中央常會後，在寓所散步。今日聞胡適回來後，對雷案各種「胡說」不以為意，聽之，我行我事可也。

近日氣候一如故鄉重陽節邊，甚覺清爽也。

十月二十五日　星期二　氣候：晴

雪恥：數年來爭取各國議員與要人來訪事，最先只邀請其反共者，凡已赴匪區者並未約邀，並予拒絕。最近不論已否訪匪皆一律邀約，而且未〔唯〕恐其不來之情形，徒自損國家地位，反被其輕視之跡象，此一事實應重加檢討改正。國在自強自立，此種在形式之爭取，究有何益。

上午約見厲生[3]大使後，吊祭賈煜如之喪，對殯儀館之心理實視為畏途也。入府見墨西哥記者「鄧尼奇理[4]」，乃反共同情者也。發「魯斯」覆函後，主持情報會談。下午見泰國「乃他威[5]」夫婦，不知禮儀者也，見巴西議員「戈士達[6]」等，自訪匪區後由香港轉來訪問也。晚家中親戚宴會，預祝暖壽也。

1　谷正之，日本外交官。1956 年任駐美國大使。時任通商省調查委員和日本印尼協會理事長。

2　柳即柳元麟。

3　張厲生，字少武，河北樂亭人。1954 年 8 月改任中國國民黨中央委員會秘書長，1959 年 3 月出任駐日本大使。

4　鄧尼奇理（Carlos Denegri），時為墨西哥雜誌集粹社（*Excélsior*）社長。

5　乃他威（Thawes Raengkham），時為泰國制憲議會副議長兼投資委員會主席。

6　戈士達（Adelmar da Costa Carvalho），巴西眾議院外交委員會委員。

十月二十六日　星期三　氣候：晴

雪恥：本擬今日飛金門避壽，並望在太武山重陽登高也，徒因昨日夫人膽病忽發，頭痛不支乃延期，待其稍癒再行也。

全日在寓續閱美國通史第十三章「大商業的興起」與「工業帝國的基礎」，對於我將來建國計畫，可作重要參考資料，務使採取其長點、優點，而不蹈其所犯之弊害也。晡聽取昌煥外交方針與業務報告約一小時餘，並予以指示。晚課時，頓覺對「愛克」關於為「尼克生」競選宣傳方式，應以超黨派的，而以卸任總統告國民書出之。

十月二十七日　星期四　氣候：陰晴

雪恥：一、此次美國尼、肯二人[1]競選無論勝敗誰屬，對於金、馬之地位重要，不是其左派與親共分子所能動搖一點上，殊於我有益也。果爾，如其民主黨當政，只要其對金、馬政策如舊不變，則其對我軍經援助亦決不致歧視或過分削減，而且議會仍為其民主黨佔多數，則通過援款或反較易乎，此則對我有利之一面也。

晨醒考慮對尼克生競選之意見，轉告愛克演說方式之參考材料。上午重閱美國通史，並修正致愛克意見書，決由顯光[2]出名交莊乃德間接轉告也。下午召見莊乃德談寮、越事，未提致愛克意見書，惟對其說明目前在其競選中金門之辯論，如有記者來問時，我將以尼氏所說者答之，以安其心也。

1　尼、肯二人即尼克生（Richard M. Nixon）、甘迺迪（John F. Kennedy）。

2　董顯光，浙江寧波人。1956 年 4 月出任駐美國大使。1958 年 8 月卸職返臺，任總統府資政。

十月二十八日　星期五　氣候：晴

雪恥：一、美國競選，共和黨以協防金、馬，務使確保為其政策重點，乃與民主黨左派肯尼第放棄金、馬，讓給共匪，以求與共產世界妥協的主張作最激烈之辯論。當四十四、五年時代，共和黨愛克政府受英、俄之壓迫，派其雷德福與勞勃生[1]來臺，強逼我放棄金、馬，否則不予協防之恫嚇，作三天之高度威脅。余始終嚴拒，明言無討論預地，彼等乃奉命自知理屈而退去，自後仍不斷要脅我放棄，亦未為所動。直至八、二三砲戰勝利後，美政府乃始變更政策，決協防固守，而今日反以此為其競選之主題，且抵賴其政府並未有對我放棄金、馬之要求，是其競選成敗將決於我之一言矣。可知美國政策與心理皆虛浮幼稚，並無定見，更無遠見，豈不可歎可笑乎。

十月二十九日　星期六　氣候：晴

雪恥：昨（廿八）日上午召見岳軍與覆判局長（汪道淵）[2]，指示對雷案速判的要旨後，與妻起飛來金門避壽，以期休憩。下午三時後先巡視東北二坑道利用情形後，乃上太武山巔，視察聲光測照隊、僧寺（海印寺即海山第一）、士兵俱樂部、浴室與雷達站等，皆已新築完成為慰，由此循東路經屏東區轉北麓軍工路而回，已五時半，入浴。本日為胡適無賴卑鄙之言行，考慮痛苦不置，其實對此等小肖，不值校量，更不宜痛苦，惟有我行我事，置之一笑，則彼自無奈我何矣。

上午領夫人先至公墓後，至南坑道巡視，再至金防司令部視察坑道之偉大工

1　勞勃生（Walter S. Robertson），1953 年至 1959 年任美國國務院遠東事務國務助卿。

2　汪道淵，字守一，安徽歙縣人。1952 年出任考試院考選部司長。1954 年 11 月出任國防部軍法局局長，1955 年 3 月兼任國防部軍法人員訓練班主任。1956 年 10 月出任國防部軍法覆判局局長。

程，再至太武山莊新築而回。下午與壽如司令先至砂〔沙〕美轉洋宅[1]師文康中心，再至瓊林村各村視察社會改良的實施情形後，五時半回寓。

昨日東北風甚大，本日氣候和暢，適於遊憩矣。

上星期反省錄

一、本周甚為美國大選尼克生漸趨劣勢而憂慮，其實金、馬防務已臻於完備，即使肯尼第當選後宣布其放棄金、馬政策，亦於我無甚損害，而且美國至今在事實上亦並未協防也，何況臺、澎亦較十年前強固十倍，實足自立於一時。尤其是國際形勢與匪、俄矛盾，則十個月內大勢如何變化，誰亦不能預測，以今日臺、澎、金、馬的強固，無論在軍事、政治與經濟上，在一年之內如無美援，亦足自立自主乎矣？

二、雷案申請覆判理由書延未遞呈，因之該案覆判日期亦難確定，時恐夜長夢多為慮也，而胡適無恥言行與美國左派與糊塗友人仍為雷震張目說情，並加脅制的情形，更令人痛心，但此案完全操之在我，而且法理皆在我方，並不如對美國大選之憂困耳。

三、近來家庭益臻和愛，故內外情勢雖多不如意，但每夜睡眠之佳，乃為近年所未有之現象也。

1 原名陽翟，後易名為洋宅，國軍進駐後，改稱陽宅，至2000年正名為陽翟，曾是金東師文康中心。

十月三十日　星期日　氣候：晴　風平浪靜

雪恥：六時前起床盥洗完畢，即至室前望日出亭觀日出景色，始則紫霞層疊，既則散布東天，頓呈奇象壯觀，約六時十分旭日由海涯東升初現，上弦逐漸升起，約五分時乃即整個出現，此情此景已非筆墨所能形容，昔日嘗聞「觀日出」之美景，認為普通遊覽之一種，今則方知「日出」之奇觀矣，特記之。上午八時半出發，十時至大擔島上，在碼頭禮堂與祝壽官兵代表照相後，乘車直上指揮所升旗臺後，巡視全島坑道工程與防禦工事，自上至下，自左至右，交通無阻，乃奇偉工程也。在露天瞭望臺上眺望廈門大學與鼓浪嶼，近在四千公尺，歷歷可數，恨不能立即登廈，重遊舊地。再經中徑〔央〕沙灘視察北山醫院後，以壽如急催，乃登舟經虎仔嶼而至小金門視察一小時回。

十月三十一日　星期一　氣候：晴　東北風

雪恥：昨（卅）日正午巡視小金門，無論陣地工事與地方秩序環境，可說長足進步，無瑕可擊，賈維錄[1]比前任郝柏村[2]師長能力更強也。一時半回，經兒與武、勇二孫皆已來到為快。下午聽報後，與妻帶兒、孫等尋訪魯王墓[3]（新舊二墓）後，巡視古岡村，再至古岡湖畔憑弔，此乃金門第一勝景也。晚約高級將領在金防部聚餐，與兒、孫過暖壽後觀餘興為樂，十一時前就寢。本日六時前起床至觀日出亭，經兒帶武、勇二孫已候在亭前祝壽，以今晨為東北風，故日出並未如昨日之偉觀，且一片烏雲掩蔽旭日，滯停不散，故至六時半日出時已如平日無異矣。上午與妻帶兩孫先至心戰中心所參觀心戰資

1　賈維錄，號中淵，山東日照人。1958 年 3 月升任第五十七師師長，1959 年 7 月調任第三十三師師長兼烈嶼守備區指揮官，1961 年 7 月調任第八十一師師長。

2　郝柏村，字伯春，江蘇鹽城人。1955 年至 1957 年任第三軍砲兵指揮部指揮官。1958 年 8 月升任第九師師長兼戰地指揮官，戍守小金門（烈嶼）。1962 年升任第三軍副軍長。

3　魯王墓為明太祖朱元璋第十子荒王朱檀的第九世孫魯王朱以海之墓。

料，並放汽球（宣傳）向大陸飄揚也，再至官兵休假中心（陳坑）視察後，即轉至城南莒光樓眺望廈門雲頂岩，虎子山近在五千公尺以內，大陸海岸南自煙墩山、鎮海角，經廈門，東至圍頭，皆歷歷可數，如欲視視[1]對岸全部地形，惟以此樓為第一觀察之所也，與妻興賞徘徊久之乃回。正午應金門軍民代表百人，在司令部祝壽食麵為快。下午聽讀雷逆自辯狀，長達萬言，其巧辯狡詐已極。他指軍法處為羅織其罪成為冤獄，其實彼在「自由中國」刊中歷來文字，皆為其今日巧辯而預為其本人羅織其叛逆大罪，而成為無罪之預地而作也。二篇罪案文字中，其惟一目的乃欲為其大罪而成為無罪，以達到其為共匪作有利宣傳，以似是而非之文字以煽動叛亂，此種積非成是、以有為無和以無為有之辯證，是乃共產黨徒以文字辯證為其政治與思想戰，作其侵略世界、控制人類、麻醉人心之重要武器耳。

1 原文如此。

上月反省錄

一、美國輿論無論左右派皆對雷案作反抗的廣泛，魯斯且來函指責與威脅，霍華德報系妄事抨擊等，甚於平時左派之反蔣態度，可知反動分子對此案之鬥爭，認為對我政府之成敗是為其生死所關，故不得不出其全力反擊，但余毫未為其威脅所動也。

二、聯合國代表權案只有八票之差，可知非洲新興國家之受俄共利用，已成為今後聯合國成敗之新的威脅，此不僅我一國之問題矣。如美國明年政策不作積極援助，則我更應有退出聯合國之準備，以防萬一，但余始終以為此非我國之制〔致〕命傷，只要我能力求自強耳。

三、俄黑在聯合國大會出醜，其企圖完全失敗，中立各國諸丑雖皆跟黑魔出席聯大，脅美和俄並無效果而散夥，可恥。

四、尼克生與肯尼第之競選演說，以金、馬為其目標之一，殊為不幸，但金、馬地位之在國際上更顯重要，未始於我無益耳。

五、寮富馬中立政府親共反美政策甚顯，而美仍猶豫不決，且阻止泰國援助革命軍之富米，殊為可痛。

六、匪、俄內訌並未消除，且因俄黑中止訪問北韓，其中矛盾益為暴露矣。

七、胡適為雷震張目，回國後似並未變更，故其對國內外反動之鼓勵不少也。

八、月杪與妻巡視金門與大膽、列〔烈〕嶼等島，並度生日，頗足自慰，金門防務之強固皆如計完成矣。

九、三中全會雖收獲不大，但二次講演痛切，亦盡其心力矣。雙十節文告更覺稱意，乃為對國際宣傳之必需也。

十、本月工作雖忙錄〔碌〕逾常，但閱讀之書頗多，對俄國歷史之研究比前較深，納爾生傳看完，對美國通史之研閱亦如期開始矣。

十一、本年雙十節閱兵可說是最大成功，或可雪在民國十七、八年時代南京錢大鈞[1]所指揮軍隊的閱兵式不成樣式之恥辱乎。

1　錢大鈞，字慕尹，江蘇吳縣人。1949 年 12 月任擔任總統府戰略顧問委員會委員，以陸軍中將加上將銜終老。

十一月

民國四十九年十一月

十一月一日　星期二　氣候：晴

雪恥：一、美國大選於我利害雖有關係，但人貴自立，國亦如此，其他皆是次要問題。

上午為雷[1]案覆判要旨致函岳軍，並催其能於七日以前，即美大選未決以前解決此案也。十時視察東部陣地工事，先至卅二師屏東七重峰觀察所眺望對岸，東自圍頭、白沙經蓮河，西至雲頂岩，皆歷歷在目也。再至美人山視察其五個據點，坑道工事正在構築中，如此工事完成，則東部更鞏固無缺矣。下午四時先視察雙打街坑道工事，再至陳坑，昔果山等坑道工事皆已如計完成，尤其機場後面之防水溝工事，為保護機場，不使其溝水衝毀機場之工事，更覺壽如構想與思慮之周密，不勝欣慰與感佩矣。

十一月二日　星期三　氣候：晴

雪恥：昨（一）日下午視察昔果山工事後，再至西海岸蜈蚣山之海岸陣地眺望對岸雲頂岩、南太武山、煙墩山敵陣形勢，再觀小金門、大二擔與虎子嶼，則整個西海面成為我軍內湖，而其控制廈門港之咽喉的關係，更使共匪不敢

1　雷即雷震。

移動一步矣。此一工事之重要，在對西海岸而言，殊為惟一之鎖鑰也。直至六時半月明風清中回至擎天石室，尚不覺其疲乏也。

本（二）日上午先為稚暉[1]先生紀念亭及擎天石室題字後，訪美顧問組回。召見高級將領，垂詢其意見與指示後，十一時與妻起飛回臺北。下午為支援美共和黨競選計畫進行，或恐時促不及為慮，但已竭盡心力而為之，至於成敗得失聽之於天耳。晡與岳軍談雷案覆判時期，實無法提早也。

十一月三日　星期四　氣候：陰晴　下午微雨

雪恥：一、近日美國大選形勢已由民主黨肯尼第佔絕對優勢，或有超出尼克生二分之一、至少在三分之一以上的估計，但余仍信最後勝利仍歸尼克生也，以天理與人心言則屬於尼克生，即美國利害與事實而論，亦屬於他也，而肯尼第今日之所以佔優勢者，完全以其人事、組織、宣傳以及金錢所製造也，而且此次美國大選結果乃決定世界安危與人類禍福所關，上帝必保護真理者勝利耳。但此關乎天命，至於究竟如何，惟有聽之於天而已。

本日為夏歷九月十五日，即為余生日，自昨夜起夫婦皆為尼克生助選工作，至今日正午止皆未得安息，而夫人籌畫布置辛勞更甚，以尼氏成敗對我反攻復國之關係太大故也。下午記上周反省錄，晚聽杜太太[2]等之戲。

本晨未進朝餐，以紀念慈母養育之恩德也。

1　吳敬恆（1865-1953），字稚暉，江蘇武進人。歷任制憲國民大會主席團主席、第一屆國民大會代表、中央研究院第一屆院士、總統府資政。1949 年，蔣中正派專機「美齡號」將其從廣州接到臺北。1953 年 10 月 30 日逝世，海葬金門。

2　杜太太即杜月笙夫人杜姚谷香。

十一月四日　星期五　氣候：晴

雪恥：一、昔在大陸，共匪以農村改良之名義，利用民主同盟為其統戰之工具，而掩護其武裝叛亂與顛覆國家之行動。今在臺灣乃以民主改革名義，利用自由中國半月刊為其心戰盾牌（武器），而隱蔽其（地下）滲透活動，顛倒是非，擾亂人心，希圖實施其動搖反共基地之陰謀，以達到其所謂解放臺灣之目的。其在國際上利用共產國際同路人宣傳其為農村改良者，而非實行共產主義為號召，其在國內利用其所謂遊離分子與民主人士，以反對政府各種改革措施，動輒以不民主的口號或外人干涉相脅制，顛倒黑白，混淆是非，以隱蔽其一切共產之行動，此乃共匪一貫之故技，前後如出一輒〔轍〕。不論國際與社會如何對我政府之評論，吾人必以事實與國法為依據，不復為匪徒有所假借或縱容姑息，重蹈其危害國家與人民之覆輒〔轍〕。

十一月五日　星期六　氣候：晴

雪恥：昨（四）日上午記事（提要）後終日在寓，續閱美國通史第十四章（勞工與外人移入）完，寫劉壽如信及批閱公文積案。晚知令傑[1]已接獲函件，乃始安心，惟願此次工作能發生最後勝利之功效也。

上午入府召見鍾樹楠與柳元麟部之王有〔少〕才[2]等各將領等畢，主持軍事會談，聽取化生放教育情形之報告與外島工事之程度。下午續閱美國通史第六章（共和國的建立），甚有益，並閱約米尼大軍作戰論序文，晚九時寢。

1　孔令傑，孔祥熙與宋靄齡次子，時為駐美軍事採購處陸軍武官，往來美臺之間，為蔣中正、宋美齡傳訊。

2　王少才，雲南牟山人。1949 年 1 月任第五十八軍第二二六師師長。時任柳元麟之雲南人民反共志願軍副總指揮。

上星期反省錄

一、如要縱容共諜，則今後不能再談反共救國，不如讓其在大陸淪陷以前公開顛覆國家。如要保護言論自由，就不能放任掩護共諜的假借民主自由為口號，公開為共匪作有利宣傳，而重蹈大陸淪陷之覆輒〔轍〕。如要國家成為法治，則不能為共諜與掩護共諜活動的假民主自由的敗類予以特別待遇，或改變法律為其減刑赦免，否則不惟法律罔效，即國家所留一點的基地，亦將為此共諜與掩護共諜之假民主的敗類所徇矣。今日國勢佔〔阽〕危，但國家之命運必須操在吾人之手中，尤其操在吾人之心中，決不能為任何內外壓力以變更我國法，動搖我國基，與吾人反共救國之決心與良知也。

二、本周三日為雷案早決問題提先回臺，而其結果反為尼克生助選工作，對時間最巧合而作補救之機運，甚認此為尼克生當選勝利之預兆也，夫人辛勞與忙碌幾乎二晝夜未能安息也。

三、巡視金門、大擔與烈嶼各島，並在擎天石室前亭觀日出壯觀，乃為此行重大之收獲，以由海涯初昇及其前後數分時之景象，乃為平生第一次所見也。

四、金門島群之地下工事可謂金甌無缺，劉壽如司令性能之卓越，又為此行最大之欣慰也。對於金門鄉村建設應積極督導，自可成為三民主義之模範縣也。

十一月六日　星期日　氣候：晴

雪恥：一、召見各校社院的畢業學生之時間。二、對美國大選之觀察與今後對我國之關係，使一般心理有所準備的訓話。

上午手擬訓話要旨，禮拜後續閱約米尼大軍作戰論序文完。下午與妻帶武、勇至慈湖遊覽。本日為尼克生當選勝利作虔禱，仍信其大有希望也，但美國人心與一般報導認為肯尼第已獲絕對優勢，對尼克生當選已經無望之觀念極為普遍耳。

十一月七日　星期一　氣候：晴

雪恥：近日秋高氣爽、月白風清之美景，乃為故鄉重陽時節之氣候，而今晨六時前起床，明月當空，旭日未升，而「青天無片雲」之氣象，更感良辰之難得也，故澹泊沖漠、光明聖潔之襟懷，甚得養天自樂之妙趣也。

上午朝課後，續補充講稿要旨，十時在三軍聯大發表匪、俄矛盾與美國大選後對我國關係問題，加以剖解與指示，使幹部心理有所準備也。巡視聯大後山防空坑道與辦公處所，規模頗大也。下午中央常會後，接見巴西拉塞達父子[1]，相敘甚得。

十一月八日　星期二　氣候：晴

雪恥：一、對雷案覆判決定後，發表談話要旨：甲、共黨羊皮顛覆陰謀，國內有識有經驗者尚多不明，如國際輿論界，自必更為其所蒙混，而發生顛倒的誤會。

上午瓜地馬拉大使[2]呈遞國書禮畢，接見墨西哥商會長[3]，召見派往泰國農業考察團員[4]等後，批閱公文，與岳軍談雷案處理方針。下午約請華僑祝壽團體茶

1　巴西瓜拿巴那州州長拉塞達（Carlos Lacerda）及巴西論壇報社長裘拉塞達。

2　史賓諾（Rodolfo Espinosa Sanchez），時為瓜地馬拉首任駐華大使，1960 年 10 月 24 日抵臺北設館，11 月 8 日呈遞到任國書。

3　柯台隆，墨西哥全國入出口商會理事長。

4　中國農村復興聯合委員會主任委員沈宗瀚、組長張憲秋、技正劉廷蔚、陸之琳、臺糖公司糖業試驗所園藝系主任陳遲等五人，組織「中華民國赴泰國農業考察團」，並以沈宗瀚擔任團長，計畫於 1960 年 11 月中旬前往泰國考察三週。

會，夫人因迎接費爾得夫人[1]，故未參加茶會。晚約費爾得夫婦便餐，此乃謹密精細之將領，而有別於美國其他豪俠將領之性質也。

十一月九日　星期三　氣候：晴

雪恥：五時起床，正明月當空，清澈欣賞之際候。朝課畢，令侍從室隨時聽報美大選情形，終日為此懸念不置。直至深夜最後結果，肯尼第僅以百分之一點〇多數當選，尼克生宣告失敗，吾人雖有此準備，但心理上仍增添重壓與失望，而夫人為更甚。其實對我本國反共政策決不致遭受損害，但一般人心的影響，尤其反動無知之徒發生重大作用，此不過為一時的現象而已。惟美大選後民主黨當政，無論對國際形勢與我國政治鬥爭，乃又進入一新的階段無疑，故前途之成敗全在我的意志與決心之堅定，並認為前途正向光明一面邁進乃無疑義，此與卅七年杜魯門[2]當選對我之情勢與心理完全不同矣。因以過去十餘年之經歷，更增有自立自強之實力，自信必能立於不敗之地也。

十一月十日　星期四　氣候：晴

雪恥：昨（九）日上午入府批閱公文，接見紐西蘭大學校長史米斯等[3]後，召見莫德惠與調職人員三名，隨時聽取美大選形勢，對尼克生未佔優勢時縈懸慮。下午假寐後仍批閱公文，以美大選肯氏當選已成大局，乃與妻車至後公

1　費爾德夫人（Kathryn Cowley）。

2　杜魯門（Harry S. Truman），美國民主黨人，原任副總統，1945 年 4 月 12 日接替病逝之羅斯福總統，繼任總統，1949 年 1 月連任。

3　即史米斯（David Smith）以及華生（Gordon Graham Gibbes Watson）夫婦。史米斯（David Smith），又譯史密斯，紐西蘭國立大學校長。華生（Gordon Graham Gibbes Watson），紐西蘭國立藝術館管理委員會（Committee of Management of the National Art Gallery）主席。

園消遣解悶，在魚樂國眺望遠景，為之心曠不少。晚課靜坐，默禱，景象保和涵虛，充沛光明，更甚於平時之靜默景象，何耶。九時後就寢。

本（十）日心神皆已正常，並無緊張氣氛。上午入府會客，召見許孝炎、張武[1]、卜少夫[2]等後，與岳軍討論雷案後，並談美大選結果，對我國在大局上言，並無重大影響，惟與美所商定的合作如天馬計畫，恐將延擱時間至一年或半載以後，故必須自己另作打算耳。

十一月十一日　星期五　氣候：陰　夜雨

雪恥：昨（十）日下午召見國華等後，與妻車遊山上，遊覽散步。晚宴費爾特夫婦畢，十時就寢。目前應與美協商者：一、130 飛機是否直函愛克，設法促成其事。二、天馬計畫與自己運輸工具及江拉機場之利用問題重新檢討。

本（十一）日上午入府會客，召見張平羣[3]，聽取其在索馬利來慶祝其建國紀念時經過（外交）報告。與曉峯談于斌與肯尼第關係經過後，主持宣傳會談二小時，專論美大選後之情勢與宣傳方針，頗多參考意見。下午批閱公文，並審閱雷案覆判判決書，甚妥。

1　張武，字公武，廣東中山人。曾任中國銀行總行國外部副經理、中國銀行東京分行經理。時為中國銀行副總經理。

2　卜少夫，名寶源，筆名邵芙、龐舞陽等，江蘇江都人。1938 年到香港，1945 年創辦《新聞天地》，為 1945 年至 1949 年留下大量政治史料與社會史料。1949 年後長年定居香港，為中華民國英屬香港選區僑選立法委員。

3　張平羣，名秉勛，天津人，抗戰後歷任駐紐約總領事等職。時任外交部歐洲司司長，1960 年 6 月奉派為慶賀索馬利亞獨立慶典副特使。1962 年 3 月受任駐多哥大使。

十一月十二日　星期六　氣候：雨

雪恥：一、江拉（緬北）機場務於明年四月擴成為一一九機加油的場所。二、雷案務於下周內覆判判決書宣布。三、約見蔣夢麟。

本日為總理九五誕辰紀念，十時在府主持誕辰典禮，黃季陸講述總理生平求知的精神，不知其所講的究竟是什麼。主持軍事會談，聽取軍中宗教問題之研究意見與臺、澎間微波通信之試裝完成，認為新的發明也。下午與于斌談話，彼對外宣傳工作頗於國家有助，乃是其他政客自私如胡適等不能比也。

上星期反省錄

一、美大選結果，尼克生以百分之一弱相差票選落選，此乃肯尼第組織與物質優勝之表現，而非其美國人心與正義之表現也。國際前途與世界安危如何，誠使人疑慮，尤其在此未來之一年內，美新政府成立後將受左派包圍，對我國一如杜魯門、艾其生之所為，必有無端疑忌與荒謬之主張，受盡其侮辱，故必須作充分之準備，以應不測之變化。但自信其只要能繼十二年來積極奮鬥，力圖大陸反共工作與計畫之發展，必可在此一年中，改變東亞形勢與國際環境，不必作此杞憂也。

二、越南於十一日晨軍隊叛變，西貢首都竟被叛軍掌握，幸其總統府未被攻破，故吳廷琰得於十二日援軍馳援，收復西貢，叛軍投降，乃克轉危為安，亦云幸矣。

十一月十三日　星期日　氣候：陰雨

雪恥：一、緬北應派得力政治指導員蔣堅忍？夏季平〔屏〕[1] 充任。二、召見吳相湘。三、美肯尼第當政後，行政與立法二權集中，應較共和黨易於決定行動，不受小數黨牽制，此為於大勢有利。四、新總統掌握立法權後，國務卿的作用減弱，但此為二年後之事。五、民主黨參議員已有反對鮑爾斯兩個中國政策者，且非少數，何況共和黨必全力反對，惟明年聯大對共匪問題討論之票決案，美國務院必不能如過去之積極，應切實準備，但英政策關係甚大。

上午記上二周反省錄後，禮拜回，續閱美國通史，下午續閱至第十六章（農民及其問題）。晚觀影劇（音樂藝術片），甚佳。

十一月十四日　星期一　氣候：陰晴

雪恥：一、美大選後民主黨當政，對於今後大勢發展之初步檢討：甲、肯氏個人乃為反共而有雄心解決國際對共問題之理想者。乙、肯氏在民主黨內對共態度乃非屬於左派，而為中立無偏見者。丙、民主黨內反共的右派力量並不弱於左派。丁、英國政策對肯氏個人有較大之影響力。戊、對匪第一問題為肯氏主張匪參加核子停試會議，但余認為其可能性不大，以該會並無初步協議之希望。

上午批閱公文後，續閱美國通史十六章完，正午約譚伯羽[2] 親戚聚餐。下午主持中央常會，討論美國大選之勝負因素，其最大者為肯氏對組織與宣傳二方面有力，所以致勝也。今日與夢麟談話，書生也。

1　夏季屏，字成吾、寄萍，江蘇武進人。原任反共救國軍第一總隊總隊長，1957 年 3 月調升反共救國軍指揮部指揮官。後任澎湖防衛副司令、臺灣警備副總司令。1964 年 12 月出任國家安全局局長。

2　譚伯羽，名翊，湖南茶陵人，譚延闓長子。時寓居美國，1950 年起任職國際貨幣基金會執行董事，直至 1970 年 11 月。

十一月十五日　星期二　氣候：晴

雪恥：一、江拉機場之限期及其教導團組訓情形之查報。二、以康定為第一目標，發展川、康邊區之抗暴革命運動之程序與計畫行動。三、經國訪越南與巡視緬北計畫。四、野龍計畫限明正[1]開始實施之準備，作具體報告。五、以昆明為第二目標，作為首先收復雲南全省為光復大陸之基礎，準備二至三年時間為標準。

上午入府召見汪局長[2]與鄭部長[3]，詳詢大公報主權訴訟關係與臺北市長[4]貪污案由後，主持情報會談畢，與辭修談雷案判決書等案。下午續閱美國通史第十七章後，約瓜地馬拉大使茶會。

十一月十六日　星期三　氣候：晴

雪恥：一、先遣部隊測驗行動之任務課目：甲、調查該地區之軍政組織與實力及軍政黨主官之姓名。乙、捕收民兵與訓練。丙、聯繫學校教員。丁、查明當地人民公社作發動組織暴動之準備。戊、搶奪倉庫或燒毀。己、劫取糧倉。庚、阻擾交通與破壞橋梁。辛、接應空運大隊。二、空投目標之次序。三、演習停止時對統帥旗之行動與儀式。

上午入府召見李連春[5]、常持琇[6]等，參觀 U2 飛機駕駛情形與原子構成及放

1　明年正月。
2　汪局長即國防部軍法覆判局局長汪道淵。
3　鄭部長即司法行政部部長鄭彥棻。
4　黃啟瑞，字青萍，臺灣臺北人。1950 年 11 月至 1955 年 1 月間，擔任臺北市議會第一、二屆議長。1957 年 4 月當選第三屆臺北市市長，6 月上任。1960 年連任第四屆臺北市市長，1961 年因臺北市公共汽車購料舞弊案及南京東路市民住宅舞弊案被停職，1963 年 12 月經判決無罪復職，1964 年卸任。
5　李連春，臺南後壁人。1946 年接任臺灣省糧食局副局長，後升任局長。1949 年政府遷臺辦公，大量軍民隨之移入，糧食供應漸趨緊繃。制定糧食增產計畫，並順利解決危機。其糧食局局長任期長達二十四年。
6　常持琇，山東堂邑人。1957 年 9 月調任第十軍參謀長，1958 年 4 月調任第八軍參謀長，1959 年 3 月調任第六十九師師長。

射作用之電影後，岳軍再要求准約胡適來見，允其星五日召見。下午批閱公文，約見美農部長本生[1]茶會。

十一月十七日　星期四　氣候：陰晴

雪恥：一、天馬計畫重要目標：甲、康定。乙、西昌。丙、畢節。丁、騰衝，皆應參謀作業限期完成。二、田樹樟應考察金門防毒、防火之工事設施。

上午入府批閱公文，召見陳培雄[2]等調職人員後，主持作戰會談，研究緬北部隊編訓計畫之實施情形及天馬計畫先遣測驗部隊之先後程序，加以重要指示與改正，督促江拉機場提早完成，對東沙機場先作準備工作等二小時方完。下午續閱美國通史，並約見義大利記者亞第瑞氏。

十一月十八日　星期五　氣候：陰晴

雪恥：下午來高雄準備明日校閱演習也，晚與經兒巡視高雄市區道路情形。

上午入府接受瓜地馬拉與希臘二大使[3]到任國書後，召見胡適，約談三刻時，彼最後提到雷震案與美國對雷案輿論，余簡答其雷關匪諜案，凡破壞反共復國者，無論其人為誰，皆必依本國法律處理，不能例外，此為國家關係，不能受任何內外輿論之影響，否則政府無法反共，即使存在亦無意義。余只知

1　本生（Ezra Taft Benson），又譯班森，1953 年 1 月 21 日至 1961 年 1 月 20 日任美國農業部部長。

2　陳培雄，字尚威、號木文，江西上饒人。時任預備第一師參謀長，後任第十九師副師長兼馬祖防衛司令部幹訓班副主任，旋調第三十二師師長。

3　瓜地馬拉與希臘二大使即瓜地馬拉駐華大使史賓諾（Rodolfo Espinosa Sanchez）與希臘駐華大使顧思德（Georgios Koustas），同於 1960 年 11 月 18 日呈遞到任國書。1960 年 1 月希臘政府決定恢復駐華大使館，並派其駐日大使顧思德兼任駐華大使。

有國家而不知其他，如為國際輿論，則不能再言救國矣，此大陸淪陷之教訓，不能不作前車之鑒也。最後略提過去個人與胡之情感關係，彼或有所感也。

十一月十九日　星期六　氣候：晴

雪恥：上午到鳳山第二士官學校內聯合演習司令部，聽取演習計畫報告後，另與羅列統裁官討論廿一日陸戰隊在壽山懸崖抓山演習，應設計在整個演習計畫之內，不應列為特技演練，此乃對二十日鳳岫登陸部隊之策應動作最為理想，未知當時計畫只在彌陀（廿六日）登陸之想定究為何意，可知今日參謀作戰仍因襲過去窠臼，而不知應用目前技術訓練之特性也，乃令改正之。十五時乘峨嵋艦出高雄港，參觀海軍演習八課目，對於原子防護演習甚感重要，而美援對此訓練與設備皆不願支持，何耶。晚八時參觀夜間演練，對於其兩艦高線傳遞與補給課目亦為此次之新設課目，頗感重要。九時後寢，服安眠藥。

上星期反省錄

一、緬北大陸第一基地之建立與強固今後更為重要，故特加督導與設計：甲、教導團之編訓與裝備。乙、江拉機場擴充計畫提前完成。丙、天馬計畫實施之程序與要綱。

二、雷案覆判書已核定，決不能減刑。

三、胡適之胡說，凡其自誇與妄語皆置之不理，只明答其雷為匪諜案，應依本國法律處治，不能例外示之，使之無話可說。既認其為卑劣之政客，何必多予辯論？

四、綜核美新政府之政策，不致對我有重大之變化，如以肯尼第平時之性質與抱負言，或許對反共比愛克更為積極與推行也。

本星期預定工作課目

1. 巡視聯合演習指揮部及其參加部隊之各師部：甲、陸戰第一師。乙、裝甲第一師。丙、第卅四師。丁、第十七、十九師。戊、第八十四師及第二軍部與空降團、特種作戰部隊等。
2. 審核下年度高級人員升晉冊。
3. 各高級特訓學員人選之審核。
4. 續閱美國通史。
5. 發俞大維特款。
6. 召見南部軍政人員與前市長。

十一月二十日　星期日　氣候：晴

雪恥：五時後起床，靜坐默禱卅分時如常，六時半參觀海、空聯合對岸轟擊演練，以目標區設計不良太小，故空軍轟擊因為海軍砲擊時目標上空全部為煙幕所罩，故未能實施也。八時四十分登岸，參加陸戰隊登陸演習一小時半後，巡視其紅、藍二灘頭營指揮部之動作畢，即至佳冬空軍靶場，參觀空軍八項演練，其中以電子操縱無人駕駛機作為高射之目標一課最感興趣，一般射炸技能與雷虎小組之熟技皆有重大進步為慰。十三時回澄清樓，下午補習朝課後，約美員六人茶會。晡約見克蘭因等，出示其 U2 機所測照之蘭州、迪化以及西藏拉薩機場等之照片，其工程鉅大，殊令喜懼交感也。

十一月二十一日　星期一　氣候：晴

雪恥：（續昨）昨見匪共在西北各工業區之建立徒具形殼，而並無實質之空洞建築，徒苦吾民之命財，更令余收復大陸與拯救人民之急切心情矣。以匪之此種有名無實之建築物與龐大之規模，實為只是一種建築，而非真正建設耳。

昨夜夢登嶽峰，當造極之前，雖微有障礙，但卒能於最後順利登上極峰，此乃為復國成功之朕兆乎。本日十時在壽山海濱公路上柴山，參觀陸戰隊第四團登陸與抓〔爬〕山演習，實為此次特技演習中最精綵〔彩〕之一課，甚覺自滿，但美空軍組長[1]認為此可用直升機，即能不費時力的實施其任務，何必如此勞苦跋涉也。可知中、美戰術思想，一以人力為主，一以機器為主之大相差別也，能不深切了解乎。

十一月二十二日　星期二　氣候：晴

雪恥：昨午經兒以要務回臺北，下午頗感寂寞，續閱美國通史十八章（躍為世界強國）甚覺有益。晚宴澳洲海軍部長戈登夫婦[2]，以言語不通，未能對其夫人多談為歉，客散後十一時方寢。

本日在澄清樓續閱美國通史第十九章（威爾生）完，更覺有益。過去在政治、外交上之失敗，最大原因為欠缺世界智識，尤其對美、對俄、對日、對英、法、德各國之歷史背景及其民族性之欠缺研究也。晡巡視演習統裁部，約卅分時乃回。

1　美空軍組長即狄恩（Fred M. Dean）。

2　戈登夫婦即戈登（John Grey Gorton）、戈登夫人（Bettina Edith Gorton）。戈登（John Grey Gorton），又譯高騰，時任澳大利亞海軍部部長兼外交部助理部長。

十一月二十三日　星期三　氣候：晴

雪恥：一、空投先遣隊二十至卅人之編組，在降落地區及着地時間即遭匪民兵之襲擊的戰術行動，應速編訂訓練，特別注重通信人員與機體之保護與安置，不使受作戰之損傷為要。二、空投着落時未被匪共發現之處理與部署辦法，亦應具體作彈性之規定，當先着眼於捕獲民兵與對付公社之辦法，以破壞奪取或脅制誘降或暫予保存為我掩護，並對公社匪幹之對付方策應作彈性之規定：甲、投機分子。乙、歸誠分子。丙、頑固分子應分別處置，而以懷柔、寬大、疑慮與戒慎、監察為主。

終日續閱美國通史至廿一章未完，其最後二章對我在第二次世界大戰中之偉大貢獻，該史竟予一筆勾銷矣。晚巡視統裁部，工作如常為慰。

十一月二十四日　星期四　氣候：晴

雪恥：昨覆判局對雷震等案判決書發表以後，今日雷、劉[1]二犯皆遷入監獄執行徒刑，此為臺灣基地反動分子之變亂與安定之惟一關鍵。胡適投機政客賣空與脅制政府，未能達其目的，只可以很失望三字了之。本日九時先到統裁部視察後，即轉兩棲地面部隊指揮部（打鐵村）、裝甲師部（石光見）、陸戰師部（內埔），再至第一軍團部（萬丹）參觀指揮權（海陸軍）轉移方式，並在萬丹中學視察反情報分遣隊情形畢，回至西子灣澄清樓已十三時半矣。下午以傷風未癒，入浴後聽讀報章。晡視察大貝湖即回。晚令緯國來同住。

1　雷、劉即雷震、劉子英。

十一月二十五日　星期五　氣候：晴

雪恥：一、作戰各級指揮部及其機構禁住工廠、學校與公共場所，必須住於帳幕。二、指揮權交接時之一定儀式與宣布命令之莊嚴儀態。三、報告人員之姿態與語句清晰，應平時練習。

上午九時半至鳳岫附近之清水岩陸戰隊營區，巡視第二軍部及其直屬部隊後，乃視察陸戰師新建營區之建築設備，比較理想也，十二時回，記事。下午四時半妻來高雄，自岡山下機，余與緯兒接其至澄清樓後，續閱美國通史。晚八時與妻同往九曲堂，參觀第卅四師夜間突擊演習後，十時回。本日接緬北柳元麟報告，共匪與緬軍聯合行動有攻擊柳部之企圖，乃令空軍加緊運輸特戰部隊三大隊，增強其戰力也。

十一月二十六日　星期六　氣候：晴

雪恥：一、測驗高級將領戰術思想，其陸軍計畫仍對海、空軍力量不加注重，更無聯合之觀念，應特糾正。二、外國戰史圖例應修正。三、對匪民兵等投降名詞應改為投誠或「歸誠」。

上午續閱美國通史全書完，對其第二次大戰中對中國部分可說一筆勾銷，此種恥辱只有自反與戒慎，不足為怪也。召見緬北將領七員[1]，又見大維。下午視察演習，人民公社之修改辦法頗有進步，在南〔楠〕梓巡視二小時半回。

1　緬北將領柳元麟部第二軍軍長吳祖伯、許實拱、馬雲庵、曾誠、景壽頡、李黎明、徐劍光。

上星期反省錄

一、雷、劉[1]等覆判判決書已如期宣布，國內與國際輿論並無多大評論，此為不憂不懼與不愧不怍，不為任何壓迫所搖撼或猶豫，可知決心與定力的修養更比前進步為慰。

二、襄陽演習本周每日督導巡視，頗感自得，尤以戰地政務人民公社演習更有意義，惟對於純赤化（澈底破壞家庭組織者）與初步赤化（家庭組織尚保留若干型態者）之二種程度不同之公社組織，亦應制訂處理辦法與規則及管理人員守則。

三、美國通史自第六至第廿一章止全部看完，對美國人之歷史與背景已有初步了解，但尚未能深入研究。我國今後建國模型，政治與經濟應以美國為法，而教育與軍事精神當以德國為師也。

十一月二十七日　星期日　氣候：晴

雪恥：五時半起床，朝課，記事，七時五十分出發，與妻同車經臺南至海寮附近巡視第八十四師部後，至曾文溪西港大橋之水壩，校閱第九師等渡河演習，所有動作與技能編裝皆精熟整一，殊為欣慰，此與日前陸戰隊在壽山登山演習之成績相等，認為世界上對渡河與登山作戰演習之先河也。演習完時特至河際，與全團官兵相見嘉勉。正午在臺南午膳，召見地方黨政警主官及南韓朴次長[2]與辭修共餐。十四時半到關廟，巡視特種部隊與傘兵團及戰車部隊攻防演習二小時完，一般經過皆感逼真，其較過去進步為快，十七時後回西子灣。

1　雷、劉即雷震、劉子英。

2　朴炳培，韓國下院議員、國防部政務次官，1960 年 11 月 25 日率領韓國軍事訪華團來華參觀部隊、軍事學校、兵工廠和一個大演習後，於 30 日離華。

十一月二十八日　星期一　氣候：晴

雪恥：八時與羅總司令[1]往第二軍團部巡視後勤工作、各工廠勤務與各部門三段五級修理等之設計與演習，巡視一小時餘畢，乃能了解今日軍事建設之進步及其基礎之如何強固矣，對於一般民意代表與各大學教授及記者，更引起其對軍事建設之驚奇矣。十一時前到左營召見各軍種演習主官，繼召見美軍各軍種主任顧問報告後，乃予以指示並加慰勉後，再接見各級民意代表、南部各縣市主官與記者後，聚餐後慰勉與指示畢，再召集各高級將領團長以上者三百餘員點名訓話。今日一切工作自感圓滿，惟對兩次訓示仍感不足，頗為遺憾。

十一月二十九日　星期二　氣候：晴

雪恥：一、發俞大維特款。二、招待菲副總統[2]。三、問柳[3]部四軍情形。

上午記前、昨二日事，召見何世禮後，召見高魁元[4]、俞伯音等，徐[5]校長應調換，馬滁心[6]對人考核不敢負責，無大望。召見高雄縣市黨部主委[7]，聽取南部黨務報告。十三時半與妻飛臺中轉日月潭，花木成蹊，水秀山明，空氣和柔為樂，實與高雄環境不同矣。膳後獨自遊潭，觀月聽鐘，頗覺自得。

1　羅總司令即陸軍總司令羅列。

2　馬嘉柏臬（Diosdado Pangan Macapagal），又譯馬加伯高，菲律賓政治家，1957 年 12 月 30 日至 1961 年 12 月 30 日任菲律賓第六任副總統，1961 年 12 月 30 日至 1965 年 12 月 30 日任菲律賓第九任總統。

3　柳即柳元麟。

4　高魁元，字煜辰，山東嶧縣人。1958 年 7 月任陸軍預備部隊訓練司令，1959 年 1 月調任第二軍團司令。1961 年升任國防部總政治作戰部主任。

5　徐即徐汝誠。

6　馬滁心，安徽盱眙人。1957 年 3 月任第十軍副軍長，1959 年 7 月任第九軍軍長，後任國防部聯合作戰研究委員會委員。1962 年 1 月調任第二軍團副司令。

7　方哲然，河北文安人。時任中國國民黨高雄縣委員會主任委員。嚴澤元，號不嚴，四川慶符人。曾任福建省警保處處長，時任中國國民黨高雄市委員會主任委員。

十一月三十日　星期三　氣候：晴

雪恥：一、由美學習回國學員必須派任教育工作三年，再任其他工作。二、跳傘回原隊之士兵，予以特種營養或發給維他命，每三日發一次為宜。三、軍隊學校化與三年服役退伍時之學術專長，可與各大學相等，予以工程師等之文憑。四、陣地攻擊之程序，自陣地前經通過障礙物外濠，以至陣中之搏鬥、佔領及收拾與清掃戰場止之演習。

上午聽報，批閱公文，審閱情報，巡視教育廳新建之教育館與涵碧樓環境，頗有進步。下午以明日為結婚紀念，除寫岳軍覆信外，祗與妻及其女友遊湖，回入浴，晚觀影劇。

上月反省錄

一、美國大選共和黨尼克生雖失敗，但其眾議員選舉中對我國最惡劣態度之俄勒岡州薄莌[1]與福蒙達州之「馬野[2]」皆落選，而為反共之共和黨人所擊敗。此事雖小，但其國會中對我國之影響甚大，乃在大選失敗中之一項新的樂觀也。

二、肯尼第當選為美總統，以其過去對我國抱不平的言論與其政治反共與積極精神，乃為尼克生所不及，只要其有反共雄心與積極精神，則民主黨在議會中為絕對多數黨，其政策自必比尼克生更易推行，故肯氏當選對我國反共前途不能不抱塞翁失馬，未始非福之感也。

三、莫斯科共產國際會議拖延三星期之久，尚未正式發表宣言，可知其鬥爭激烈，相持不下之惡劣情勢，故不論其今後公開發表之宣言為何，而匪、俄與黑、毛之矛盾必將有增無已，決無根本妥協之可能，乃可斷言。

四、寮國形勢日下，富馬之所謂中立主義已為共黨所操縱，俄國且已公開插足，積極滲透以奪取美國之地位，此事匪、俄雙方關係又起了新的矛盾，應加注意。

五、中南美洲形勢變化無常，尼加拉瓜、瓜地馬拉、薩爾瓦多與玻離維亞皆為共黨武裝暴動，對美國加以不斷威脅，如此情勢美國雖欲對共妥協，以其切身存亡關係，美新政府對國際共產之威脅，自不能不有新政策之決定乎。

六、剛果莫伯杜漸趨優勢，其總統克塞福布[3]在聯合國較有收獲，此於俄共亦

---

1 波特（Charles O. Porter），又譯薄莌，美國民主黨人，1957 年 1 月至 1961 年 1 月為眾議員（奧勒岡州選出），於 1960 年眾議員選舉中落敗。

2 馬野（William H. Meyer），美國民主黨人，1959 年 1 月至 1961 年 1 月為眾議員（佛蒙特州選出），於 1960 年眾議員選舉中落敗。

3 克塞福布（Joseph Kasa-Vubu），又譯卡薩伏部，為 1960 年 6 月 30 日剛果民主共和國獨立後的首任總統，至 1965 年 11 月 25 日被推翻。

有打擊，而且其親共之加塞等代表亦被驅逐，形勢自比前略佳，但其前途尚不能斷定也，而且法國對阿爾及利亞問題更遭到重大困難，故非洲問題之惡化方興未艾也。

七、越南政變幸得轉危為安，惟其前途外受法、美等之干涉，內受反動派之陰謀叛亂，尤其受北越共黨之威脅，仍足憂慮。

八、肯尼第在國會屢次攻擊共和黨，對共匪政策無能與消極、不能遏阻共匪向外擴張的論調，應加注意。又鮑爾斯最近宣布其對共匪政策，不能使蔣總統基本失敗，亦不在蔣的背後與共匪私訂條約云。

九、本身工作（十一月份）：甲、雷案覆判維持軍法局原判之發布，乃為安定臺灣基地之基礎，亦為十一年來對內、對外的反動投機分子的最激烈之鬥爭，至此或可告一段落。乙、襄陽大演習如計完成，結果甚佳，亦為對內對外發揚軍力之重要步驟也。丙、美國通史十餘萬言仍在百忙中如計閱完，得益頗多。丁、在此一月中因美大選結果，不能不力圖自立之道，無論對內對外一切脅制與橫逆之來，一本寓理帥氣之箴言，不屈不撓、不憂不懼與主敬立極、大中至正之理以應之，修養或有進步歟？

蔣中正日記
Chiang Kai-shek Diaries

十二月

民國四十九年十二月

十二月一日　星期四　氣候：陰晴　夜雨

雪恥：一、軍隊學校化之課程設計與退役士官之畢業證書，及考試及格之碩士技師與工程師等資格之給予。二、緬北對敵作戰之要領：甲、先擊敗緬軍予以重創後，和談合作與諒解，第一使不與匪共同作戰，第二使之共同反共，第三各不相犯。乙、待擊敗緬軍後，經過緬軍陣地向匪側背包圍，澈底殲滅。丙、無論匪、緬俘虜，予以訓練後釋放宣傳。

本日為我夫婦結婚卅四年開始紀念日，上午記事、聽報以外，祇在院內閒遊自得。正午宴檀香山州長奎恩[1]夫婦等至十五時後完。晚我妻約其女友十人聚餐，紀念結婚也。膳後作「平奇」與桌上賽馬為戲娛樂也。

十二月二日　星期五　氣候：晴

雪恥：昨日結婚紀念，夫婦共度一天愉悅安樂，甚想在此日月潭休息期間亦能安樂如常也，不意本晨接閱葉[2]大使來電，報告美國務院又對電〔雷〕[3]案覆

1　奎恩（William F. Quinn），美國共和黨人，1959 年 8 月 21 日至 1962 年 12 月 3 日任夏威夷州州長。

2　葉即葉公超。

3　雷即雷震。

判判決，如原判因受其參議員「傅爾白雷[1]」之壓迫與警告，乃要求我對雷自動減刑（作此間接之干涉），否則該國務院將提出正式聲明。余乃立即拒絕，令葉據理糾正，此為雷案結束後之又一風波也，美國之愚拙極矣。正午又接我國防部報告，緬北匪、緬聯合，行將進攻我第一大陸反攻基地之江拉，自午至晚連續手書彭[2]總長三函，共約三千餘言，以此為關係於我天馬計畫之成敗影響最大也，故不能不設法挽救、全力以赴也。

十二月三日　星期六　氣候：晴

雪恥：一、對肯氏國際形勢與意見之節略：甲、以林肯解放美國黑奴，為解放共區被奴役之精神，發揚其政治抱負與道德勇氣。乙、對共產主義的侵略如何制裁與消除大戰禍災為其當前第一任務。丙、中國六億人民被共匪奴役，應以如何解決中共暴政為解放政策之中心問題。丁、共產國際之弱點，其癌症全在中共，應從打擊其弱點為解除俄共發動大戰之危機。戊、今後世紀的重點與開發世界資源應注重太平洋，尤其在遠東的中國大陸，如在美友統治，則美在其西面國防即可無憂，而且可建立世界和平之基礎。

上星期反省錄

一、莫斯科各國共產首腦會議自上月七日開始，經過三周以上之討論，至本月一日方發表其簡短公報，只說「與會代表互相交換意見，明瞭彼此觀

1　傅爾白雷（J. William Fulbright），又譯傅爾白來特、傅爾白來得，美國民主黨人，1945 年 1 月至 1974 年 12 月為參議員（阿肯色州選出），1959 年 1 月 3 日至 1974 年 12 月 31 日任參議院外交關係委員會主席。

2　彭即彭孟緝。

點和立場，討論當前國際發展及共黨運動等方面的種種問題」……「對一切問題所作的討論，係在基於馬列主義及無產階級國際主義之不變原則的友好氣氛中舉行」云，此為自有共產國際會議以來，從未有如此空洞與虛弱之文字也，可知中、俄共對國際外交政策與赤化世界方法上，皆未有一致決議表現，其中多有不可克服之矛盾，關於此一重大分歧與裂痕，積三年來中、俄共內訌之弱點，至此乃暴露無遺矣。惟其附帶說明尚有二項宣言待發等語，此或為其補充本簡短之聲明尚待北平同意乎，當拭目以俟之。

二、美國對雷案尚想干涉，其民主黨左派如「傅爾白來特」及「艾其生」之流，若不使共匪完全統治中國以消滅我政府，非達到其媚共倒蔣目的決不甘心，至於其美國對共產戰爭之成敗得失，乃至其治亂存亡亦在所不顧，此種投機自私之政客，誠所謂至死不悟矣。

三、緬甸竟容許匪軍進駐其緬境之內（即在其勘界以後），其蓄意媚共之自殺政策乃暴露無遺，並在勘界條約之外另有對蔣之密約甚顯，對此應特加重視與研究我對策也。

十二月四日　星期日　氣候：晴

雪恥：昨（三）日上午聽報，記事，記上月反省錄與處理緬北軍事，無或疏懈。下午記十月反省錄未完，晡與妻遊湖，晚觀中央電影廠製之「音容劫」，比較進步矣。

本（四）日上午續記十月反省錄，批閱公文。下午為緬北匪情與對匪、緬、寮形勢之考慮頗切，最近國際形勢之發展：甲、匪軍入緬，對我柳[1]部之威脅與寮局之關係。乙、寮富馬公然受俄援。丙、寮三角內戰已開始發動。丁、剛果魯孟巴已被捕，莫伯度反對埃及等投機親共之各國，驅逐該國駐剛之代

1　柳即柳元麟。

表。戊、委內瑞拉共黨暴動平熄，此皆共產陰謀之發展也。晚菲副總統（馬加伯高）來訪，款宴之。

十二月五日　星期一　氣候：晴

雪恥：一、柳部轉進寮境之利害如何。二、對緬之宣傳與警告之方式，應宣布共匪進駐緬境及其對寮、泰之共同行動，不使泰國反共與援寮的消息。三、與富米密取聯絡與合作之計畫。四、加派特戰部隊之計畫。五、對肯氏之說帖？並令于斌赴美。

上午八時與馬加伯高聚餐談話一小時，彼甚以非洲新國中立傾向、明年聯合國代表權為俄共所謀為慮，此為其對我國之好意也。聽報後記反省錄，下午批閱，清理積案，審核國防研究院新學員人選名冊，甚以無方針、無標準之人選為苦，乃決以高級將領為主，政經人員為從也。晚觀水災重建影片。

十二月六日　星期二　氣候：晴

雪恥：一、對共作戰應防護各級指揮機構與主官為第一，因匪的戰術以此為第一目標，故自最高主官至其班長，必須以保密防諜與嚴防其周圍之匪偵滲透為第一，故前線步哨與巡查員應特別編訓。二、機場防匪空炸，故地雷埋設地點應在其投炸範圍以外也。三、入寮偵察或先遣隊員必須着寮裝。四、匪、寮、緬之軍裝準備。五、柳部軍褲之羢衫發給。

九時與妻自日月潭出發，經水底坑道路至臺中東勢谷關公路局巡視後，繼行至谷關築壩與建廠工程，到青山招待所打尖視察。下午繼續前進至達見水壩工程處，詳察地形、地質與高壩模型及實地視察，甚覺有益。十七時到梨山駐宿，次高山峰近在目前，周圍形勢正在夕陽照明中歷歷可數為樂。晚會後寢。

十二月七日　星期三　氣候：晴

雪恥：昨晚梨山氣溫在攝氏十度，初覺寒冷但不如所想之凍也，其地標高為一九〇〇公尺，空氣清冷為樂，十餘年未呼吸此空氣矣。

本晨六時起床，冷水洗面，頓覺寒疼，但亦甚樂。朝課餐畢，經兒陪同父母往遊福壽山榮民農場，慰問榮家，並在介壽松下三人照相紀念。昨在青山招待所前，兩株老梅對抱一株百年老松，是乃橫貫公路中最足名勝生色之紀念也。九時自松柏村農場出發，經合歡溪源日新岡至合歡埡口站，其地標高為二五六五公尺，其空氣稀薄。繼至峭壁之碧綠視察，經兒報告此即公路中最困難實施之處也。繼至慈恩站眺望太平洋後，自此一九六八公尺直下文山站，其地勢徒〔陡〕峻，公路蜿迤，到文山招待所時耳為之痛，呼吸略感困難也。

十二月八日　星期四　氣候：晴

雪恥：昨午在文山午餐後，甚想到深山溫泉發源地而未果，十四時出發，順經天祥招待所視察後，未在天祥站停留，直至九曲洞，此乃為橫貫公路之艱險之段，亦即為全路精華之處也，兩山且皆為大理石巖。繼至靳珩橋[1]停留十分時，復至長春祠，此為全路之最遊覽之名勝，而其古太魯閣即在其上，以時間不及，不能直上此古閣為憾耳。遊覽畢乃至花蓮機場，十六時半即上機回，夫妻、父子同機回臺北，已達成我巡遊橫貫公路一年來所想望之目的，而經兒對此艱鉅工程奉命至今，經五年長期之艱辛工作亦於完成。此乃其一生事業之開始而已。十時後就寢。

1　靳珩橋，原名白龍橋，位於臺灣花蓮縣秀林鄉太魯閣國家公園境內，為臺八線上橫跨魯丹溪的橋梁，全長八十二公尺，寬十一公尺，以鋼筋混凝土建造。原是立霧溪一條產金道路，跨越魯丹溪的一座簡易橋梁，橋身呈石拱造型。後為開闢中橫公路而興建，並保留石拱的橋身造型，後來因工程師靳珩進行巡察時，遭逢地震被落石擊斃，故竣工後改稱「靳珩橋」，以茲紀念。

昨夜睡足八小時以上，本（八）日上午在寓聽報，記事，而以研究緬北、匪情與莫斯科共黨最後正式宣言二事，頗費心力。下午召見于斌，並約美國防次長柏克[1]茶典〔點〕。

十年來痰疾復發，而以昨、今等日以氣候乾冷為最多，小便次數亦增多，夜間每隔一小時須小便一次，此為寒凍之故也。

十二月九日　星期五　氣候：晴

雪恥：一、致愛克電稿。二、致吳廷賢〔琰〕函稿。三、段[2]部應移至路東。四、柳部渡河與架橋準備。五、段部對前進江拉匪部襲擊時機之研究，必須其在前頭到達孟扒時，再在景東與孟扒間襲擊與截斷其道路。

上午召見段希文後，主持緬北作戰會談一小時半後，主持財經會談，情勢較前進步。會後與岳軍談近事，聞胡適、成舍我[3]等發起要求特赦雷震運動，此與美國共黨同路人內外相應之行動也。下午主持緬北作戰會談，特命段希文參加，發表其意見，並予其單獨談話，其人似有作為，可以培植也，緬北戰略乃可決定矣。

1　柏克，時任美國國防部次長。

2　段希文，雲南宜良人。1950 年 7 月，擔任雲南救國軍第四軍政區司令。1952 年任幹訓團第四期大隊長。1954 年任緬邊區游擊隊副總指揮兼第五軍軍長並兼任幹訓團教育長。1956 年任西區指揮官。

3　成舍我，名希箕，又名漢勛，湖南湘鄉人。1948 年當選北平市立法委員，誼屬革新俱樂部。北平被共軍占領前逃往南京，後寓居香港，最後於 1952 年冬定居臺灣。1956 年在臺北創辦「世界新聞職業學校」。

十二月十日　星期六　氣候：晴

雪恥：一、聯合國經社理事之選舉，我國不足三分二之票數未能當選，此乃聯合國我國席位動搖之預兆，所謂履霜堅冰至，不得不作萬一之準備。美國新舊政府之交替，對我國之政策是否改變，姑難逆料，即使其不改變，而其將來對我聯合國席會之協力決不能如今日國務院之積極，故今後最應注重者，乃為整個聯合國問題，而今日經社會理事之失敗尚屬次要耳。

上、下午全日在寓審核聯合大學（三軍）與實踐學社以及國防研究院三校，明年新生人選之審核為忙。晡見美教授饒大衛[1]，談美國今後政局對我國之利害關係，在不利方面者甚切，但余並不過慮，以此全在本身自立之道如何耳。

上星期反省錄

一、莫斯科共產國際宣言已於五日正式發表，此一宣言之感想：甲、匪、俄思想鬥爭意見，表面上以互讓精神得了勉強調和，但在實質上毛匪主張佔上風，此決非俄黑所願容忍者，故其兩方矛盾並未因此消除，余認為裂痕將從此更深，尤其劉匪未敢答訪東歐而直接回平，更可知俄對匪深有戒心也。

二、聯合國經社理事選舉雖最後票選尚未揭曉，但我國此次競選形勢弱點在國際地位上已暴露無遺，明年度我在聯合國席位之動搖更堪憂慮。

三、匪、緬聯合形勢與匪軍侵入緬北，而我在緬北反攻大陸基地與天馬計畫之實施已遭挫折，乃須另行計畫，重起爐灶矣，但此尚非制〔致〕命傷也。

1　饒大衛（David N. Rowe），美國耶魯大學政治系教授、美國遠東問題專家，1954 年至 1956 年任亞洲基金會臺北辦公室主任。

四、星三回臺北後，大部時間皆研究與處理緬北遊〔游〕擊隊生存與行動方針之決定，其第五縱隊長段希文來臺與易瑾由緬北回來詳報情形，方獲得澈底了解，實於我有益也。

五、巡視橫貫公路全線，而且夫妻、父子三人同遊此一重大工程，而此一工程且由經兒所督導完成者，更為自慰。

六、寮國混亂不定，其中立政府之富馬由永珍逃往高棉矣。

十二月十一日　星期日　氣候：晴

雪恥：一、緬北柳部之補救及其行動之方向應重加研究，柳實最無能力之人，決不能續任現職，其候補者應速選定。二、向寮轉進之利害得失如何。三、泰國禁米出口至柳部消息速交涉。

上午聽報後見孟緝，轉示段希文戰略要旨後禮拜，續審各軍校新學員人選，國防研究院新學員人選重定方針較妥。下午與妻巡視郊區東北部軍事公路，約二小時回。晚召見易瑾、曾力民，聽取易報告緬北實際情形，更覺易才可用也。

十二月十二日　星期一　氣候：陰晴

雪恥：一、核定各院校新生人選名冊。二、召見各院畢業學員：甲、十三、十四五日實踐學社。乙、十七、十八、十六國防研究院。三、江拉電臺速移置緬境二、三處，及其糧彈重物皆應移存寮境。四、聯大典禮講稿與記事抄示。

上午審定國防研究院下期學員人選，並簽致吳廷賢〔琰〕函件。下午審核三軍聯大及實踐學社新學員名冊未完。晡見中央銀行美顧問鄧明[1]等茶會時，得悉美對達見水壩四千萬美金借款已經通過為慰。晚召見乃建與彥棻，聞李萬居等組織新黨事延期。

十二月十三日　星期二　氣候：晴

雪恥：一、對匪軍已滲入寮、緬之宣傳計畫，應注意發表之地點。二、美又防我緬北柳[2]部轉入寮境之答案。三、美、英、法等對寮共與俄國明目之挑戰，仍無膽干涉之可恥行動。

上午入府主持月會後，與辭修談政情，余認為魯斯克[3]為美國務卿，其對華政策比預想者為佳，但鮑爾斯與史蒂文生為其助手，則基本左傾危險依然存在也。召見新選學員十餘人，會客十餘人。下午到石牌召見學員回，經兒來辭別，將於子夜飛西貢轉緬北視察也。晚審核學員人選未完。

十二月十四日　星期三　氣候：晴

雪恥：一、匪、寮與匪、緬之混合編成與假裝冒充之宣傳。二、元旦文告以共產國際會議宣言戰爭之信號為重點。三、聯大等畢業禮中講詞要旨，以品德能力與容態體格為重點：甲、心力與物力為實力－戰力之要素。乙、道

1　鄧明（Frederick L. Deming），原服務於美國聯邦準備銀行，時為中央銀行美籍制度顧問。
2　柳即柳元麟。
3　魯斯克（David Dean Rusk），又譯拉斯克，日記中有時記為美魯、魯丑，美國民主黨人，1949 年被任命為美國國務助卿。1950 年任遠東事務國務助卿。1950 年至 1961 年為洛克菲勒基金會董事會成員，1952 年接任基金會主席。1961 年 1 月 20 日至 1969 年 1 月 20 日出任美國國務卿。

德力信公實忍（毅）為領導能力之要素。丙、國文之重要。丁、語言清晰、儀態端正、動作大方（緩急適度）– 從容不迫的教育之重要。
上午手錄三軍聯大與實踐學社下屆人選後，往實社續召見學員廿五人，下午續見廿四人完。晡親檢致愛克信，並附公超信，當夜托少明帶出。

十二月十五日　星期四　氣候：晴

雪恥：一、蒙古戰史調閱。二、胡紹康[1]（雲南）、貢自奮[2]二學員可選用。
寮局發展：永珍城區富米部隊進展頗速，惟俄、匪與北越皆對美積極侮蔑詆毀，是其干涉寮局、擴大寮共叛亂似有欲罷不能之舉，因之更為我緬北柳部憂慮其地位之孤危也。上、下午皆在實踐社召見畢業學員共八十餘人，晡約美議員孟德[3]等茶會。

十二月十六日　星期五

雪恥：一、重申匪諜自首寬免令。二、對劉[4]犯查對之研究。三、發于[5]款。四、莫斯科共產宣言之重點：甲、號召飢餓人民之團結與暴亂。乙、各共產國之獨立性。丙、民主改革（香港反動派之口號）。丁、中共侵略性之暴露。

1　胡紹康，雲南寧洱人。歷任預備第八師團長、參謀長、副師長、預備第一師副師長、第四十一師副師長、第十軍參謀長等職。

2　貢自奮，號陶生，江蘇丹陽人。歷任第九十二師第二七四團團長、第二十七師參謀長等職。

3　孟德（Karl E. Mundt），美國共和黨人。1948 年 12 月至 1973 年 1 月為參議員（南達科塔州選出）。

4　劉即劉子英。

5　于即于斌。

戊、該宣言以中共為中心，而非俄共之領導。五、中共領導世界民族運動革命之特別任務。六、中共領導亞、非之革命。七、共匪控制大陸與世界動亂之關係。八、匪、俄矛盾未除而加深。

上午入府召見調職人員六名，主持宣傳會談二小時頗有得，惟自身形態略現急促之象為憾。下午召見國防研究院學員三十人，近日忙碌，只覺盡我人事之能力矣。

十二月十七日　星期六　氣候：晴　夜雨

雪恥：一、共產宣言與美國心理及影響如何。二、肯氏新政府之研究：甲、自由與反共並重之方針。乙、對共匪取彈性，不堅拒共匪參加聯國。丙、兩個中國之參加。丁、匪偽政權有效控制大陸之觀念，與其臨時控制性之別。三、宣傳方針，中共只有中國人才能承擔其消除偽政權之責任，自由世界應加信任。四、匪、俄矛盾應為次要。五、聯合國重要性應減少之心理培養。六、聯合國與我進退之方針。七、加強工會。七[1]、言論自由。

上午與于斌談對肯尼第提供意見，與亞洲人對肯當選後解放鐵幕內共奴之期望後，到聯大後山防空室主持軍事會談，巡視防空室設計與布置，此為規模最大之防空機構也。下午召見國防研究學員卅人完。晚宴波令牧師[2]。

1　原文如此。

2　珀林（Daniel A. Poling），又譯包霖、波林、鮑林、包零、保令，美國籍牧師，曾任基督教兒童福利基金會董事、《基督教先鋒報》負責人，並自 1950 年代起協助臺灣光音育幼院、臺中育嬰院（Daniel A. Poling Memorial Babies' Home）、大雅盲童育幼院與樂生療養院職業治療室的成立。

上星期反省錄

一、尼泊爾國王[1]逮捕其親共內閣總理柯瑞拉[2]等以下閣下，而自掌國政，此乃南亞地區較佳消息也。

二、非洲衣索匹亞王賽拉西[3]自南美回國，敉平其國內叛亂，恢復其主權。此一政變當為俄共所促成無疑，但其內容真相迄未宣布，且與美大使有關之嫌疑，以當時勤王軍收復王宮時，正是美大使在宮內與叛軍首領會談也。

三、寮國首都永珍已為富米克復，叛軍王連部隊向北撤退，邦奧姆[4]新政府成立，寮局已漸好轉，但俄機仍不斷接濟王連叛徒，公開空投，其前途尚難預料也。

四、剛果魯孟巴被擒後，莫伯度與克塞姆已漸轉優勢矣。

五、戴高樂阿爾及利亞之行威信頹喪，且聯合國通過阿爾及利自決案，殊為戴氏之重大考驗也。

十二月十八日　星期日　氣候：陰雨

雪恥：一、將級升任人選之審核。二、襄陽演習之講評。三、劉子英口供准由監察委員調問。四、重申匪諜登記令。五、明年軍官讀物之選定。六、元旦文告要旨。

1　馬亨德拉（Mahendra of Nepal），尼泊爾沙阿王朝的第十任國王（1955 年至 1972 年在位）。

2　柯瑞拉（Bishweshwar Prasad Koirala）。

3　賽拉西（Haile Selassie），原為馬康南公爵，並在 1928 年成為國王。1930 年正式加冕為帝，成為海爾．塞拉西一世。1960 年 12 月訪問巴西時，皇家警衛隊司令門吉斯圖、紐威等人發動軍事政變，依靠美國的幫助和支持皇帝的陸軍部隊平息政變。

4　歐目（Boun Oum），又譯歐姆、邦奧姆，即文翁親王，文寮國王族出身，世襲占巴塞親王，1948 年至 1950 年和 1960 年至 1962 年兩度任寮國首相。

上午本擬準備明日講詞，因接美對我緬之游擊隊問題之干預來電，乃即手擬覆稿，禮拜如常，勇孫來侍候。下午重審覆稿後，與妻帶勇孫車遊淡水道上。令公超直接送致愛克函件已經面交，且其態度誠摯也。

十二月十九日　星期一　氣候：晴陰

雪恥：一、外交宣傳研究會。二、對聯合國積極外交之具體計畫？三、對匪、俄矛盾之宣傳要旨：甲、主奴關係（共產國協）。乙、內部敵對鬥爭性。丙、對外協調統一性。丁、互爭領導權。戊、共產各國協議會商與平等獨立性之分析。三、瓦爾加[1]著作檢呈。四、召見吳淵明[2]。五、胡獻羣[3]調訓。

上午重修前覆電稿，交外交部長名義令公超轉美警告緬甸，頗費心力。十時在三軍聯大主持國防研究院、三軍聯大、政工幹校高級班與實踐學社四單位畢業典禮致訓，召見各該校校長與顧問後點名，聚餐。下午中央常會討論莫斯科宣言，未作結論。晚實踐社聚餐，致訓。

1　瓦爾加（Eugene S. Varga），蘇聯經濟學家。歷任蘇聯科學院世界經濟與世界政治研究所所長（1927-1947），1939 年當選蘇聯科學院院士。主要著作有：《世界經濟危機中的新現象》（1934）、《世界經濟危機》（1937）、《第二次世界大戰後資本主義經濟的變化》（1946）、《帝國主義經濟和政治的基本問題》（1957）等。

2　吳淵明，號琛，江西寧國人。歷任第十師師長、總統府高級參謀、第三軍副軍長、第八軍副軍長。後調國防部高級參謀。1961 年 1 月蔣中正指示彭孟緝呈核吳淵明以登步島作戰有功可否恢復軍職。

3　胡獻羣，字粹明，江西南昌人。1954 年任國防部第五廳廳長。1955 年 12 月調任陸軍總司令部參謀長。1959 年 8 月升任國防部作戰參謀次長。

十二月二十日　星期二　氣候：陰

雪恥：一、召見吳淵明。二、李桂新[1]實踐社受訓。三、、吳南山[2]、徐汝誠、劉玉章[3]入防院。四、函于斌聯合國與英政策。五、緬甸宇努[4]聲明緬境無共匪軍隊之作用，此因永珍已被反共富米軍佔領，故緬態度亦不敢公開勾匪也，此對我江拉基地或為轉危為安之轉機也。

上午接經兒函，十九日已由越南安抵江拉為慰。終日審核軍官晉升與調職人員，並清理積案數十件。晡見巴拿馬記者[5]，晚與玻玲牧師談美政情，有益。

十二月二十一日　星期三　氣候：陰

雪恥：一、明年聯合國代表權問題進退之方針如何。二、英首相[6]明二月訪美，商討美、英外交政策，應加注意與預防。三、明年國際局勢必有重大變化，決不能長此拖延不決也。四、軍法人員之獎賞。

上午審核中、少將官晉升名冊完，正午再與玻玲牧師談時局後，約胡適聚宴，以祝其七十之壽也。下午審核高級將領調職與調學名冊大體完成，此乃本年度重要工作也，自回臺北兩周，工作至此告一段落為快。

1　李桂新，號頹吾，安徽懷遠人。1956 年 6 月任第八軍第三十二師副師長，後任馬祖守備區指揮部副指揮官，1962 年 2 月調任陸軍特種部隊司令部參謀長。

2　吳南山，號桂馨、公直，安徽合肥人。歷任陸軍總司令部政治部第五組組長、陸軍步兵學校政治部主任、國防部總政治部設計委員等。

3　劉玉章，號麟生，陝西興平人。1953 年 3 月出任臺灣中部防衛區司令官，1954 年 5 月調任金門防衛司令部司令。1957 年 7 月轉任陸軍副總司令，1958 年 11 月就任預備部隊訓練司令。

4　吳努（U Nu），又譯宇努、努，1948 年 1 月 4 日至 1956 年 6 月 12 日，1957 年 2 月 28 日至 1958 年 10 月 28 日，1960 年 4 月 4 日至 1962 年 3 月 2 日，三度出任緬甸總理。

5　莫萊、穆萊、莫拉爾，為《巴拿馬評論報》社長及總編輯。

6　英首相即麥米倫（Harold Macmillan）。

十二月二十二日　星期四　氣候：晴陰

雪恥：一、襄陽演習重加檢討與注意的問題：甲、壽山地區為何不在作戰計畫之內，其原因何在。乙、裁判人員專門訓練與培植。丙、陸軍陣地攻擊之程序。丁、對匪來降之「投降」名詞，應改為來歸、歸來或歸誠。戊、滲透、破壞、阻礙工作不夠重視。己、後備軍人之管訓組織。庚、軍隊學校化之具體設計，分大專、中、小各級與官長分任教師之訓練計畫。

上午九時在聯大參加襄陽演習講評，至十二時半止，以時間匆促，未能充分發揮我意見，當時以時間關係余暫不講評，另定時間再評或較相宜也。下午召見聯大優生二十員。

十二月二十三日　星期五　氣候：晴

雪恥：續昨講評要旨之補充：甲、裁判員訓練班之設立與經常研究計畫。乙、聯合作業室之常設，即聯合作戰訓練計畫中心之設立。丙、陣地攻擊程序之訓練與裁判業務應特加強。丁、防空、防毒與防火觀念應加強。戊、公社演習分純赤化與初步赤化及集體所有制合作化等之對策，應新加研究其管理辦法與管理人員守則。

上午記事後，入府召見調職人員與會客，與岳軍談話，以辭修心理病態未痊，多言傷人為慮。下午批閱，五時前經兒由緬北歸來，照預定得提早一日，為欣為慰，據報該處情況並不險惡，且地形可守也。六時到華興育幼院[1]，見兒童天真誠摯，歡呼響聲震耳欲聾，感動萬分。

1　蔣中正夫人宋美齡擔任婦女聯合會主任委員時，為收容一江山守軍烈士遺孤及大陳島撤退來臺的孤兒而設立，1956 年 4 月 1 日正式立案。

十二月二十四日　星期六　氣候：晴

雪恥：一、電于[1]對我聯合國代表權與拒匪入會之政策，應更積極使英明了不變。二、由美留學回國之人員服務教育三年。三、跳傘回歸原隊之士兵特加營養。四、自製直升機之限期。五、反戰車之特種手段。六、輕裝部隊。七、演習缺點之編訂與督導改正計畫。八、聲納與雷達的使用與修護之特訓。九、余任金門之軍長事電詢安祺如何。

上午修正講評要旨約二十餘項後，入府召見調職五員畢，主持軍事會談二小時完。下午審核高級將領調職與升任公事，已作最後核定並批閱後，經兒來談對緬事覆美所詢之答案。晚全家子孫、親友二十餘人在寓度聖誕節，祖母對武、勇二孫戲弄為樂，餐後禮拜，十一時就寢。

上星期反省錄

一、沙地阿拉伯國王紹德[2]罷免其胞弟而自任總理，實行親政，此或與上周尼泊爾王罷撤其親共內閣總理，實行親政反共，乃與自由世界有益也。

一、肯尼第任狄倫[3]為財政部長，其對我態度與了解程度較深為慰。

一、高級將領之調職與晉升皆於本周審核完成，此為重要工作也。

一、三軍聯大、國防研院、實踐學社同時畢業。

一、愛克對我野龍計畫中撥發遠程運輸機之函件態度頗佳，或能收效也，對

1　于即于斌。

2　紹德（Saud bin Abdulaziz），沙烏地阿拉伯第二任國王（1953 年 11 月 9 日至 1964 年 11 月 2 日），1953 年 10 月 9 日至 1954 年 8 月 16 日、1960 年 12 月 21 日至 1962 年 10 月 31 日兩度兼任總理。

3　狄倫（Clarence D. Dillon），美國財經人士，1953 年 3 月出任駐法國大使，1958 年 6 月出任經濟、商業和農業副國務卿，1959 年 6 月出任國務次卿，1961 年 1 月出任財政部部長。

其國務院干涉我在緬游擊隊之覆文大意，亦電葉[1]酌情處理。

一、經兒訪越巡緬完成，如期安歸，對於緬北情勢並不過劣，且與寮軍已有聯絡，則江拉基地或可保全，否則柳部亦有退步與活動餘地，不致為匪、緬所算也。

一、襄陽演習講評完。

十二月二十五日　星期日　氣候：陰晴

雪恥：一、對美外交與聯合國方針為明年度第一課題，應特加研究，其最大關鍵仍在我本身實施野龍計畫效果之如何耳。二、對匪鬥爭之成敗亦在能貫澈野龍計畫之實施，依理依勢與國運轉機之推斷，當有成而無敗也。三、匪共明年試製原子彈，萬一有成如何，余認為只要匪、俄目前之矛盾不變，則絕無製成可能，否則匪、俄關係與匪、美關係皆必大變，世界大戰與匪共覆亡更速矣。

上午到憲政研討會主持開幕典禮致詞後回，禮拜如常。下午審修元旦文稿未畢，晡召見康澤之子[2]，詳詢其省親情形後，與妻車遊市區，視察聖誕張燈程度，較前熱鬧矣。

本日聖誕為余西安蒙難脫險之廿四周年紀念也。

1　葉即葉公超。

2　康澤，字代賓，號兆民，四川安岳人。曾任復興社中央幹事、三民主義青年團中央團部組織處長等職。1948 年時任第十五綏靖區司令、立法委員，於襄陽戰役被共軍俘虜。本日，其子康仲謀來見，由國防部情報局局長葉翔之陪同。

十二月二十六日　星期一　氣候：晴

雪恥：昨據康仲謀報告其父康兆民在北平囚禁與病情，但願上帝能對我忠貞同志如康澤、黃維[1]者，待我反攻復國時尚能健在與重敘也。彼尚以只要我內部團結，打倒共匪仍有希望之言，托其子傳達於我，更使余難忍也。至於其言杜聿明[2]為無人格，余亦不怪，以余自認教育無方，乃實有其咎責耳。惟王耀武[3]無恥至此，殊所不料為憾。

上午（本日）審核陶、秦[4]二文稿，擬訂文告內容、重點與程序，而以申明今日臺海基地對亞洲與世界反共陣營上之地位，實掌握了其成敗之鎖鑰一點應加強調，為全篇的中心。下午主持中央常會二小時。正午召經、緯各家兒、孫、媳等來家為先慈冥壽跪禱並聚餐，對勇孫戲笑為樂。

本日為陰歷十一月九日，是先慈九十七歲誕辰，連日來痛悔當時頑梗不孝的罪孽，不知何日可慰慈靈於地下矣。

十二月二十七日　星期二　氣候：晴

雪恥：昨、今二日氣候最佳，風日清和，星月皎皦，實為在臺北不可多得者也。

上午自七時至十二時整編文告，甚費心力。下午記昨日事畢，獨上陽明山，經苗圃轉至七星山上美國新建之通信所巡視，更感現代設備堅固宏大、耗費

1　黃維，字悟我，江西貴溪人。曾任聯合後勤總司令部副總司令。1948 年原任新制軍官學校校長兼陸軍總司令部第三訓練處處長，9 月起任第十二兵團司令官，參加徐蚌會戰，12 月間在雙堆集被俘。

2　杜聿明，字光亭，陝西米脂人。1948 年 9 月，轉任東北剿總副總司令兼冀熱遼邊區司令官，11 月指揮東北國軍從葫蘆島撤退。再回任徐州剿總副總司令兼前進指揮部主任，1949 年 1 月被俘。1959 年 12 月 4 日獲特赦。

3　王耀武，字佐民，山東泰安人。1948 年時任第二綏靖區司令官兼山東省主席，與共軍於濟南戰役中激戰，9 月兵敗被俘。1959 年 12 月 4 日獲特赦。

4　陶、秦即陶希聖、秦孝儀。

財力之不易也。晡回寓見美國文摘記者赫爾[1]後，與妻車遊市區回，入浴，晚散步，觀月靜默，十時寢。

十二月二十八日　星期三　氣候：陰雨

雪恥：近來夜睡皆在六小時半至七時以上，乃為月來最佳現象，惟體減至一百十九磅，何耶。

上午七時着手修整第一次文稿。十一時入府召見合眾社記者柯文[2]，談匪軍入緬與緬國引狼入室之可悲，亦所以間接警告宇奴也。黃德美[3]自泰、寮交涉回報，其對我緬北游擊隊之互助皆有誠意也。下午在寓續修文稿，至六時後第一稿告成，頗感疲乏矣。

十二月二十九日　星期四　氣候：陰雨

雪恥：一、美國新政府成立後，對華政策之探討者：甲、中國聯合國席次問題。乙、兩個中國問題。丙、裁減兵員問題。丁、金、馬問題。戊、臺灣人問題。己、雷案與言論自由問題。

上午聽報，至公論報「來鴻」欄內為雷案對政府侮辱，殊堪痛惡。自朝課後續修元旦文告第二次稿二小時餘，十一時主持緬北基地會談約三小時之久，對寮富米軍服等決予援助。下午批閱後，約見赫爾談其金門之感想，歎為奇績〔蹟〕也。晚續修文稿未完。

1　赫爾，美國讀者文摘（*Reader's Digest*）專欄作家。

2　柯夫（Albert E. Kaff），又譯柯文、高艾伯，美國合眾國際社記者，訪問內容見 1960 年 12 月 30 日《中央日報》。

3　黃德美，號仁惠、維正，福建龍溪人，僑居印尼蘇門答臘。曾任東南軍政長官公署第三處副處長兼作戰指揮室主任，時任國家安全局第二處處長，後任國家安全局副局長。

十二月三十日　星期五　氣候：晴　溫度：華氏五十八 臺北氣象報告最冷為三十八度

雪恥：一、將領明年應讀書藉〔籍〕之指定：甲、毛奇傳。乙、腓特烈大王傳。

本日氣候轉佳，六時前起床，溫度在五十八度。朝課後重修文稿，上午入府召見銓敘部長[1]，詢職類分位與公務員疾病保險等立法情形後，召見調職人員六名，主持情報會談，對今年國內治安成績特加嘉獎，以本年在韓、日、越、土等國皆有叛亂與共黨顛覆不安情形發生，獨我基地能安定如常也。下午批閱公文，召見彥棻後，約阿根廷代辦[2]等茶會。

十二月三十一日　星期六　氣候：晴　溫度：五十八 臺北氣象報告三十七度

雪恥：一、前致愛克函催野龍計畫中遠程運機，尚未得其覆函，最為懷念。二、寮已正式宣布越共四營已入寮境，參加寮亂。三、緬軍前日試攻我柳部索永未逞，惟未俘獲其緬軍，究不知其為共匪或緬軍，應令柳部以俘獲敵軍為要務，並頒重賞。

上午入府召見羅列等，並見臺藉〔籍〕黨員徐慶鐘[3]等四員後，主持軍事會談，討論襄陽演習中對左高壽山置之不顧的指揮不當問題，指示甚詳。下午批閱公文後，與妻車遊山上，視察森林公園回，文告錄音補正謊謬邪說等三句完成。晚膳後與妻等作桌上跑馬為戲，十時寢。

1　銓敘部長即雷法章。

2　賴貴爾（Andres Mauricio Lescure），阿根廷駐華公使（臨時代辦），1959 年 7 月 24 日到任，1961 年 3 月離任。

3　徐慶鐘，臺灣臺北人。1949 年至 1954 年任臺灣省政府農林廳廳長。1954 年至 1957 年任臺灣省政府委員。1955 年至 1962 年任中國國民黨中央設計考核委員會委員。

上月反省錄

一、本周為本年最後之一星期，國際上為寮國戰亂蔓延，俄共對寮共積極援助，公開空投，不斷加強北越與共匪侵入寮境助共，寮新政府對聯合國報告，而東南亞盟約國以英、法自私傍觀，毫無援寮行動，殊為可恥。

二、比國社會黨受共黨指使，發動全國罷工形成癱瘓，古巴誣控美國侵古，要求聯合國開會討論，其他拉丁美洲國家對古共之滲透更形不安。

三、自上周經國自越、緬視察與黃德美由泰、寮交涉回報，其泰、越、寮對我之互助合作皆具有誠意，並許我柳部以寮境為後方，此為我在中南半島上謀略第一步之告成也，故決對寮予以充分援助之政策乃定。

四、自十二月卅日起，緬軍向我孟八了西端（南昆）守備隊「溫那海」攻擊，退守其附近高地後，敵復繼續猛攻，卒被我擊退，此為本年最後之戰事也。

五、與康澤之子仲謀談話，悲喜交集。

六、莫斯科共產宣言無異對美檄文，在五日始能發表。

七、我在聯合國經社理事落選，此為我在聯合國地位之動搖的徵象，應特重視。

八、匪軍在上月正式竄入緬北，襲擊我在邊區之游擊隊遭受損傷，但不嚴重。

九、寮國中立政府富馬出亡高棉，富米軍「中旬」克復永珍，此或為寮局之轉機乎？

十、艾其生最近言行仍要貫澈其賣華媚共之政策，可恥可卑極矣。

十一、段希文來臺與易瑾回報緬北情勢，對我最為有益。

十二、國際要事：甲、沙地阿拉伯國王親政。乙、尼泊爾國王逮捕其親共內閣總理，阿比西尼亞叛亂由其國王回國平定。丙、剛果魯孟巴被捕，此皆於自由世界有利也。丁、戴高樂對阿爾及利之局勢似失卻控制為慮。戊、法國試爆其第三顆原子彈。

十三、本身重要工作：甲、巡視橫貫公路完成，惟以天寒至十度以下，故痰咳頗烈，小便次數增加，體重減至一百十九嗙〔磅〕。乙、國防研軍〔究〕院、三軍聯大與實踐學社各班皆同時畢業，並對畢業學員皆單獨召見。丙、襄陽演習講評完。

十四、本月對緬北柳部墜勢之挽回，幾乎使用全神為之設計與督導，惟至月杪尚未能穩定也。

十五、匪、緬聯合謀我柳部之形勢，至月杪更形顯著，必使有以制之。

十六、反動的所謂民主黨聲明延緩成立，此在內政上本年法辦雷逆之最重要收獲也，否則基地必將為共匪與美國左派合謀而動搖矣。

雜錄

蔣中正日記

Chiang Kai-shek Diaries

蔣中正日記
Chiang Kai-shek Diaries

全年反省錄

一、近年每自反省中在大陸上過去二十餘年之主政，其初因共匪對我黨之篡奪，乃政治全為元老派（靜江[1]、石曾）所操縱而不能自主，其後為各地軍閥（馮[2]、閻[3]、李[4]、白[5]）之脅制與叛亂，又為政客與市儈所操縱，宋子文為其尤者，最後因日軍侵略與共匪之叛亂，乃更為投機黨派與軍閥政客以及黨內之叛徒互相勾結，內外夾攻，又為其所謂政治協商會者所脅制與操縱，無事得以主動決定其所為，卒致大陸淪陷，人民遭受今日空前浩劫，實為對黨、對國、對人民一生莫白之罪愆。而今日一般無聊政客自稱為學閥者，胡適、張君勱等又想藉外勢來操縱政治，以為連任與否問題必須與其協商決定，以抄襲其已往藉共匪以組織政治協商會議之老方式相要脅，抑何其卑劣蠢拙至此耶。凡此等把持操縱者，自始至終無論其為元老、市儈以及政客學閥，雖皆讀過孔、孟之書，亦曾遊歷世界或留學各國，其實所有智識學術皆是一知半解，更不知政治為何物，而其用心惟有自私自利，絕無國家與民族的革命與建國觀念，幾何其能使國家不危，革命不敗乎。因以自民國十五年北伐開始，至三十八年初徐蚌會戰失敗本身下野為止，此二十餘年來，不肖中正最大之罪惡，乃在政治上不能自運其樞機，而一任無知無識之市儈、政客與軍閥所操縱

---

1 張靜江（1877-1950），字人傑，浙江烏程人。中國國民黨首任中央執行委員會常務委員會主席。抗戰期間輾轉流寓海外，1950 年 9 月 3 日病逝美國紐約。

2 馮玉祥（1882-1948），字煥章，安徽巢縣人。曾任國防最高委員會常務委員，第三、第六戰區司令長官。1946 年起以考察水利專使身分赴美，1947 年底撤銷名義。1948 年 8 月 22 日以所乘船隻在黑海海域起火，逃生不及遇難。

3 閻即閻錫山。

4 李即李宗仁。

5 白崇禧，字健生，廣西桂林人。1949 年底來臺後，任總統府戰略顧問委員會副主任委員。

而不能自拔，此為畢生所不能自恕之悔恨也。往者已矣，來日何如，能不自反自勉，而重蹈過去之覆輒〔轍〕乎。一月二十九日正午。

二、論本黨往昔之先進中，其能對革命人格卓立者，應以吳稚輝〔暉〕與朱執信[1]二同志為最高尚，其次胡展堂雖狹小刻薄，對總理驕橫侮慢，誤事不尠，但其持正不阿，究不失為正人，至今回憶，猶覺對之慚怍。至於布雷[2]遺書中「中朝大官老於事，詎肯感激徒媕婀」[3]句，吾認為其是指季陶[4]而言為多，當然布雷亦為吾黨後進中忠誠堅貞之同志，惜其體弱魄衰，不能貫澈始終耳。

---

1 朱執信（1885-1920），名大符，字執信，以字行，祖籍浙江蕭山，落籍廣東番禺。同盟會時期，參與宣傳與行動。辛亥革命後，任廣東軍政府總參議。1913 年加入中華革命黨。1917 年在廣州大元帥府掌管機要，協助孫中山撰寫《建國方略》。1920 年 9 月 1 日，為調解廣東地方軍事，殉難虎門。

2 陳布雷（1890-1948），名訓恩，字彥及，筆名布雷、畏壘，浙江寧波人。1920 年代為上海商報記者，後受蔣中正賞識，棄文從政，擔任軍事委員會侍從室第二處主任十年，被稱為「蔣中正之文膽」。

3 出自唐代詩人韓愈作品〈石鼓歌〉。

4 戴傳賢（1891-1949），字選堂，號天仇。孫中山逝世後改名傳賢，字季陶。祖籍浙江吳興，出生於四川廣漢。1928 年 10 月 25 日至 1948 年 6 月 30 日任考試院院長，近二十年。1948 年 6 月發表國史館館長，因病未到職。1949 年 2 月 12 日，歿於廣州。

雜錄

軍事會議訓示要旨：

一、軍人應重實質而不尚形式，虛浮與說謊為軍人最大罪惡，因「謊報」為敗軍害國之最大毒素也。

二、選將要旨：甲、品德與氣度。乙、學術與智能。丙、膽識與魄力，為將領必具之條件。丁、正確判斷。戊、堅定不變的決心。己、比較研究（是非善惡）。庚、合理（科學）分析。辛、澈底精神。壬、最後犧牲。癸、忍耐（強韌持久性）、靈明與臨機應變。

三、解放大陸同胞，掌握自己國家命運，故反攻大陸之意義以解放奴役為主，收復失土為從。

四、煽動大陸民兵與策動匪軍官兵為特戰第一要務。

五、去年軍事會議訓示要旨與統一用兵思想的紀要之參考。

六、共匪弱點與優點等十問之準備（間諜與利用俘虜及釋俘之手段等）。

七、特隊對敵機空中偵察之蔭蔽與行徑之滅跡訓練。

八、俘虜政策是心戰與情報戰主要工具之一：甲、利用俘虜。乙、組訓我軍被俘（特別是官長）。丙、審俘與釋俘之各種不同方法，使之達成我心戰與情報（特別是送假情報搖惑其敵軍心理）（或互相猜忌的目的）。丁、優待俘虜。戊、審判我釋回之官兵所見所聞與所供之虛實真假，應設具體研究小組最為重要。

九、共匪官兵與軍隊之研究十項問答：甲、匪軍心理所恐懼的東西是什麼，有幾種。乙、共匪最大弱點是什麼，有幾種。丙、匪軍最能慣用之戰術是什麼，有幾項。丁、匪軍之優點與長處是什麼，有幾項，應如過去在大陸時期與現在之實際情勢：（子）保密與通信方法。（丑）戰爭面之控制。（寅）情報（間諜）組織與方法之嚴密。（卯）群眾戰之煽動與掌握。（辰）宣傳造謠，利用人心弱點，威脅利誘與挑撥離間，動搖敵軍心理。

十、發展國家的物質與精神的作戰潛力，並打擊敵人的各種潛力，特別打擊其意志，且使之能為我來利用。（六月二十日）

一、戰後中國對日寬大政策致為美、英疑忌，所以美、英乃助共以反蔣，此為今日大陸浩劫之所由。如其稍予助我或不積極助共與聽信俄國之反華宣傳，則大陸今日猶在我政府統治，決不致整個淪陷也。

二、政治家只〔至〕少應有三分抱負與理想，政客則只有其現實與利害而絕無理想，更無道義可言。中、日在東亞之關係應有共同理想與抱負，才有團結與復興之希望。以上二則，應告吉田。

五月三日。戰場指揮官動作的程序：甲、敵軍行動與計畫未證明以前，應該是在想定與待機的階段，但要有判斷其最大可能性的方面，來適切的部署與採取其可能的態勢或動作。乙、決心與行動階段，一俟敵軍的動態或部署明悉時，乃作積極的進取與攻擊。

五月十八日。俄共抓住了美國 U2 偵察機的把柄，決不再來放手，必將藉此口實，來作為隨時乘機對美國突襲開戰的理由。本日巴黎最高四國會議既經破裂，在黑魔[1]口中所說的話，可以測知者數端如下：甲、突襲時間當在此後六－八個月之時間，尤以十一月至明年一月間，在美國新舊總統未交接的青黃不接時期最有可能。乙、長程飛彈今日俄已佔優勢。丙、西德建軍，明年將有三十六萬人員額。丁、長程飛彈，美在一九六二年可能趕上俄國，趨於平衡地位，則俄的優勢即將消失，故在以上三項因素關係，俄共必須在明年一月

1　黑魔即赫魯雪夫（Nikita Khrushchev）。

以前發動戰爭，是為其惟一良機，此余在本年初以來，自信即使無此次 U2 機事件，亦必尋隙挑釁也。戊、今日所應特別注重者，俄共如果決心戰爭，則此最近期間匪、俄相互關係以及俄對匪之軍事武器之援助如何程度，不能不切實研究耳。

（勝利生活十月二十章）

七月二十日。衛護壓傷的蘆葦，不使折斷。憐惜將殘的燈火，不忍吹熄。福音：對於那些生命和希望極為黯澹的人，或是那些「生命之火」將要熄滅的人，都需給以鼓勵、希望和生機（荒漠甘泉七月二十日語錄）。以下五色繽紛的落日，星光閃鑠的天空，蒼翠的山岳，明淨的海洋，芬香的樹木，鮮豔的花草，他們縱然美麗，還不及用愛心和眼淚事奉主的信徒。

最神聖的靈魂往往存在於那些普通生活和聲名並不顯赫的人物身上。

他們聖潔的內在生活，像清澈的池塘隱僻之處，藏着一枝看不見的嬌嫩蓮花。

七月廿五日。

（一）李德哈達之彈性的守勢戰略與攻勢戰略之意義與作為：甲、彈性防禦戰略，是先作有計畫的撤退，然後再用一個戰術的攻勢來作為頂點。乙、攻勢戰略（彈性？），其目的為了要使自己先立於可以顛覆敵人平衡的位置，然後再用一種戰術性的守勢以竟全功，此即所謂「尾巴上釘上一針」之意。此甲、乙二意義簡言之，守勢戰略應以攻勢戰術終，攻勢戰略乃以戰術防守始也。丙、戰術、戰略與大戰略，在指導戰爭政策上實際完全相同，不過戰術是要把戰略應用到較低一個階層，所以他對戰略和戰術的基本要點都可適用。

（二）毛奇云，戰略是藝術，為如何分配和運用其軍事工具。

（三）李德哈達云，大戰略乃是調節與指導國家的一切力量。

（四）李氏顛覆和擴張的意義：甲、必須在打擊之前先造顛覆的機會。乙、等到打擊發生效果後，應乘敵人尚未恢復以前，迅即擴張第二個機會，以形成決定性的結果。

（五）李氏認為戰爭規律的演進，根據物理性－運動和心理性－奇襲的因素，互為因果，綜合而為原理，歸納成為八項要則，以為戰略、戰術運用的準繩。

「余認為此種心理性運用之要術，是在如何欺敵、誘敵，乃使其入於陷阱的陷敵而已」。中正。

（六）李氏：戰略行動真正的目標並不是要尋求會戰，而是要尋求有利的戰略情勢（行動？）。

八月廿六日。匪、俄關係如果決裂，則美對匪與對我關係將如何？

甲、放棄我政府，承認共匪。

乙、對匪妥協但暫不承認，從中操縱匪、我。

丙、與匪周旋應付，而從中支持我收復大陸。

丁、匪脫離俄共即陷孤立，並與俄為敵，俄必對匪報復與顛覆。

戊、匪如與美妥協，匪、美果能誠意合作，以共同對俄國乎。

己、匪將陷於俄、美兩面受敵之危機。

庚、匪、俄決不致公開破裂，最後定必毛匪被推倒，俄將加強其控制匪黨也。

九月一日。再研匪、俄關係之究竟如何：

一、匪不能離俄而獨立生存，否則陷於孤立。

二、俄不能放棄大陸，任匪聯美而反俄。

三、俄雖無匪為其附庸，自可獨立對美，即使失了大陸，亦無關係乎？

四、匪能聯美而獨立？

五、匪、俄今後如繼續妥協共處，則其內部只有被俄滲透分化與顛覆毛匪，而決無積極援助希望，故不如作自力更生打算，乃不惜冒險自立。

六、俄必須與匪繼續妥協密交，否則不能對匪進行顛覆工作。

七、除非懼美對匪壓迫以外，匪共再無望俄援助其獨立生存之念。

八、匪如果真聯美反俄，則對俄直接威脅比之於我恢復大陸更為有害？

九、俄如無匪在大陸上掩護其南翼，則其在遠東國防完全暴露，何況日、美保安條約生效後，則俄在其東方更形成孤立，故俄不能遺棄匪共乎？

十、匪共今後如再繼續交好俄共，則只有其害而並無利益乎，其惟對我反攻大陸乃為其最大之顧慮，此其所以不能不繼續交結俄共乎？

十一、美可與匪積極勾結，而出賣我政府與放棄臺灣乎？

十二、匪、俄在共產國際爭取領導權果為事實乎？匪果有可能否？余頗對此懷疑。

十三、匪、俄今後關係，其將急則重合，緩則自分？

十四、余應暫取觀望與待機態勢，以俟其公開決裂，但一切反攻準備更須加速完成，以免誤機。

九月五日。戰略定義：（軍事性）運用一切戰爭工具，組織其心理與物理的所有力量，適時適地集中於其具有決定性的戰場上，達成其勝利目的。

全日。外交談話之要領，事前切實研究與準備，主動的提出其最基本和中心的問題，以考驗對方的觀念、動機、目的及其決心如何，此為近年外交經過教訓，認為首要之問題與手段也。

姓名錄

實踐　王統佐[1]　69D 副

候補　董朗心[2]　19 師參

蔣國柱[3]　19D　55i

歐陽久官[4]　9C　3 處長　可升團長

陳培雄？　預 1D 副

國防院下期學員人選　張載宇

張國英　羅恕人　益陽　六期　五十一才

軍團　王多年　朱元琮[5]　武進　八期　四六才

華心權　艾　瓕[6]　武昌　四期　五〇才

羅友倫[7]　鄭為元[8]

1　王統佐，江蘇贛榆人。1956 年 1 月任陸軍供應司令部計畫處處長，後任第二〇七團團長。1959 年升任第六十九師副師長，1961 年調任裝甲第一師副師長。1962 年 6 月調任第十軍參謀長。

2　董朗心，字耀東，陝西延川人。1955 年任第五十七師第一六九團團長，1961 年調任第十九師參謀長。

3　蔣國柱，號立中，浙江諸暨人。1955 年任第二十三師第六十七團團長，1958 年任第十九師第五十五團團長。

4　歐陽久官，時任第九軍司令部第三處處長。

5　朱元琮，字仲瑜，江蘇武進人。1955 年 1 月調任第四軍軍長，7 月調任陸軍預備部隊訓練司令部副司令。時任第一軍團副司令，1960 年擔任國慶閱兵總指揮部總指揮官，旋即升國防部作戰參謀次長室助理次長兼執行官。

6　艾瓕，號業榮，湖北武昌人。1956 年 4 月，調任第二軍團副司令。1961 年 1 月，調任中央軍官學校校長。

7　羅友倫，原名又倫，號思揚，廣東梅縣人。1954 年 9 月任憲兵司令部司令，1955 年 9 月任國防部計劃參謀次長，1957 年 4 月任海軍陸戰隊司令，1961 年 8 月任第一軍團司令。

8　鄭為元，安徽合肥人。1959 年 8 月任國防部人事行政局局長，9 月調任陸軍總司令部參謀長。1961 年 1 月任海軍陸戰隊司令。

馬安瀾

田樹樟

張立夫

雷開瑄[1]

軍　胡　炘　張雅山

杭世騏[2]　余〔俞〕伯音

郝柏村　羅揚鞭

華金祥[3]　陳玉林〔玲〕[4]　前三十四師長

張光智[5]

于豪章[6]　李惟錦[7]

謝實生[8]　4名　劉修政[9]　93副師　臧家駿[10]

1　雷開瑄，四川閬中人。1958 年調任第八軍增設副軍長，1959 年升任副軍長。1964 年，奉調金門防衛司令部副司令官。

2　杭世騏，安徽定遠人。1956 年 5 月調任第八軍第三十三師師長。1958 年 6 月調任第二軍增設副軍長，9 月調任高級中等以上學校軍訓總教官。1962 年任總統府副侍衛長。

3　華金祥，號康治，江蘇無錫人。1957 年 6 月，任國防部第三廳副廳長兼中興計畫作業室助理主任。1960 年 2 月，調任第十軍軍長兼金門防衛副司令官。1961 年 1 月，調任第九軍軍長。

4　陳玉玲，浙江鎮海人。1957 年 2 月任第三十四師師長。1961 年 2 月第三軍副軍長。

5　張光智，號廣智，湖北黃陂人。1957 年 7 月調任第二軍副軍長，1960 年 2 月調升第三軍軍長。

6　于豪章，號文博，安徽鳳陽人。1957 年 4 月調任第五十一師師長，9 月調任第四十九師師長。時任金門防衛司令部參謀長。1961 年 5 月調任參謀本部作戰參謀次長室助理次長。

7　李惟錦，四川成都人。1956 年 5 月，任澎湖防衛司令部參謀長。1963 年 3 月，調任臺灣警備總司令部警備處處長。

8　謝實生，江蘇江寧人。1955 年 9 月出任陸軍預備幹部訓練司令部副參謀長，1956 年 10 月調任陸軍總司令部第五署副署長，後升署長，1960 年 1 月調任陸軍步兵學校副校長。

9　劉修政，曾名佛照，號岳翰，湖南岳陽人。1956 年 3 月，入美國指揮參謀大學受訓一年。1957 年任第六十八師副師長。1959 年，任國防部作戰處處長。1960 年 10 月，任陸軍訓練部砲兵指揮官。

10　臧家駿，山東濟寧人。歷任第二軍第五十七師參謀長、團長，1962 年任第五十八師副師長。1971 年 5 月任國軍退除役官兵輔導委員會桃園市榮民服務處處長。

張紹恩[1]	12 名		袁子濬[2]	57D 副		
楊繼先[3]	19 名	李紹牧[4]	梁　筠[5]	49D 仝		
姚佐治[6]	9 名	朱悟隅[7]	趙少芝[8]	51D 上		（胡[9]荐）
顏新瑾[10]	6 名	周士富[11]	張儒和[12]	何繼厚[13]		
汪克剛[14]	14 名	傅西來[15]	高維民[16]	張家寶[17]		（劉[18]荐）

---

1 張紹恩，廣東番禺人。歷任第六十七師參謀長、第六十七師第一九九團團長、臺北團管區司令部司令、國防部第三廳副組長、國防大學教官第四組教官。時任國防部動員局副局長。後任第九十二師副師長、陸軍總司令部作戰研究督察委員會委員兼第二組組長。

2 袁子濬，字哲生，山東高唐人。曾任第八十七師第二六一團團長。時任第五十七師副師長。

3 楊繼先，號引軍，江蘇阜寧人。1957 年 6 月，任第三十二師參謀長。1962 年 4 月，調升第三十四師師長。

4 李紹牧，號翰誠，湖南湘潭人。1958 年 4 月出任第五十八師師長，9 月調任預備第四師師長。後任陸軍步兵第一新兵訓練中心指揮部指揮官。

5 梁筠，號雯兮，江西泰和人。1957 年任第二軍團副參謀長。1961 年 9 月任陸軍總部總務處處長。

6 姚佐治，號魯生，安徽桐城人。歷任實踐學社教官、第八十四師第二五二團團長，時任第八十四師參謀長。

7 朱悟隅，號荔山，河北灤縣人。原任預備第一師師長，1960 年 7 月調任第九十三師師長。

8 趙少芝，號競亞，湖南湘鄉人。1952 年任第五軍第七十五師第二二四團團長。1955 年 5 月任第二十六師增設副師長，10 月調任第五十一師副師長。

9 胡即胡璉。

10 顏新瑾，湖南湘鄉人。時任第十七師第五十團團長，其後任第十七師副師長、第八軍參謀長兼金門防衛司令部副參謀長、第三軍參謀長、第二軍團副參謀長等職。

11 周士富，號靜遠，浙江吳興人。1957 年 5 月任第四十六師副師長，升師長。1961 年 5 月調任預備第七師師長。

12 張儒和，號如禾，江蘇銅山人。1959 年 8 月，調任國防部入學高級參謀。1960 年 1 月，調任第四十六師副師長，3 月派任總統府第二局高級參謀兼第二科科長。

13 何繼厚，號忱實，江蘇江寧人。曾任澎湖防衛司令部副參謀長。1962 年 5 月任陸軍預備部隊司令部副參謀長。

14 汪克剛，湖南慈利人。原任第十師副師長，1960 年 3 月接任反共救國軍指揮部第一總隊總隊長。

15 傅西來，號廣淦，四川灌縣人。1955 年 12 月任第八十一師副師長。1961 年 5 月調升第十七師師長。

16 高維民，字精三，山東嶧縣人。歷任憲兵學校研究委員、第五十軍副軍長、陸軍總司令部高級參謀等職。

17 張家寶，河北寧河人。歷任第五十軍第一四七師師長。1954 年 5 月任第五十軍增設副軍長，後任國防部高級參謀。

18 劉即劉安祺。

蔡士清[1]　11名　孫兆鍠〔煌〕[2]　陸秀文[3]　王文度[4]（參教）

高　任[5]　8名　劉次傑[6]　單樹人[7]（商校教官）　（羅[8]荐）

言百謙[9]　16名　李愼端[10]　馮　毅[11]　57D副

張兆驄　金幼鎔[12]　22名

師　鍾域〔棫〕祥[13]　34名　武子初[14]　17名　齊信裕[15]　23名（交警出身）（挺進便衣隊）

1　蔡士清，號爭波，江蘇南通人。曾任裝甲師副師長、師長、裝甲兵訓練指揮官等職。1956年8月任裝甲第一師第一戰鬥指揮部指揮官。

2　孫兆煌，號肇璜，江蘇東海人。1955年任預備第一師副師長。1960年任第二十六師副師長。

3　陸秀文，號修文，山東濟南人。1954年10月，出任臺北師管區宜蘭團管區司令部司令。1957年8月，調任臺北師管區參謀長。1962年7月，調任第四十六軍副軍長。

4　王文度，字行志，山東蓬萊人。1954年7月任第七軍第六十九師第二〇五團副團長。1956年11月調任陸軍指揮參謀學校教官。

5　高任，號庭惠，山東嶧縣人。時任陸軍預備部隊訓練司令部訓練處處長。後任第三十二師師長。1963年8月因行為失檢離職。

6　劉次傑，號白籬，湖南湘潭人。1957年時任第六十九師副師長，1958年3月調任第九師副師長。

7　單樹人，江蘇蕭縣人。1954年時為臺北市立商業職業學校軍訓教官。

8　羅即羅友倫。

9　言百謙，號諍，浙江新昌人。時任預備第七師砲兵指揮部指揮官，後任特種作戰學校教育長、特種作戰司令部參謀長、特種作戰第四總隊總隊長、空降部隊司令部副司令等職。1966年任特種作戰學校校長。

10　李愼端，湖南湘潭人。1956年4月調任國防部第三署副署長。時任陸軍預備部隊訓練司令部副參謀長。1961年5月調任預備第六師師長。

11　馮毅，號翼侯，湖南人。時任第五十七師副師長。

12　金幼鎔，號大成，雲南墨江人。1957年9月任金門防衛司令部第四處處長，1959年3月回陸軍總司令部任職。1961年1月接任陸軍總司令部編訓署副署長。

13　鍾棫祥，四川資中人。時任第十九師參謀長。1961年5月調任第四十九師師長。

14　武子初，號中和，安徽合肥人。歷任第四十三師第一二八團團長、第十七師第五十一團團長。時任第二十六師參謀長，後任第三十四師副師長、第二十六師副師長、第十七師師長等職。

15　齊信裕，河北交河人。歷任陸軍指揮參謀大學主任教官、新兵第五訓練中心指揮官。1960年4月任特種作戰第一總隊副總隊長。

實踐社八期　金仲原[1]（1）裴　超[2]（駐哈密）（2）蔡　新[3]（3）謝實生（4）
阮維新[4]（5）

車慶德[5]　六八師長　應調職
王公堂[6]　二十六師
吳嘉葉　十師
黃煜軒[7]

候補師長人選

？張儒和　四十六師	周士富　46D
古　今[8]　三十四師	應鞏華？
孫兆煌　三十四師	劉修政？
劉次傑　9D	顏珍珠[9]

1　金仲原，浙江東陽人。歷任裝甲兵旅第二處第一科科長，時任第九十三師砲兵指揮部指揮官。後任陸軍總司令部情報署副署長、裝甲兵司令部參謀長。
2　裴超，號嶽麟，遼寧義縣人。1957 年 8 月任第五十八師副師長。時任國防部高級參謀。1963 年 3 月調任預備第七師師長。
3　蔡新，號以仁，廣東揭陽人。1955 年任第一軍第二十七師團長，1958 年升為參謀長。1960 年 1 月任第二十七師副師長。1969 年 1 月任第二十七師師長，駐防烈嶼。
4　阮維新，字芃生，四川華陽人。原任陸軍總司令部第三署副署長，1958 年 2 月調任國防部第三廳副廳長。時任預備第五師師長。
5　車慶德，號積之，河北安新人。原任第十九師副師長，1959 年 7 月調任第六十八師師長。1961 年 5 月奉調三軍聯合參謀大學正規班第十期受訓。
6　王公堂，字鳳來，山東高密人。1955 年 1 月調任國防大學教官。1960 年調任第二十六師師長，1962 年調任第一軍副軍長。
7　黃煜軒，號恩威，廣西蒼梧人。1959 年 2 月調任第二十七師師長。
8　古今，廣東赤溪人。1955 年 9 月起先後任第三十四師參謀長、副師長、師長。後任第一軍副軍長兼澎湖防衛司令部副司令。
9　顏珍珠，字中柱、履淵，湖南茶陵人。曾任第二軍第八十四師第二〇五團團長、第八十四師副師長。時任第八十四師參謀長，1962 年 1 月升任第五十七師師長。

傅西來　十二步改敘　十七師　張聯枝[1]　84D
鍾棫祥　二十六師　　　　　張兆驄
蕭華卿[2]　27D　　　　　　蕭仲光[3]　58D　改敘九期　閩
卓　異[4]？　韓元輝[5]？　賈尚誼[6]？
李慎端　高　任

項克恭　雲南
黃煜軒
李文彬
朱敬民
馬公亮

許壽彭[7]　工兵指揮官　　　廣西梧州人
陳宗璀　第四訓練中心指揮　奉化馬頭人
蕭友良[8]　十七師副參長　　武平人
王旭震[9]　四十九師副參長　保定人　　可任團長

1　張聯枝，號折桂，河北武強人。歷任國防部高級參謀、第六十九師副師長。1963 年 2 月任第三十三師副師長。

2　蕭華卿，號白芷，貴州鳳岡人。曾任第九十二師第二七五團團長。1955 年 5 月升任第九十三師增設副師長。1962 年 6 月調任第五十七師副師長。

3　蕭仲光，福建長汀人。1957 年 2 月任預備第四師副師長，後任第二十七師副師長、第五十八師副師長、第九師副師長、預備第七師師長、第九師師長、第三軍副軍長。1962 年 2 月任第八軍副軍長。

4　卓異，號一之，四川仁壽人。曾任第五十一師第一五一團團長、第九十二師副師長，1960 年 11 月調任特種作戰第三總隊總隊長。

5　韓元輝，河南光山人。曾任第三十三師砲兵指揮部指揮官，時任第九師副師長（師長郝柏村）。

6　賈尚誼，曾任海軍陸戰隊營長、團長、參謀長等職。時任海軍陸戰隊士官學校校長。

7　許壽彭，廣西梧州人。原任兵工學校課程組組長。時任第一軍團工兵指揮官。

8　蕭友良，福建武平人。時任第十七師副參謀長。

9　王旭震，河北保定人。時任第四十九師副參謀長。

國防研究院　張載宇（下期）

陳岱礎[1]　49 才　潘振球[2]　42 才　姬鎮魁[3]　44 才

毛松年[4]　50 才（粵財）　麻清江[5]　49 才　河北

陳漢章[6]　49 才　空軍　劉支藩[7]　張希哲[8]

夏季屏　沈覲泰[9]（化工）　張宗良[10]？

楊雲竹[11]　王大任[12]（遼陽）　蔣堅忍　羅　奇[13]

譚連照[14]（桂）　董文琦[15]　吳紹璲[16]

1　陳岱礎，福建閩侯人。1952 年出任駐澳大利亞公使，1959 年返臺任外交部顧問。

2　潘振球，江蘇嘉定人。1956 年 6 月奉令籌設臺灣省訓練團；6 月 30 日受命為教育長，負責訓練省政府幹部。1964 年 4 月調任臺灣省政府委員兼教育廳廳長。

3　姬鎮魁，字梅軒，山西高平人。1950 年 5 月 3 日遞補第一屆國民大會山西省代表，並任行政院設計委員會內政小組委員會委員。

4　毛松年，字濟滄，1956 年 6 月至 1966 年 7 月出任中央銀行金融業務檢查處處長代理主任委員，其後歷任中央駐泰總支部整理委員會主任委員、華僑救國聯合總會常務理事、臺灣銀行總經理。1972 年 6 月至 1984 年 5 月 31 日出任行政院僑務委員會委員長。

5　麻清江，號靜波，河北臨城人。原任聯合勤務總司令部參謀長，1957 年 3 月升任聯合勤務總司令部副總司令。

6　陳漢章，號如翰，浙江海寧人。1957 年 2 月任空軍供應司令部副司令，1958 年 2 月任空軍作戰司令部副司令。時為國防研究院研究員。

7　劉支藩，號厚盦，湖南醴陵人。1954 年 6 月任行政院參事、國防計畫局第五組主任。

8　張希哲，1950 年 3 月至 1951 年 1 月任教育部總務司司長。1950 年遞補為立法委員，長期任教育、僑政、外交等委員會委員。

9　沈覲泰，福建福州人。曾任中國石油公司協理、代總經理；又調任經濟部聯合工業研究所所長。1958 年任行政院美援運用委員會第一處處長。

10　張宗良，廣東五華人。時任臺灣警備總司令部副參謀長。原為第二期核定人員，因與皖籍之張宗良同名而奉准緩調。

11　楊雲竹，河北蠡縣人。1959 年 4 月任駐日本公使，1962 年 10 月任外交部顧問，1963 年 4 月任駐巴拉圭全權大使。

12　王大任，名雲祚，以字行，遼寧遼陽人。曾任遼寧省總工會常務理事，《東北民報》、《和平報》社論委員。時任立法委員。

13　羅奇，號振西，廣西容縣人。1949 年 9 月出任陸軍副總司令，1959 年 7 月晉升陸軍二級上將。

14　譚連照，號幼林，廣西貴縣人。時任臺灣土地銀行債券部經理兼儲蓄部經理。

15　董文琦，字潔忱，吉林雙城人。1945 年抗戰勝利後，任東北水利總局局長兼東北水利特派員，參與接收東北。後任瀋陽市市長，代表國民政府接收瀋陽市政。時任行政院事務管理委員會主任委員、石門水庫建設委員會委員。

16　吳紹璲（1923-1964），號璧如，福建福清人。曾任中國國民黨中央委員會第四組總幹事。時任臺灣省新聞處處長，1964 年 6 月 20 日，陪同來臺參加第十一屆亞太影展的馬來西亞代表團，前往臺中縣霧峰鄉參觀故宮國寶，途中飛機失事身亡。

羅揚鞭　周白強[1]　李參育[2]
潘廉方[3]　陝　薛毓麒[4]　蔣廉儒[5]
胡一貫[6]　巢縣　樂　幹[7]　張迺藩[8]　蘇
鄧為仁[9]　特戰戰政　王任遠[10]　河北　周宏濤[11]

趙漢良[12]　海　諸暨　鍾鴻麟[13]　空　茂名
趙志麟[14]　海　河北　鄒雲亭　外　謝齊家[15]　皆差

1 周自強，字武叔，湖南湘鄉人。歷任臺灣東部防守區司令部高級參謀、臺灣北部防守區司令部高級參謀、第二軍團副參謀長、國防部高級參謀、陸軍總司令部副參謀長。1961 年 9 月任聯合勤務總司令部留守業務署署長。

2 李參育，原名國權，湖北黃陂人。1955 年 12 月任通信兵學校校長。1958 年 6 月任陸軍供應司令部副司令。

3 潘廉方，陝西華縣人。1948 年當選立法委員。1949 年隨政府遷臺，專任立法委員，參加內政委員會，發起成立立院次級團體「中社」、「民主憲政雜誌社」，發行《民主憲政》半月刊。

4 薛毓麒，江蘇武進人。1955 年任駐聯合國公使級副常任代表兼出席聯合國安全理事會副代表、代表處處長。1967 年任駐加拿大大使。

5 蔣廉儒，字廉予，1950 年 8 月任中國國民黨中央改造委員會設計委員會專門委員。時任中國國民黨設計考核委員會委員。

6 胡一貫，安徽巢縣人，歷任中國國民黨黨報社論委員會委員，《臺灣新生報》、《自立晚報》、《青年戰士報》主筆。

7 樂幹，字書田，四川筠連人。曾任中央警官學校校長兼臺灣省警察學校校長、臺灣省警務處處長。時任國家安全局設計委員。

8 張迺藩，字筱武，江蘇漣水人。1954 年 6 月出任教育部主任秘書。1957 年 7 月調任教育部參事。

9 鄧為仁，號寧武，湖南長沙人。1957 年 2 月任國防部研究發展室主任。時為三軍聯合參謀大學學員。1962 年 3 月，調任聯合勤務總司令部聯四副參謀長。

10 王任遠，河北清苑人。出身軍旅，1946 年為制憲國民大會代表。1948 年在天津市當選第一屆立法委員。1954 年 12 月出任中國國民黨中央委員會第二組副主任。1960 年 7 月調任中國國民黨政策委員會副秘書長。

11 周宏濤，浙江奉化人。1952 年 10 月起兼任中國國民黨中央委員會副秘書長。1958 年出任財政部政務次長，1959 年 3 月辭卸中國國民黨中央委員會副秘書長兼職。

12 趙漢良，浙江諸暨人。曾任海軍總司令部作戰指揮室副主任、海軍兩棲部隊參謀長。時任國防部作戰參謀次長室助理次長。1961 年 12 月任海軍總司令部副參謀長。

13 鍾鴻麟，廣東茂名人。1954 年 11 月任空軍第一供應部指揮官。時任國防部人事次長室助理次長。

14 趙志麟，號稚林，河北安國人。1957 年 2 月出任海軍總司令部研究發展室主任。後任國防部研究發展室主任。

15 謝齊家，號其潔，湖南華容人。1957 年 5 月調任臺東師管區司令兼臺灣東部守備區司令，1959 年 5 月調任陸軍總司令部作戰計畫委員會委員。

褚定民[1]　筆名衣爵　皖人　「馬下兒[2]」之養子（實為共匪之間諜）

姚世昌[3]　車鳴驤[4]　章　琰[5]　周玉冠[6]　蔡光舉[7]
以上東征陣亡之政工（代表）五員

宋文彬[8]　蕭贊育[9]　以上二員東征受傷

國大代表　滕　傑（蘇）　張宗良[10]（皖）　鄔繩武[11]　湘

1 褚定民，1950 年代初期、中期香港「第三勢力」，以中國難民協會為號召。1957 年 1 月署名「衣爵」，發表《解決中國問題之途徑》小冊子，建議胡適要求蔣中正退休，改革中華民國政府。1959 年 10 月再發表《臺灣之命運》一文。

2 馬下兒即馬歇爾（George C. Marshall）。

3 姚世昌，黃埔軍校第二期，曾任黨代表，東征陣亡。

4 車鳴驤，黃埔軍校第三期，於第二次東征時，調任連黨代表。華陽之役，不幸陣亡。

5 章琰（1896-1925），原名姜維清，別號蘊華，後改維清為「維青」，後改名章侖，又改名章雲（號夢雲），河北任丘人。黃埔軍校第一期政治教官。任連黨代表，後升任營黨代表。1925 年 3 月 12 日在第一次東征棉湖戰役中犧牲。

6 周玉冠（1900-1925），安徽靈壁人。1922 年加入中國國民黨。黃埔軍校第三期。任黨代表。華陽一戰，傷重犧牲。

7 蔡光舉（1903-1925），貴州遵義人，黃埔軍校第一期。1925 年參加東征，任敢死隊隊長，2 月 16 日在攻打淡水城戰鬥中犧牲。

8 宋文彬，字質夫，河北遵化人。黃埔軍校第一期，任連黨代表。1925 年 2 月 1 日參加第一次東征。3 月 13 日在棉湖大戰中負傷。

9 蕭贊育，字化之，湖南邵陽人。1948 年當選第一屆立法委員，1949 年到臺灣後，歷任拔提書局、正中書局、中國廣播公司董事長。

10 張宗良，安徽廬江人。曾任安徽省政府委員、訓練團教育長、皖南行署主任、建設廳廳長等職，並任國民大會代表。1962 年任中國文化學院首任院長。1967 年任動員戡亂時期國家安全會議副秘書長，1971 年任臺灣師範大學校長。

11 鄔繩武，湖南沅陵人。歷任南京中央軍校特別班主任秘書、南京《中國日報》總編輯、湖北省第一區行政督察專員兼保安司令、革命實踐研究院輔導委員、大學教授。

高　信[1]　汪祖華[2]　皖　方青儒[3]
吳兆棠[4]　張中寧[5]　周冶平[6]　牡丹江　司法部主秘
簡　樸[7]　戴仲玉[8]　劉　桂[9]　綏遠
黃珍吾[10]　吳紹璲　閩

中央行　桑錫菁　何　驤　處長　何善坦〔垣〕[11]　副秘處長
交行　趙棨全　中國銀行　張　武　哈駿文[12]
劉振東

劉紹唐　中央設計會總幹事
技術室　王　誼[13]　卅二才　河北　留美　魏大銘

1　高信，字人言，廣東新會人。1962 年 8 月 25 日出任逢甲工商學院董事，並任院長。1962 年 11 月，出任僑務委員會委員長，辭院長職，董事會改選其為董事長。
2　汪祖華，號餐英，安徽蕪湖人。國民大會代表，1955 年任革命實踐研究院分院主任。
3　方青儒，號知白，浙江浦江人。時任國民大會代表、光復大陸設計委員會委員、革命實踐研究院研究委員。
4　吳兆棠，字昭讜，安徽休寧人。1955 年 8 月任政治大學訓導長，次年改任教育研究所主任，同時兼中國青年反共救國團副主任。1963 年 8 月，出任臺灣省政府委員兼教育廳廳長，次年病逝任內。
5　張中寧，湖南辰谿人。1947 年當選第一屆國民大會代表。1949 年 6 月，任長沙綏靖公署秘書長，8 月任湖南省政府委員兼財政廳廳長。來臺後任臺灣師範大學教授。
6　周冶平，字野萍，松江牡丹江人，為牡丹江選出第一屆國民大會代表。時任司法行政部主任秘書。
7　簡樸，又名立貴，字若素，第一屆國大代表。赴臺後曾任行政院設計委員會委員等。
8　戴仲玉，字作城，1947 年 10 月任中國國民黨福建省黨部副主任委員、主任委員，後任參謀本部軍需監。1955 年，福建省政府改組，擔任省主席。
9　劉桂，號馥齋，綏遠托克托人。曾任晉冀區鐵路黨部主任委員，時任經濟部參事。
10　黃珍吾，字靜山，廣東文昌人。1949 年到臺灣，任東南地區憲兵指揮官，1950 年 2 月調任憲兵司令。1954 年 9 月調任臺北衛戍司令。1957 年 5 月 30 日因「五二四事件」遭免職。後調任總統府參軍。
11　何善垣，湖南道縣人。曾任財政部秘書、中央銀行秘書。1954 年任行政院參事兼機要主任。1959 年 5 月任中央銀行秘書處副處長。
12　哈駿文，號聲遠，北平人。1946 年任中國銀行紐約銀行紐約分行副經理，時任中國銀行副總經理。
13　王誼，河北人。時任國防部技術研究室科長，曾著《共產主義與共產中國》一書，香港南風出版社 1953 年出版。1960 年 7 月 12 日由魏大銘陪同晉見蔣中正。

劉副師長（孝聲）[1] 五十一師（福州） 劉修政 93 副師
王[2]副師長 六十九師
苗中英[3]參長 二軍 實踐學社受訓
董[4] 參長 一九師
蔣[5]團長 五五團長

歐陽久官 九軍三處長 可升團長
蕭凝和[6] 步校第三總隊長 可升副校長
沈伯賢 最有希望
王靖遠[7] 33D 副 劉舜元[8] 33D 副 駐小金門
李慎端 王愛華[9] 鍾棫祥
鄒 凱[10] 接 68D（車[11]） 卓 異 93D 副■■
張光蘊[12] 少將 計畫次長室員 苗中英 2C 參
張錦錕[13] 接 32D（陳[14]） 周士富

---

1 劉孝聲，福建福州人。1951 年 1 月任第二師參謀長。1957 年 6 月任第三十三師副師長。後任陸軍供應司令部副參謀長。
2 王即王統佐。
3 苗中英，河北任縣人。時任第二軍參謀長。1962 年 1 月任第四十六師師長。
4 董即董朗心。
5 蔣即蔣國柱。
6 蕭凝和，號致中，湖南衡山人。時任陸軍步兵學校第三總隊總隊長，1962 年 4 月任第二十六師副師長。
7 王靖遠，時任第三十三師副師長。
8 劉舜元，河北雄縣人。1956 年 6 月任預備第六師副師長，時任第三十三師副師長兼大二擔島指揮部指揮官。
9 王愛華，號扶耕，遼寧黑山人。1957 年 4 月任第四十一師副師長。時為國防部入學高級參謀（實踐學社）。
10 鄒凱，號豈凡，安東鳳城人。1959 年 1 月任第四十九師師長。1962 年任陸軍砲兵學校校長。
11 車即車慶德。
12 張光蘊，號作楨，河北武強人。曾任空軍第四大隊大隊長，時任國防部計劃次長室助理次長。
13 張錦錕，號養韜，原名千，四川永川人。1956 年 7 月，任預備第四師副師長。1958 年 9 月，調任第五十八師師長。1961 年 5 月，調任第九十二師師長。
14 陳即陳桂華。

西南邊區

蔡　新？　實踐八期　第三名

裴　超　駐哈密　　仝上

夏　超[1]　曾力民

羅恕人

何竹本

項克恭

齊信裕　河北　交警出身

郭東暘[2]

朱敬民

雷開瑄

李文彬

郭　永

呼松齡[3]　江蘇　四〇才　驅逐艦隊政主任

劉金銘[4]　河南　五〇才　六二特艦隊政主任

儲文思[5]　南京　四三才　艦隊指揮部政主任

---

1 夏超，字荷池，湖南常德人。1957 年 3 月任第九師副師長，升任特種作戰第一總隊總隊長、副總指揮。

2 郭東暘，雲南晉寧人。1957 年升任裝甲兵第一師師長。1959 年任第二軍副軍長。

3 呼松齡，江蘇漣水人。1956 年 4 月任海軍兩棲訓練司令部政治部主任，時任驅逐艦隊政治部主任。

4 劉金銘，河南郾城人。1956 年任海軍指揮參謀學校政治部主任。1959 年 4 月任海軍六二特遣部隊政治部主任。

5 儲文思，南京市人。時任海軍艦隊指揮部政治部主任。1960 年 1 月任國防部諮議官，派海軍總司令部服務。

讀書心得（四九年）

沈伯賢

余〔俞〕伯音

車慶德　不行

差　沈中民[1]　仙居　四六才　艦隊陸戰部隊政主任

耿若天[2]

二 AC 工兵　陳　信[3]　成　堅[4]　陳駿鳴[5]　張道一[6]　9C〔8C〕參

王多年　余〔俞〕伯音

田樹樟

張國英

羅友倫

胡　炘

華金祥

于豪章

1　沈中民，號柏青，浙江仙居人。1957 年 3 月任海軍士官學校政治部主任。1959 年 9 月任海軍陸戰隊艦隊陸戰部隊司令部政治部主任。

2　耿若天，江蘇鹽城人。歷任陸軍總司令部副署長、第二十六師師長。1957 年 8 月任陸軍總司令部陸軍作戰計畫委員會委員。

3　陳信，江蘇鎮江人。1957 年 5 月任第二軍團通信兵指揮官。1963 年 12 月任第七十一行政通信勤務指揮官。

4　成堅，號柏貞，浙江嵊縣人。1957 年 1 月任第二軍團司令部助理參謀長兼第四處處長，後任第五七二工程工兵總隊總隊長。1963 年 3 月調任第五四二工兵指揮部指揮官。

5　陳駿鳴，四川大邑人。1954 年 6 月任第二軍團五四二工兵指揮部指揮官。時任國防部入學高級參謀，1961 年 5 月任陸軍供應司令部工兵署副署長。

6　張道一，山東萊陽人。1959 年 3 月任第八軍參謀長。1964 年 1 月任第九十三師師長。

李惟錦　鄭為元

趙國標　諸暨　航一　設計工作

外蒙古　七月被選的主席團主席　桑布[1]與曾德[2]為主席之一。又澤登巴爾[3]為部長會主席。

黃紹祖[4]　第六組

許金德[5]　新竹　臺北師範　劉兼善[6]

辜振甫[7]　劉闊才　蔡炳煌　基隆

關德懋　留德　　余　堅　龍名登

劉紹棠　黨部　　張鏡予　東海　幹事

余兆騏〔麒〕[8]　香港聯合銀行　　鍾同禮[9]　政大總教官

1　桑布，1952 年至 1954 年任蒙古人民共和國外交部副部長。1954 年 7 月 7 日當選大人民呼拉爾主席團主席。同年，當選為蒙古人民革命黨中央委員會及政治局成員之一，並一直任至逝世。

2　曾德，蒙古人，1942 年至 1945 年，任蒙古《真理報》主編。1956 年起，在蒙古的語言文學研究所任職，後因被指責有民族主義傾向而被免職。1961 年成為蒙古科學院院士。

3　澤登巴爾，曾任蒙古人民革命黨中央委員會總書記（最高領導人）、蒙古大人民呼拉爾主席團主席（國家元首）、部長會議主席（政府首腦）。

4　黃紹祖，浙江餘姚人。原為中國國民黨中央委員會第六組專門委員，升任中央委員會秘書處秘書、亞洲反共聯盟中國總會副秘書長。

5　許金德，臺灣新竹人。1955 年任民營化後的臺灣工礦董事長。1959 年將臺灣工礦南港橡膠廠獨立為南港輪胎，任董事長，並投資《自立晚報》。1962 年與日本三菱電機技術合作，成立士林電機。1963 年當選第三屆省議會副議長。

6　劉兼善，字達麟，臺灣高雄人。曾任臺灣省政府委員、臺灣鹼業公司董事、國語推行委員會委員等。1958 年 3 月任華僑協會總會理事。1960 年 8 月任考試院考試委員。

7　辜振甫，字公亮，彰化鹿港人，生於臺北市。1957 年 4 月任工商協進會常任理事。1959 年 3 月任臺灣水泥公司總經理。

8　余兆麒，廣東新會人。抗戰時任軍事委員會參議，後到香港，創辦中國聯合銀行並任董事長。

9　鍾同禮，號維邦，江西瑞金人。曾任政治大學訓導長，1957 年 7 月任政治大學總教官。

楊西崑　歐州〔洲〕司長

曾憲揆[1]　外交部西班牙語　吳世英　駐卡麥龍大使

趙棨全　交銀總經理　　周友端　臺灣銀行

周一夔[2]　法商學院長　　王志鵠[3]　臺中農學院長

王　立[4]　浦江　情報幹訓班

徐應翖[5]　常山　實踐教官　　皆體弱

1　曾憲揆，湖北漢川人。曾在越南自由太平洋社任職，1959 年來臺進外交部工作，1962 年 3 月任外交部禮賓司專員。

2　周一夔，字序生，福建建陽人。曾任臺灣省立行政專科學校校長兼地政系主任。1955 年 8 月出任臺灣省立法商學院首任院長。1961 年 7 月再任中興大學教授兼法商學院院長。

3　王志鵠，字思九，江蘇崇明人。1954 年 8 月任臺灣省立農學院院長。1961 年 7 月任臺灣省政府顧問，後任中國文化學院教授兼教務長。

4　王立，號中天，浙江浦江人。時任國防部情報局情報幹部訓練班副主任。

5　徐應翖，浙江常山人。曾任第六軍副參謀長、陸軍總司令部第四署副署長、第三署副署長等職。1957 年 3 月任第六十八師砲兵指揮部指揮官。時任實踐學社教官。

索引

蔣中正日記

Chiang Kai-shek Diaries

索引

外文人名

蔣中正日記（1960）
Chiang Kai-shek Diaries, 1960

著　　者：蔣中正
授權出版：國史館館長 陳儀深
統籌策劃：源流成文化
總 編 輯：呂芳上 源流成
責任編輯：高純淑 張傳欣 蔣緒慧
封面設計：溫心忻 源流成
排　　版：蔣緒慧

出 版 者：民國歷史文化學社有限公司
臺北市大安區羅斯福路三段 37 號 7 樓之 1
TEL：+886-2-2369-6912

國史館 Academia Historica
臺北市中正區長沙街一段 2 號
TEL：+886-2-2316-1000

贊助出版：蔣經國國際學術交流基金會 Chiang Ching-kuo Foundation for International Scholarly Exchange
世界大同文創股份有限公司 AGCMT CREATION CORP.

總 發 行：源流成文化股份有限公司
臺北市大安區羅斯福路三段 37 號 7 樓之 1
TEL：+886-2-2369-6912
FAX：+886-2-2369-6990

初版一刷：2024 年 4 月 5 日
定　　價：新臺幣 850 元

I S B N：978-626-7370-68-1（精裝）
978-626-7370-69-8（1955-1960 套書）

Republic of China History and Culture Society
http://www.rchcs.com.tw

蔣中正日記 (1960) = Chiang Kai-shek diaries, 1960 / 蔣中正著 . -- 初版 . -- 臺北市 : 民國歷史文化學社有限公司 , 國史館 , 2024.04
面； 公分
ISBN 978-626-7370-68-1(精裝)

1.CST: 蔣中正 2.CST: 傳記

005.32　　113002453